中华谋略经典

鬼谷子

陈蒲清　译注

岳麓书社·长沙

导　言

——价值独特，色彩神奇

鬼谷子这个人，在历史中，是一个真实而又具有神秘光环的人物。他的著作《鬼谷子》，是一部具有独特价值而又富于神奇色彩的书。

《史记》中的《苏秦列传》和《张仪列传》说鬼谷子是苏秦和张仪的老师。《隋书·经籍志》在"纵横家"类著录了《鬼谷子》三卷，注解说："鬼谷子，楚人也，周世隐于鬼谷。"《史记》和《隋书》认为鬼谷子是隐居在鬼谷的一位研究游说之术的隐士，生活在战国时代，没有留下真实的姓名。这说明鬼谷子是一位真实的历史人物。魏晋时代，《鬼谷子》被道教列为经典。东晋初年，葛洪在《抱朴子·遐览》中列道教经典137种，其中就有《鬼谷经》。后来，道教进一步把鬼谷子列为道教的洞府真仙，号称"玄微真人"；甚至说他出生于黄帝轩辕氏时期，历夏朝、商朝、周朝三代，随老子西出函谷关；东周时期，重返中国，隐居鬼谷，培养弟子数百人，在人间数百岁，后来不知所终。后来关于鬼谷子的传说越来越多。明朝冯梦龙所编著的历史小说《东周列国志》第87回至90回，就讲了他收苏秦、张仪、孙膑、庞涓为徒弟的故事。还有的书说他带领徒弟范蠡帮助越王勾践复国，又说九天玄女是他的师妹，等等。这就给鬼谷子笼罩上了神秘的光环。

研究《鬼谷子》，首先必须弄明白《鬼谷子》的写作时代。《鬼谷子》一书，今本分为内篇12篇与外篇9篇。有的学者怀疑《鬼谷子》是一部伪书。现代学者经过认真考证认为：《鬼谷子》内篇除了《符言》篇可能是从《管子》混入的以外，其他 11 篇都是先秦时代的著作，作者是鬼谷子及其弟子。西汉刘向在《说苑·善说》中就已经引用鬼谷子关于游说之术的话语，引文长达百字。可见《鬼谷子》的某些内容在西汉时已经流行了。而且，《鬼谷子》的思想内容、语言文字都具有先秦著作的特点。《鬼谷子》外篇，则可能是唐朝人写作并编入书中的。

历代对《鬼谷子》的褒贬悬殊，我们应该客观地评价这部书。其主要价值有四个方面：第一，它总结了纵横游说之术，形成了自己的理论体系，而且是战国纵横家唯一保存至今的理论专著。第二，它提出了不同于儒家、道家、法家等其他学派的政治哲学思想，可以说在中国思想史上独树一帜。第三，它开创了中国的游说修辞术。第四，它曾经被人们从不同的角度理解或运用，对宗教家、军事家、术数家都产生过影响。他们见仁见智，得出不同的体会。这也启示人们如何认识本书在今日的价值。据说，日本人大桥武夫著《鬼谷子与经营谋略》一书，用军事、外交、政治、商业等方面人际交往的实事来验证鬼谷子的理论，颇能中为日用、古为今用。

《鬼谷子》这本书，有许多神奇的传说。如《东周列国志》第 87 回说鬼谷子通天彻地，掌握各家学问：一是象数学，占往察来，言无不验；二是兵学，布阵行兵，鬼神不测；三是游说学，出词吐辩，万口莫当；四是出世学，修真养性，长生成仙。河南淇县云梦山至今流传着《鬼谷子》是一部"天书"的传说。传说认为这部书属于阴性，白天看没有一个字，晚上就金光闪闪，内容变化万千。鬼谷子第一晚读它时，看到的是十三篇纵横游说之术；第二晚读它时，看到的是十三篇军事用兵之法；以后各晚，分别看到了货殖致富的方法、养性修真大法、推命相面的方术等等。这个传说虽然荒诞不经，但给《鬼谷子》染上了浓厚的神秘色彩。

二十多年前，本人曾经应三环出版社之约，写了一本《白话鬼谷子》，1991 年 3 月约稿，4 月交稿，7 月就出版了。写得仓促，校对也仓促，有不少的错误，内心一直不安。所以，又花了一年多时间，重新钻研修改，还到淇县云梦山参观了鬼谷子遗迹，写成了此书，希望能够弥补 1991 年版《白话鬼谷子》的主要失误。这本书分三个部分，也是研究《鬼谷子》应该下些力气的三个方面：第一部分是正文的题解、校注、翻译与评析。《鬼谷子》正文，以《道藏》本为基础，参阅《四库全书》本、秦恩复的乾隆刊本与嘉庆刊本，还吸收俞樾《诸子平议补录》、许富宏《鬼谷子集校集注》等研究成果，进行认真校勘。《鬼谷子》有些地方很难解释，唐朝尹知章所作的为《道藏》本保留的注释有许多不尽如人意甚至误解原作的地方。因此，我们既尊重并保存了《道藏》本的注释，又反复钻研作了新注，有的篇章的注释与翻译我就修改过十多次。"题解"是解释每篇的题义与主旨；"评析"则分析层次，理清脉络，并结合《战国策》等所记载的故事，加以证实。第二部分是考证研究，市面上有些关于《鬼谷子》的书，只图宣扬《鬼谷子》神秘的方面，根本不注意考证，也疏于客观的研究评价。我们考证了《鬼谷子》的真伪与写作年代，考证了《道藏》本注释的真正作者，从几个方面力争客观地对《鬼谷子》进行评价，还编了内篇 11 篇的词典。第三部分是资料附录，我们搜集了历代关于《鬼谷子》的资料与传说，希望能够对《鬼谷子》的读者与研究者有所帮助。

　　岳麓书社计划出一套整理古籍的丛书，我提出愿意整理《鬼谷子》，丁双平社长立即首肯。后来，我买到并认真阅读了岳麓书社在 1995 年出的徐德欢先生译注的《白话鬼谷子》，觉得那本书质量较高。崔颢写了七律《黄鹤楼》，李白就不再写了，"眼前有景道不得，崔颢题诗在上头"。我佩服李白有自知之明，而且我最不愿意与别人竞争、比量。所以，我就告诉丁社长，不打算在岳麓书社出版我这本书。我于是跟花城出版社进行了初步联系。过了不久，岳麓书社的责任编辑曾德明同志反复劝说我把书稿交给岳麓书社，特别说明徐德欢先生已经不愿意再版他的那本书。我是岳麓书社的老作者，所以，我就恭敬不如从命，把稿件交给了岳麓书社。也许可以以文会友,结识徐德欢等对《鬼谷子》有研究的朋友们。写作本书的过程中,还得到长沙大学图书馆负责人以及陈祺、蔡梦麒等同志的帮助,在此一并表示谢意。(2004年)

修订后记

《鬼谷子详解》2005年出版后,蒙读者错爱,发行比较多。但是,笔者自己也发现了书中的不足,必须修订。有两件事特别值得提出:一是上海科学出版社于2009年出版了俞棪的《中国政治学史略》(外一种《鬼谷子新注》),纠正了《鬼谷子真伪考》是俞樾作品的误传。二是笔者2010年10月在河南鹤壁市参加海峡两岸鬼谷子研讨会,结识了不少研究《鬼谷子》的朋友,交流了心得。这两件事更加促使笔者修订。学海无涯,每每"觉今是而昨非"。谨志。2019年端午节前夕。

目　录

第一部分　《鬼谷子》注译导读

第二部分 《鬼谷子》研究

第三部分 《鬼谷子》资料与传说

第一部分

《鬼谷子》注译导读

第一時代

《鬼谷子》卷上

捭阖第一

题解

　　战国是一个"逞干戈,尚游说"的时代。战场上的军事家与外交场上的纵横家,都非常活跃,决定着国家的安危。纵横家在诸侯各国之间游说,或者主张合纵(以苏秦为代表),即东方六国纵向联合,共同抵抗强大的秦国;或者主张连横(以张仪为代表),即以秦国为核心,分别跟六国结盟,再各个击破。纵横家被人们称为"捭阖纵横之士",他们主要的游说手段就是捭阖之术。《鬼谷子》是纵横家的理论著作,所以开宗明义第一篇就是"捭阖"。"捭"(bǎi),是打开的意思;"阖"(hé),是闭合的意思。所谓"捭阖",从游说的角度看,"捭"就是公开说出自己的意见,并引发对方说出意见;"阖"就是保持沉默,让对方先说出意见。推而广之,就是可以采用不同的手段去进行游说,诱导对方,求同存异;也可以采用不同的手段去了解人才,使用人才。《道藏》本及《四库全书》本的题解云:"捭,拨动也;阖,闭藏也。凡与人言之道,或拨动之,令有言,示其同也;或闭藏之,令自言,示其异也。"

[原文]

粤若稽古[1]，圣人之在天地间也，为众生之先[2]。观阴阳之开阖以命物[3]，知存亡之门户，筹策万类之终始，达人心之理，见变化之眹焉，而守司其门户[4]。故圣人之在天下也，自古至今，其道一也[5]。变化无穷，各有所归[6]：或阴或阳，或柔或刚，或开或闭，或弛或张[7]。是故圣人一守司其门户，审察其所先后，度权量能，校其伎巧短长[8]。

[译文]

考察古代的历史便可知道，圣人在天地之间是普通民众的引导者。他观察阴阳二气的开合变化来为万物命名，掌握万物的规律。他了解生死存亡的道理，洞察万物的始终，通晓人们的心理，发现变化的征兆，从而能掌握住关键。所以，圣人在普天之下，从古到今，都遵守同一的大道。然而事物是变化无穷的，各有不同的归宿。有的阴，有的阳；有的柔，有的刚；有的开放，有的闭合；有的松弛，有的紧张。因此，圣人专一地掌握住关键，周密地考察事物的先后顺序，衡量人们的权谋和才能的优劣，考察测定技艺的短长。

[注释]

1 粤若：发语词（语首助词），无具体词义。稽：考察。

2 圣人：道德、智慧杰出的人物。众生：普通民众。先：先觉者，引导者。《道藏》本注："圣人在天地间，观人设教，必顺考古道而为之。首出万物，以前人用先知觉后知，先觉觉后觉，故为众生先。"按：《道藏》本的注解，过去大多数学者都认为是萧梁时代的陶弘景所作，称之为"陶注"。我们认为，它实际上是唐朝尹知章所作（见本书考证）。

3 阴阳：古代哲学观念，代表世界对立而统一的性质以及由此形成的万事万物。阳象征雄性、刚健、热烈、积极，阴象征阴性、柔顺、冷静、消极。命物：为万物命名，辨别万物，役使万物。《道藏》本注："阳开以生物，阴阖以成物。生成既著，须立名以命之也。"

4　筹策：计算，洞察。万类：万物。达：通晓。朕：征兆。《道藏》本作"朕"，《四库全书》本作"朕"，两字形近，且可通用。守司：掌握，运用。《道藏》本注："不忘亡者存，有其存者亡。能知吉凶之先见者，其唯知几者乎？故曰：知存亡之门户也。万类之终，始人心之理，变化之朕，莫不朗然玄悟而无幽不测。故能筹策远见焉。司，主守也。门户，即上存亡之门户也。圣人既达物理之终始，知存亡之门户，故能守而司之，令其背亡而趣存也。"门户：途径，此处指关键之处。

5　道：规律，手段，方法。一：同一。《道藏》本注："莫不背亡而趣存，故曰其道一也。"

6　所归：归宿，归属。《道藏》本注："其道虽一，所行不同，故曰变化无穷。然有条而不紊，故曰各有所归。"

7　或：有的。弛：松弛，放松。张：拉紧。《道藏》本注："此言象法各异，施教不同。"

8　一：专一，自始至终。度权量能：审查、估量对方的权谋与能力。"度"，《四库全书》作"广"。校：考察测定。《道藏》本注："政教虽殊，至于守司门户则一，故审察其所宜先者先行，所宜后者后行之也。权，谓权谋；能，谓材能；伎巧，谓百工之役。言圣人之用人，必量度其谋能之优劣，校考其伎巧之长短，然后因材而任之也。"

[原文]

　　夫贤不肖，智愚，勇怯，仁义，有差[1]。乃可捭，乃可阖，乃可

[译文]

　　贤能和不贤，聪明和愚蠢，勇敢和怯弱，仁爱与坚持原则，是有差别的，应该区别对待。有的要放手使用，有的要拒绝不用；有的应提拔，有的应斥退；有的可以轻

进,乃可退,乃可贱,乃可贵;无为以牧之[2]。审定有无,以其实虚,随其嗜欲,以见其志意[3]。微排其所言,而捭反之,以求其实,贵得其指[4];阖而捭之,以求其利[5]。或开而示之,或阖而闭之。开而示之者,同其情也;阖而闭之者,异其诚也[6]。可与不可,审明其计谋,以原其同异[7]。离合有守,先从其志[8]。

贱,有的可以推崇。要顺应自然之道对待他们。当要重用某人时,便要周详地判断他有没有才能,为人是真诚还是虚假,根据他的嗜好来发现他的志向、思想。再试探性地驳斥他的言论,反复阐明自己的见解,从而探寻对方的真实情况,注重于了解他的主张。如果对方闭口不说,要想办法使他开口,以了解他追求什么利益。然后,或者开口向对方展示自己的想法,或者表示沉默,以进一步试探对方。向对方展示自己的想法,是用赞同的办法使双方思想相合;向对方表示沉默,是用反对的办法来试探对方的诚意。对方赞同或者不赞同,一定要审察清楚他的计谋,探究双方意见同异的根源。意见乖离或者相合,有一个根本点要守住,即首先掌握对方的思想。

注释

1 贤:具有德行、才能的人。不肖:不具有德行、才能的人。仁:慈爱。义:讲究原则。一本无"仁义"二字。俞樾《读书余录》(后人辑录入《诸子平议补录》)认为,"仁义"是衍文。差:差别,等级。《道藏》本注:"言贤不肖、智愚、勇怯,材性不同,各有差品。"

2 无为:道家哲学概念,即顺应自然的规律与变化。《老子》:"道常无为而无不为,侯王若能守之,万物将自化。"牧:看守,管理,对待。《道藏》本注:"贤者可捭而同之,不肖者可阖而异之;智之与勇可进而贵之,愚之与怯可退而贱之。贤愚各当其分,股肱各尽其力。但恭已无为牧之而已矣。"

3 有无：指才能的有无。实虚：指表现的真假。见：发现。志意：志向与思想。"以其实虚"，俞樾《读书余录》认为，"以"通"与"。一本作"与其实虚"。《道藏》本注："言任贤之道，必审定其材术之有无，性行之虚实。然后随其嗜欲而任之，以见其志意之真伪也。"

4 微排：试探性地反驳。反：反复阐述。指：主张。《道藏》本注："凡臣言事者，君则微排抑其所言，拨动而反难之，以求其实情。"

5 阖：指对方闭口不说话。捭：使动用法，促使对方开口说话。利：指对方追求的利益、目标等。《道藏》本注："实情既得又自闭藏而拨动之（彼），以求其所言之利何如耳。"

6 同其情：使双方思想相同。异其诚：分辨、试探对方的诚意。《道藏》本注："开而同之，所以尽其情；阖而异之，所以知其诚也。"

7 可：赞同。原：探究、分析。"审明"，一本作"明审"。《道藏》本注："凡有所言，有可有不可，必明审其计谋以原其同异。"

8 离：乖离，不相合。从其志：掌握对方的思想。从，跟从，掌握。《道藏》本注："谓其计谋，虽离合不同，但能有所执守，则先从其志以尽之，以知成败之归也。"

［原文］

即欲捭之，贵周；即欲阖之，贵密[1]。周密之贵微，而与道相追[2]。捭之者，料其情也[3]。阖之者，结其诚也。皆见其权衡轻重，乃为之度数，圣人因

［译文］

如果想开启发动，以周详为贵，不可草率；如果想闭合不动，以隐秘为贵，不可泄露。周详和隐秘的可贵之处在于微妙，并与自然之道相合。开启发动，是为了探测对方的虚实真假；闭合不动，是为了争取对方的真诚合作。首先全部了解他对事物重要与否的判断，再确定处理标准，并对他的意见进行思考谋划。如

而为之虑[4];其不中权衡度数,圣人因而自为之虑[5]。故捭者,或捭而出之,或捭而纳之[6]。阖者,或阖而取之,或阖而去之[7]。捭阖者,天地之道[8]。捭阖者,以变动阴阳,四时开闭,以化万物[9]。纵横反出、反覆反忤,必由此矣[10]。

果对方的意见不符合要求,圣人就要针对情况独自另行考虑。所以说,通过开启发动之后,对适合的计谋要拿出实施,对不适合的计谋要收藏不用;通过闭合观察之后,了解到对方有诚意便争取他,了解到对方无诚意便离开他。总之,开启和闭合是与自然之道相符合的办法。天地通过开启和闭合,使阴阳发生变化,使四季交替运行,万物化育生长。游说中的纵横变化,对道理的反复阐述,应对各种抵触,都必定遵循开启与闭合的规律。

注释

1 周:周详。密:隐秘。《道藏》本注:"言拨动之,贵其周遍;闭藏之,贵其隐密。"

2 微:微妙。追:追随,相合。《道藏》本注:"而此二者,皆须微妙合于道之理,然后为得也。"

3 料其情:探测对方的虚实真假。《道藏》本注:"料谓简择,结谓系束。情有真伪,故须简择;诚或无终,故须系束也。"

4 权衡:权是秤锤,衡是秤杆,是测量轻重的工具。度数:标准。虑:谋划。《道藏》本注:"权衡既陈,轻重自分。然后为之度数,以制其轻重,轻重因得所,因而为设谋虑,使之遵行也。"

5 中:符合。自为之虑:独自另行考虑。《道藏》本注:"谓轻重不合于斤两,长短不充于度数,便为废物,何所施哉?圣人因是自为谋虑,更求其反也。"

6 纳:收藏不用。《道藏》本注:"谓中权衡者,出而用之;其不中者,纳而藏之也。"

7 取:采取。去:离开。《道藏》本注:"诚者,阖而取之;不诚者,阖而去之。"

8 天地之道:自然的根本大道。《道藏》本注:"阖户谓之坤,辟户谓之乾。故谓天地之道。"

9 变动阴阳:使阴阳发生变化。四时开闭:四季运行。化万物:使万物化育。《道藏》本注:"阴阳变动,四时开闭,皆捭阖之道也。纵横,谓废起万物,或开以起之,或阖而废之。"

10 纵横:交错,各种变化。忤:抵触,不相合。必由此:一定要遵循捭阖之道。《道藏》本注:"言捭阖之道,或反之令出于彼,或反之覆来于此,或反之于彼忤之于此,皆从捭阖而生。故曰:必由此也。"俞樾《读书余录》云:"'反出、反忤'四字衍文也。此文当读至'万物'绝句。'四时开闭,以化万物,纵横、反复,必由此矣。'其文甚明。写者衍'反出反忤'四字,陶氏遂于'横'字绝句,'反出''反覆''反忤'并列为三义,虽曲为之说,不可通矣。"

【原文】

捭阖者,道之大化,说之变也。必豫审其变化[1]。口者,心之门户也。心者,神之主也[2]。志意、喜欲、思虑、智谋,此皆由门户出入[3]。故关之以捭阖,制之以出入[4]。捭之者,开也,言也,阳也;阖之者,闭也,

【译文】

开启与闭合,是自然之道的最重要的变化,也是游说之辞的主要变化。一定要预先周详地研究开合变化的方法。口是心的门户,心是精神的主宰。人们的志向、欲望、思想、智谋等,都通过口这座门户说出来。所以,要用开启和闭合的变化来控制思想的表达。所谓"捭",便是开启,便是说话,便是阳;

默也,阴也[5]。阴阳其和,终始其义[6]。故言长生、安乐、富贵、尊荣、显名、爱好、财利、得意、喜欲,为阳,曰始[7]。故言死亡、忧患、贫贱、苦辱、弃损、亡利、失意、有害、刑戮、诛罚,为阴,曰终[8]。诸言法阳之类者,皆曰始,言善以始其事。诸言法阴之类者,皆曰终;言恶以终其谋[9]。

所谓"阖",便是闭合,便是沉默,便是阴。说话要阴阳协调,始终适宜。讲长生、安乐、富贵、尊荣、扬名、宠爱、财利、得意、喜欲,这便是"阳",这便叫"始";讲死亡、忧患、贫贱、困苦、受辱、抛弃、失利、失意、有害、受刑、被罚,这便是"阴",这便叫"终"。各种言论属于阳一类的,都叫作始,它从正面宣传利益好处,从而使事情有一个好的开端。各种言论属于阴一类的,都叫作终,它从反面宣传危害处,从而结束不适当的谋略。

注释

1 大化:最重要的变化。豫:预先。一本在"必豫审其变化"后,还有一句:"吉凶大命系焉。"《道藏》本注:"言事无开阖则大道不化,言说无变。故开闭者,所以化大道,变言说。事虽大,莫不成之于变化,故必豫审之,吉凶系焉。"俞樾《诸子平议补录》认为"大化"的"大"字是衍文,他说:"'大'字,衍文也。'道之化','说之变',相对成文。注云:'言事无开阖,则大道不化,言说无变。故开闭者,所以化大道,变言说。'注中'大'字,乃陶氏加以足句,正文本无'大'字。犹'言说'之'言',亦陶氏加以足句,正文本无'言'字也。正文'大'字即涉注文而衍。"

2 心:古人认为心是主管思维与精神的器官。《道藏》本注:"心因口宣,故曰'口者,心之门户也';神为心用,故曰'心者,神之主'。"

3 志意:志向愿望。喜欲:爱好欲望。思虑:思索考虑。智谋:智慧谋略。《道藏》本注:"凡此八者,皆往来于口中。故曰皆由门户出入也。"

4 关:控制。《道藏》本注:"言上八者,若无开闭,事或不节。故关之以捭阖者,所以制其出入。"

5 默:沉默。《道藏》本注:"开言于外,故曰阳也;闭情于内,故曰阴也。"

6 和:和谐、协调。终始:开始与结束。义:宜,适宜。《道藏》本注:"开闭有节,故阴阳和,先后合宜。故终始义。"

7 尊荣:地位高而荣耀。显名:名声远扬。爱好:受到宠爱信任。《道藏》本注:"凡此皆欲人之生,故曰阳曰始。"

8 弃损:抛弃、损害。"弃损"疑是"弃捐"之误,因为"弃捐"(抛弃)与"爱好"(宠信)是相对的。《道藏》本注:"凡此皆欲人之死,故曰阴曰终。"

9 诸言:各种言论。言善:谈论事情的好处、利益,从积极方面谈论。始其事:谋划事情的开端。言恶:谈论事情的坏处、危害,从消极方面谈论。终其谋:结束谋略,结束谈论。《道藏》本注:"谓言说者,有于阳言之,有于阴言之,听者宜知其然也。"

[原文]

捭阖之道,以阴阳试之[1]。故与阳言者,依崇高。与阴言者,依卑小[2]。以下求小,以高求大[3]。由此言之,无所不出,无所不入,无所不可[4]。可以说人,可以说家,可以说国,

[译文]

开启和闭合的方法,要从阴阳两个方面试探。跟性情阳刚、进取的人说话,内容要高远积极;跟性情阴柔、消极退守的人说话,内容要微小切近。用低下的言论来适应志向微小的人,用高昂的言论来适应志向远大的人。根据这个办法游说,没有什么地方不能出入,没有什么对象不可说服。可以游说普通人,可以游说大夫,可以游说诸侯各国,

可以说天下[5]。为小无内，为大无外[6]。益损、去就、倍反，皆以阴阳御其事[7]。阳动而行，阴止而藏，阳动而出，阴随而入；阳还终始，阴极反阳[8]。以阳动者，德相生也；以阴静者，形相成也[9]。以阳求阴，苞以德也；以阴结阳，施以力也[10]。阴阳相求，由捭阖也[11]。此天地阴阳之道，而说人之法也[12]。为万事之先，是谓圆方之门户[13]。

可以游说天下。从小的方面入手，可以小得不能再小；从大的方面着眼，可以大得不能再大。增加或减少，离开或接近，背离或返回，都用阴阳开合之道来控制。阳活动前进，阴静止隐藏；阳活动外出，阴隐藏入内。阳反复运动，转化为阴；阴发展到极点，转化为阳。凭阳气活动的人，要用道德相互促进感化；凭阴气静止的人，要用可见的行动相互帮助成功。从阳的方面去追求阴，要用德行去包容对方；从阴的方面去接近阳，要尽力气去办事。阴阳相互追求，相互结合，必须通过开启与闭合的途径。这便是天地间的阴阳之道，也是游说别人的方法。它是办好万事的先决条件，也是方正、圆融等各种手段变化的途径。

注释

1 以阴阳试之：从阴阳两个方面试探。《道藏》本注："谓或拨动之，或闭藏之。以阴阳之言试之，则其情慕可知。"

2 阳：指性情阳刚的人，积极进取的人，地位高的人。崇高：高大，指内容积极高远。阴：指性情退缩的人，地位低下的人。卑小：低小，指内容微小切近。《道藏》本注："谓与阳情言者，依崇高以引之；与阴情言者，依卑小以引之。"

3 求：适应。下：即前文的"卑小"。小：指志向微小者。高：即前文的"崇高"。大：指志向远大者。《道藏》本注："阴言卑小，故曰以下求小；

阳言崇高,故曰以高求大。"

4 无所不可:指任何对象都可以说服。《道藏》本注:"阴阳之理尽,小大之情得,故出入皆可。出入皆可,何所不可乎?"《百子全书》本,将注解混入正文。

5 "可以"四句:《百子全书》本阙。人:普通人。家:具有封地的大夫。国:诸侯国。天下:指周王朝统治的地域。《道藏》本注:"无所不可,故所说皆可也。"

6 无内、无外:指可以无限地发挥。《道藏》本注:"尽阴则无内,尽阳则无外。"

7 益损:增加或减少。去就:离开或走近。倍:背离。反:返回。御:控制,主宰。《道藏》本注:"以道相成曰益,以事相贼曰损。义乖曰去,志同曰就。去而遂绝曰倍,去而复辟来曰反。凡此不出阴阳之情。故曰:皆以阴阳御其事也。"

8 此六句讲阴阳的相互作用与转化。一本作:"阳动而行,阴止而藏;阳动而出,阴隐而入;阳还终阴,阴极反阳。"《道藏》本注:"此言上下相成,由阴阳相生也。"

9 德相生:以道德相互感化。形相成:以可见的行动相互帮助。

10 苞以德:以道德去包容。苞,通"包"。一本作"包"。施以力:以力量去施行。《道藏》本注:"此言上以爵禄养下,下以股肱宣力。"

11 相求:互相追求,互相结合。《道藏》本注:"上下所以能相求者,由开闭而生也。"

12 说:游说。《道藏》本注:"言既体天地,象阴阳,故其法可以说人也。"

13 圆方:指不同的表现或手段。《道藏》本注:"天圆地方,上下之义也。理尽开闭,然后能生万物,故为万事先。君臣之道,因此出入,故曰圆方之门户。"

[评析]

本篇分五个层次:第一个层次讲圣人是大道的体现者,是群众的引导者,他们最能掌握阴阳开阖之道。第二个层次讲圣人利用开阖之道来了解人才,使用人才。第三至第五个层次讲如何运用开阖之道进行游说:第三层讲实行开阖之术,必须周详而隐秘,及时取舍;第四层讲确定游说的内容,必须符合开阖之道;第五层讲采取开阖手段,必须针对不同的对象。

本篇的特点是吸收先秦时期的哲学成果,以阴阳学说作为"捭阖"之术的理论基石。《老子》说:"道常无为,而无不为,侯王若能守之,万物将自化。""万物负阴而抱阳。"《周易·系辞上》说:"一阴一阳之谓道","一阖一辟谓之变"。本篇把一切阳刚的进取的举动和事物,都称为"捭",即哲学上的"阳";把一切阴柔的退让的举动和事物都称为"阖",即哲学上的"阴"。所以,本篇具有明显的哲学意义,从纵横游说之术的角度看,它把游说实践提升到了哲学的高度;从另一个角度说,就是把阴阳学说的应用范畴,推广到了具体的政治人事活动领域。本篇的阴阳开阖思想是全书的总纲,以下各篇都具体体现这种思想。

战国时代,纵横家的活动方式及游说内容,可以跟本篇相互印证。鬼谷子先生的高足、战国纵横家的代表人物苏秦就是典型。《战国策·秦策一》中记载苏秦游说秦惠王,铺张秦国的实力,劝其并吞天下时说:"以大王之贤,士民之众,车骑之用,兵法之教,可以并诸侯,吞天下,称帝而治。"这就是"捭"的充分体现。但是,苏秦游说惠王时刚出茅庐,只知道开,不知道阖,更没有摸透秦惠王的真实思想,所以失败了。苏秦吸取失败教训,又"引锥刺股",刻苦钻研游说之术,再次出山,接连游说燕文侯、赵肃侯、韩宣王、魏襄王、齐宣王、楚威王,开阖并用,取得了巨大成功,促成六国合纵抗秦。他在游说中还明确提出了"阴阳"的概念。如《战国策·赵策二》记载,苏秦游说赵肃侯时说:"愿大王慎无出于口也。请屏左右,白言所以异阴阳而已矣。"鬼谷子先生的另一位高足张仪,在游说各国时也熟练地运用了捭阖阴阳之术。《战国策·秦策一》中记载张仪游说秦惠王说:"今秦地形,断长续短,方数千里,名师数百万。秦之号令赏罚、地形利害,天下莫如也。以此与天下,天下不足兼而有也。"这就是"捭"的充分体现。他在铺张秦的国力与成就之后,话题一转,讲秦国的不足:谋臣不忠,不懂得运用连横的外交手段。这就是"阖"。然后再回到"开",劝秦惠王听从自己的连横主张,"一举破天下之从(合纵),举赵亡韩,臣荆、魏,亲齐、燕,以成伯王之名"。他开阖并用,所以取得了成功。他到各国游说,破坏合纵,建立连横,在外交方面为秦吞并六国铺平了道路。

　　《战国策》大量运用寓言,也是为了服务于开阖之术。《战国策·燕策二》记载,赵国准备攻打燕国,苏代(苏秦的弟弟)为了燕国的利益,就赶往赵国,对赵惠王说了"鹬蚌相争"这则著名的寓言故事,最后说:"今赵且伐燕,燕、赵久相支以弊大众,臣恐强秦之为渔父也。"苏代的目的是劝阻,其手段是先说故事而隐藏外交目的,这都是"阖"的表现。《战国策·齐策一》中的"海大鱼"故事,也体现了"阖"。靖郭君田婴是齐威王的小儿子,他为了巩固自己的地位,在薛修筑城墙,拒绝门客的劝阻。有个门客说:"我只请求说三个字,多说一个字,宁愿接受烹刑。"靖郭君于是接见他,他说:"海大鱼。"马上转身就跑。靖郭君制止他说:"留下来说吧。"他说:"我不敢拿性命当儿戏。"靖郭君说:"不惩罚你,说下去。"门客这才说出正面的理由:"大鱼在水中,什么也不怕,一旦离开水就完了。现在,齐国就是你的水。齐国能够信任你,保护你,你就不必在薛筑城;如果失掉齐国的信任和保护,即使把城墙筑得像天一样高,也没有什么作用。"田婴终于醒悟,停止了筑城的愚蠢行为。

这个门客进谏的目的和方式，都和苏代相同。当然，运用寓言也可以达到"开"的目的。如:《战国策·燕策一》，郭隗劝燕昭王任用自己，以进一步招致天下的贤人。他先说了"千金买骏骨"的寓言故事:一个侍从受国王派遣去寻求千里马，他用五百金买下了一匹已经死了的千里马的头骨。国王责备他，他说，这样做可以表明寻求千里马的诚心，不久，就会使天下人送来千里马。果然，不到一年就送来了三匹千里马。郭隗讲完故事后说:"大王如果任用我这个才能一般的人，表明您重视人才的诚心，那么，天下的人才就会接踵而至。"燕昭王受到寓言启发，筑宫拜郭隗为师。不久，乐毅、邹忌、剧辛等分别来到燕国，残破的燕国很快强大起来。

┃反应第二┃

题解

《说文解字》云:"反，覆也。""反"的本义是把一个东西翻转过来，引申为"返回""反复""反面""反而"等义项。本篇的"反"字，常与"覆"字对举使用，主要使用"反复"这个义项，也可兼容其他义项。"应"在本篇中的含义是反应、应和。本篇的篇名，《太平御览》引用时作"反覆"。"反应"作为一种游说之术，主要含义是:通过正面或反面地反复观察、了解、辩说，准确地掌握对方心理、语言等方面的反应，以便紧紧抓住对方，并准确地制定自己的基本策略。《道藏》本与《四库全书》本的题解云:"听言之道，或有不合，必反以难之;彼因难而更思，必有以应也。"

《太平御览》卷四百六十二"游说下",引用本篇时,篇名写作《反覆》。"覆"有翻转、覆验的含义。"反""覆"二字,互文成义,有翻来覆去的意义,指对事物应该从正反两个方面思考。本篇开宗明义大谈"反"与"覆",故有人认为本篇应该定名为"反覆"。

原文

古之大化者,乃与无形俱生[1]。反以观往,覆以验来;反以知古,覆以知今;反以知彼,覆以知己[2]。动静虚实之理,不合来今,反古而求之[3]。事有反而得覆者,圣人之意也[4],不可不察[5]。

译文

古代化育众生的圣人,是与大道共同存在的。他返回去观察以往,翻过来验证将来;返回去了解古代,翻过来了解现在;返回去了解别人,翻过来了解自己。事物动静虚实的道理,如果跟现在和将要发生的情况不合,便返回去研究古代的历史,从而寻求出正确答案。事情往往有通过研究古代而验证现在的情况,这是圣人的教导,我们不可以不仔细考察。

注释

1 大化者:指教化众生的圣人。无形:指"道",事物的本原,阴阳变化的法则。《老子》:"有物混成,先天地生……吾不知其名,字之曰道。""天下万物生于有,有生于无。"《易·系辞上》:"形而上者谓之道,形而下者谓之器。"《道藏》本注:"大化者,谓古之圣人,以大道化物也。无形者,道也。动必由道,故曰无形俱生也。"

2 反:翻过来,返回,重复。覆:翻过去,反面。此二字,互文成义,有翻来覆去的意义,指对事物应该从正反两个方面反复思考。"知己",一本作"知此"。《道藏》本注:"言大化圣人,稽众舍己,举事慎重,反覆详验。欲以知来,先以观往;欲以知今,先以考古;欲以知己,先度于彼。故能举无遗策,动必成功。"

3 动静:行动与停止。《道藏》本注:"动静由行止也,虚实由真伪也。其理不合于今,反求诸古者也。"

4 覆:覆核,验证。《道藏》本注:"事有不合反而求彼,翻得覆会于此,成此在于考彼,契今由于求古,斯圣人之意也。"

5 察:仔细考察。《道藏》本注:"不审则失之于幾,故不可不察也。"

【原文】

人言者,动也;己默者,静也。因其言,听其辞[1]。言有不合者,反而求之,其应必出[2]。言有象,事有比;其有象比,以观其次[3]。象者,象其事;比者,比其辞也。以无形求有声[4]。其钓语合事,得人实也[5]。若犹张置网而取兽也,多张其会而司之[6]。道合其事,彼自出之,此钓人之网也[7]。常持其网驱之,其言无

【译文】

别人在讲话,这是动;我沉默不说,这是静。要顺着对方的话,了解其中所透露出来的思想感情。如果对方话语中有不合真实的情况,便反复询求,对方一定会应和,把真实情况说出来。语言常常使用象征比喻的方法来表达内容,事物一定有可供类比的先例。有了象征和类比,就可以观察对方下一步的想法和言行。所谓"象",便是用语言象征表达某种事物;所谓"比",便是用言辞反映可供类比的先例。然后,根据无形的道理来探求有声的言辞。启发诱导的话如果符合事理,便可使对方回答,从而了解到他的实在情况。这就好像张开捕兽的网去捕捉野兽,只要在野兽出没频繁的地方多设置一些网,伺察等候着,就一定能捕捉到野兽。方法适合事理,对方自然会自己说出一切,这便是一张钓人的网。自己经常拿着这张网驱使对方上网,如果

比，乃为之变[8]。以象动之，以报其心，见其情，随而牧之[9]。己反往，彼覆来，言有象比，因而定基[10]。重之、袭之、反之、覆之，万事不失其辞[11]。圣人所诱愚智，事皆不疑[12]。

对方发言不合，不肯接近，便改变方法来对付。用形象的语言打动对方，迎合他的内心想法，了解他的真情，从而控制住他。彼我双方，一来一往，反复交谈；而且语言有象征反映的内容，又有可供比较的先例，因此，在反复交谈中可以判断出基本情况，确定基本的策略。然后，反反复复，周密审核，使各类事物都名实相符。圣人诱导愚人和智者的方法不同，但都可以确定无疑地取得成功。

注释

1 因：顺着。《道藏》本注："以静观动，则所见审；因言听辞，则所得明。"

2 求：询求。应：反应，应和。《道藏》本注："谓言者或不合于理，未可即斥，但反而难之，使自求之，则契理之应，怡然自出也。"

3 象：象征或比喻，用象征或比喻性言辞来说明事理。比：类比，可供比较的先例。《道藏》本注："应理既出，故能言有象，事有比。前事既有象比，更当观其次，令得自尽。象谓法象，比谓比例。"

4 有声：指语言。《道藏》本注："理在玄微，故无形也。无言则不彰，故以无形求有声。声即言也。"

5 钓语：诱导对方说出真实想法或情况的启发性、试探性的话语。《道藏》本注："得鱼在于投饵，得语在于发端。发端则语应，投饵则鱼来。故'曰'钓'语'。语则事合，故曰'合事'。明试在于敷言，故曰得人实也。"

6 若犹：好像。若犹，一本作"若"，一本作"其"。罝(jū)：捕野兽的网。取：捕获。会：会聚，指野兽频繁出没的地方。司：同"伺"，侦察，等候。

7 道：方法，指说话恰如其分。《道藏》本注："张网而司之，彼兽自得；道合其事，彼理自出。言理既彰，圣贤斯辨，虽欲自隐，其道无由，故曰钓人之网也。"

8 其言无比：一本作"其不言无比"。《道藏》本注："持钓人之网，驱令就职事也。或乖彼，遂不言无比，如此则为之变。变常易网，更有以动之者矣。"

9 报：回应，合乎，适合。牧：牧养，引申为观察、控制。《道藏》本注："此言其变也。报，犹合也。谓更开法象以动之。既合其心，则其情可见，因随其情慕而牧养之也。"俞樾《诸子平议补录》云："此'牧'字，当训'察'。"

10 反往、覆来：指反复交谈，了解对方。定基：确定基本策略。《道藏》本注："己反往以求彼，彼必覆来而就职，则奇策必申。故言有象比，则口无择言。故可以定邦家之基也。"

11 重、袭、反、覆：都是反反复复的意思。《左传·哀公十年》："事不再令，卜不袭吉。"袭就是重复的意思。或将"袭"解释为袭击，不妥。《道藏》本注："谓象比之言，既可以定基，然后重之袭之，反之覆之，皆谓再三详审，不容谬妄。故能万事允惬，无复失其辞也。"

12 诱：诱导。《道藏》本注："圣人诱愚则闭藏以知其诚，诱智则拨动以尽其情。咸得其实，故事皆不疑也。"

［原文］

故善反听者，乃变鬼神以得其情[1]。其变当也，而牧之审也[2]。牧之不审，得情不明；

［译文］

所以善于从正反两面反复了解事物的人，往往采用鬼神不测的变化手段来了解真实情况。他的变化适当合理，他的观察非常详细。如果观察不详细周密，得到的情况便不清楚；得到的情况不清楚，决得情不明,定基不审³。变象比,必有反辞,以还听之⁴。欲闻其声,反默;欲张,反脸;欲高,反下;欲取,反与⁵。欲开情者,象而比之,以牧其辞⁶。同声相呼,实理同归。或因此,或因彼,或以事上,或以牧下⁷。此听真伪,知同异,得其情诈也⁸。动作言默,与此出入;喜怒由此,以见其式⁹。皆以先定,为之法则¹⁰。以反求覆,观其所托¹¹。故用此者,己欲平静,以听其辞,察其事,论万物,别雄雌¹²。虽非其事,见微知类¹³。若探人而居其内,量其能,射其意;符应不失¹⁴。如螣蛇之所指,若羿之引矢¹⁵。

定基本的策略便不周详。运用象征和类比,变幻莫测,对方一定有返回的言辞,自己回过头来听取。想要听到对方的声音,自己反而要沉默;想要张开,反而先闭合;想要上升,反而先下降;想要夺取,反而先给予。想要使对方开诚相见,就用象征性的语言试探,并说出先例,从而诱导对方发言。相同的声音自然会彼此呼应,相同的事物必然归结为相同的道理。或者顺着这种道理,或者顺着那种道理,或者用来侍奉君长,或者用来管理臣民。这就是听话能分辨真假、能了解彼此间的异同、能掌握对方是忠诚还是欺诈的途径。举动、言谈、欢喜、愤怒,都要通过这种途径,并体现出这种规范。以上一切,都以预先的决断作为准则,而不能掉以轻心。通过反复的言辞试探,求得对方答复,再观察分析他所寄托的内容。使用这种方法,自己要保持平静,才能听取对方的言辞,考察他所说的事情,探讨万事万物,分辨势力强弱。即使对方所说不是自己当前急于了解的事,也可以凭借微小的征兆推知同类的情况。这就好像要想了解别人而能深入他的内心,从中衡量出他的才能,猜测他的想法,就会跟符节一样相合,不会发生失误。又会像螣蛇一样,指向哪里,不差分毫;像后羿一样,开弓射箭,百发百中。

注释

1 反听:从正反各方面,反复了解。或认为,反听是收闭视听,心中暗通大道。变鬼神:指鬼神不测的变化。情:指真实情况。《道藏》本注:"言善反听者,乃坐忘遗鉴,不思玄览。故能变鬼神以得其情,洞幽微而冥会。夫鬼神本密,今则不能,故曰变也。"

2 当:适当,合理。《道藏》本注:"言既变而当理,然后牧之之道审也。"

3 定基:决定基本的策略。《道藏》本注:"情明在于审牧,故不审则不明;审基在于情明,故不明则不审。"

4 还:返回;或认为通"旋",旋转。《道藏》本注:"谓言者于象比有变,必有反辞以难之,令其先说,我乃还静以听之。"

5 反:相反,反而。睑(jiǎn):眼睛的外皮。作动词用,指眼皮下垂闭合,引申为闭合。与:给予。《道藏》本注:"此言反听之道,有以诱致之,故欲闻彼声,我反静默;欲彼开张,我反睑敛;欲彼高大,我反卑下;欲彼收取,我反施与。如此则物情可致,无能自隐也。"

6 开情:开诚相见。《道藏》本注:"欲开彼情,先设象比以动之,彼情既动,将欲生辞,徐徐牧养,令其自言。譬犹鹤鸣于阴,声同必应。故能实理相归也。"

7 因:顺着。上:上级,君主。下:臣下,民众。《道藏》本注:"谓所言之事,或因此发端,或因彼发端,其事有可以事上、可以牧下也。"

8 此:指以上的方法。情诈:真诚与欺诈。《道藏》本注:"谓真伪、同异、情诈,因此上事而知也。"

9 动作:举止,行动。见:表现,体现。式:模式,规范。《道藏》本注:"谓动作言默莫不由情,与之出入,至于或喜或怒,亦由此情以见其式也。"

10 先定:预先的决断。《道藏》本注:"谓上六者,皆以先定于情,然后法则可为。"

11 覆:回复。托:寄托。《道藏》本注:"反于彼者,所以求覆于此。因以观彼情之所托,此谓信也。"

12 己欲平静：一本作"己欲乎静"。《道藏》本注："知人在于见情，故言用此也。谓听言之道，先自平静。既得其辞，然后察其事，或论序万物，或分别雄雌也。"雄雌：指高低、强弱。

13 微：微小的征兆。类：同类的事物。《道藏》本注："谓所言之事，虽非时要，然观此可以知彼，故曰见微知类也。"

14 内：内部，内心。射：射击，引申为猜测。符：符节，古代传达信息的凭证物，用竹木或金属制作，刻上文字记号。剖分为两半，当事双方各执一半，使用时验证两半是否相合。《道藏》本注："闻其言则可知其情。故若探人而居其内，则情原必尽。故量能射意，万无一失。若合符契。"

15 螣(téng)蛇：传说中的神蛇。《荀子·劝学》："螣蛇无足而飞。"《尔雅》郭璞注："龙类，能兴云雾而游其中也。"本文还认为它有决定祸福的本领。羿：后羿，神话中的射日英雄。《道藏》本注："螣蛇所指，祸福不差。羿之引矢命处辄中。听言察情，不异于此，故以相况也。"

〖原文〗

故知之始己，自知而后知人也[1]。其相知也，若比目之鱼[2]。其伺言也，若声之与响[3]；其见形也，若光之与影也[4]。其察言也不失，若磁石之取针，如舌之取燔骨[5]。其与人也微，其见情也疾[6]。如阴

〖译文〗

所以说，要了解外界的人和事物，首先从了解自己开始，只有先自知然后才能知他人。双方互相了解，志同道合，就好像比目鱼一样。能够及时了解对方的言辞，就好像发出声音就会有回声一样；能够及时觉察对方的表现，就好像有光线就会出现阴影一样。他审察别人的言论不会发生失误，就好像用磁石去吸铁针，又好像用舌头去吮已经烤熟的骨头。他结交别人，方式很微妙，他发现情

与阳,如阳与阴;如圆与方,如方与圆[7]。未见形,圆以道之;既见形,方以事之[8]。进退左右,以是司之[9]。己不先定,牧人不正[10];事用不巧,是谓忘情失道[11]。己先审定以牧人,策而无形容,莫见其门,是谓天神[12]。

况,反应很迅速。他的方法,有时阴柔,有时阳刚,阴柔与阳刚相互结合;有时圆融,有时方正,方正与圆融相互搭配。如果情形还不清楚,便采用圆融灵活的方法来引导对方;如果情形已经清楚,就用方正直率之道来处理事情。前进,后退,向左,向右,都要坚守上述方法。自己先不确定,管理别人就不正;处理事情便不会巧妙,这便叫作"忘情失道"。自己先有定见,再去管理别人,策略巧妙而不见痕迹,没有谁能懂得其中诀窍,这便达到了自然神妙的境界,可以叫作"天神"。

注释

1　始己:始于己,从自己开始。《道藏》本注:"知人者智,自知者明。智从明生,明能生智,故欲知人,先须自知也。"

2　相知:相互了解。比目鱼:据说是海洋中的一种只有一只眼睛的鱼类,故两条鱼常常并排在一起游泳。常用以比喻相互依存的亲密关系。《道藏》本注:"我能知彼,彼须我知,必两得之,然后圣贤道合,故若比目之鱼。"

3　伺:伺察,了解。响:回声。

4　见形:发现情况。《道藏》本注:"圣贤合则理自彰,犹光生而影见也。"按:《道藏》本以上几句作:"其相知也,若比目之鱼;见形也,若光之与影也。"秦恩复校本找出《太平御览》所引用的《反应》篇文字是:"其和也,若比目之鱼。其伺言也,若声之与响;其见形也,若光之与影也。"注曰:"和,答问也。因问而言,申叙其解,如比目鱼相须而行;候察言辞往来,若影之随形、响之应声。"

5 磁石：能够吸铁的磁性矿物，又名吸铁石。燔(fán)骨：烧烤肉中的骨头。《道藏》本注："以圣察贤，复何所失。故若磁石之取针，舌之取燔骨也。"

6 微：微妙。见：发现。《道藏》本注："圣贤相与，其道甚微，不移寸阴，见情甚疾。"

7 与：结合。方、圆：代表方正与圆融，也代表地与天（古人认为天圆地方）。《道藏》本注："君臣之道，取类股肱比之一体，其来尚矣。故其相成也，如阴与阳；其相形也，犹圆与方。"

8 圆：指圆融灵活的方法。道：引导。方：指方正直率的方法。事：从事，办理。《道藏》本注："谓向晦入息，未见之时，当以圆道导之；亦既出潜离隐，见形之后，即以才职任之。"

9 进：前进，任用。退：后退，隐退。左：向左，贬谪（左迁）。右：向右，升职（右调）。司：主管，坚守。《道藏》本注："此言用臣之道，或升进，或黜退，或贬左，或崇右。一准上圆方之理。故曰以是司之。"

10 牧人：管理别人。《道藏》本注："方圆进退，己不先定，则于牧人之理，不得其正也。"

11 忘情：遗忘了真实情况，即没有掌握真实情况。失道：偏离了正道。《道藏》本注："用事不巧，则操末续颠，圆凿方枘，情道两失。故曰忘情失道也。"

12 策而无形容：策略巧妙而没有外在表现，没有痕迹可寻。天神：指自然神妙的最高境界。《道藏》本注："己能审定，以之牧人。至德潜畅，玄风远扇，非形非容，无门无户。见形而不及道，日用而不知。故谓之天神也。"

【评析】

本篇分四层：第一层讲要运用"反覆"的方法，了解过去、现在、将来，了解自己和对方，观今鉴古，知己知彼。第二层讲要善于诱导对方发言，静听对方的发言，反复推敲，掌握真实情况，以确定自己的谋略。第三层讲反应之术要善于变化，特别是善于从不同的角度变化，善于以柔克刚，从而达到"见微知类""鬼神不测"的境界。第四层讲要了解别人，首先必须了解自己，自己有了定见，才能正确而灵活地运用各种策略，进退自如。总之，本篇提出了"反复斟酌""以静制动""知之始己"等说服对方的原则。本篇在讲如何诱导对方时，还提出了"象比"与"钓语"这两个专有名词。所谓"象"，有"形象""象征"的含义，"象其事"就是用象征或比喻之类的具体形象的语言去阐述抽象的事理。所谓"比"，就是通过可供类比的先例使对方信服。运用"象比"，就可以借助形象而有力的语言表达出幽微无形的事理，从而说服对方，这就是"钓语"。本篇说理，不仅层次井然，而且形象生动，运用了多个独特的比喻。

本篇受《周易》的影响是非常明显的。如《易·乾·文言》云："同声相应，同气相求。"《易·中孚·九二》云："鸣鹤在阴，其子和之。我有好爵，吾与尔靡之。"本篇则说："同声相呼，实理同归。"《周易》说："拟诸其形容，象其物宜，是故谓之象。"本篇则说："象者，象其事。"

本篇受《老子》的影响更加明显。《老子》云："反者，道之动。""将欲翕之，必固张之；将欲弱之，必固强之；将欲废之，必固兴之；将欲夺之，必固与之。是谓微明。柔弱胜刚强。"本篇则说："欲闻其声，反默；欲张，反睑；欲高，反下；欲取，反与。"

《战国策》中的策士们是精通"反应"之术的。《秦策三》所记载的范雎说秦昭王的故事，就是一个突出的例子。范雎从魏国逃到秦国后，认真分析了秦国的政治形势：秦昭王大权旁落，受到太后与四个当权大臣（包括其舅父穰侯魏冉）的控制；而昭王不愿意受这种控制，却苦于没有人为他出谋划策。于是，他向昭王上书说："语之至者，臣不敢载之于书；其浅者，又不足听也。"昭王体会到话中有话，于是派车把他接进宫内。昭王屏退左右所有的人，然后请教说："先生何以幸教寡人？"范雎只是回答："唯唯。"过了一会，昭王再请教，范雎又是回答："唯唯。"第三次也一样。昭王说："先生不幸教寡人乎？"这时，范雎才开口说："我是外地来的小臣，跟大王交情很浅，不了解大王的内心；而我要讲的内容，牵涉到您的骨肉之亲和大臣，所以我不敢轻易说。您害怕太后，又被权臣控制，处境孤危，国家也危险，这就是我害怕的事情。我个人的生命并不重要，我的死亡如果能够换来秦国的兴盛，那比活着更有价值。"于是诱导秦昭王说出了真心话："先生何必这样说呢？事无大小，上及太后，下至大臣，愿先生全都说给寡人，先生不要怀疑寡人的真心。"范雎这才向昭王详细地分析了秦国的内外形势，并说："现在国外都只知道秦国有太后，有穰侯等四个当权大臣，不知道有你这个国王。我担心后代的秦王不是您的子孙。"于是，昭王下决心，任用范雎为相，驱逐穰侯等四个权臣，并且对范雎说："过去，齐桓公得到管仲，尊称他为'仲父'。今吾得子，亦以为父。"范雎的整个游说过程，充分体现了本篇所说的"欲闻其声，反默""同声相呼，实理同归"的理论。范雎当权后，在国内加强了王权，在国外实行"远交近攻"的策略，为秦国的强大做出了巨大的贡献。

内揵第三

题解

揵(jiàn)，是紧密结合的意思。它与"楗"（门闩）、"键"（钥匙）是同源词。"内"，特指内心世界。"内揵"作为游说之术，其含义是：向君主进献说辞，要深入君主的内心世界，使双方的关系就像门闩和门、钥匙和锁一样紧密结合。《道藏》本与《四库全书》本的题解云："揵者，持之令固也。言君臣之际，上下之交，必内情相得，然后结固而不离。"本篇的原文也说得非常明白："内者，进说辞也；揵者，揵所谋也。"总之，运用"内揵"之术的目的是取得君主的信任，成功与否的关键是"得其情"，即了解到对方的真实情况、真实思想。

原文

君臣上下之事，有远而亲，近而疏[1]；就之不用，去之反求[2]；日进前而不御，遥闻声而相思[3]。事皆有内揵，素结本始[4]。或结以道德，或结以党友，或结以财货，或结以采色[5]。用其意，欲入则入，欲出则出[6]；欲亲则亲，欲疏则疏；

译文

君臣上下之间的关系复杂微妙。有的血缘关系疏远，交往上却很亲密；有的血缘关系亲近，交往上却很疏远。有的人接近靠拢君主，却不被任用；有的人离开朝廷，君主却去寻找征召；有人每天都出现在面前，却不受欢迎；有人只远远地听到名声，却很渴望想念。事物都有内在因素，任何事情都固有其根源和发端。君臣之间的关系，有的靠道德彼此结合；有的是志趣相同的伙伴；有的使用钱财物拉拢；有的靠进献美女来讨欢心。能够揣摩对方意图而相互结交，那么，想进就可以进，欲就则就，欲去则去；欲求则求，欲思则思。若蚨母之从其子也，出无间，入无朕[7]。独往独来，莫之能止。

想出就可以出；想亲密就可以亲密，想疏远就可以疏远；想接近就可以接近，想离开就可以离开；想征召就可以征召，想思念就可以思念。就好像青蚨虫一样，母虫一定要细心地保护它的幼虫，无论出入，都没有间隔的迹象，自由往来，没有谁可以阻止。

注释

1 远而亲、近而疏：远、近指血缘或亲戚关系；亲（亲密）、疏（疏远）指实际上的交往关系。《道藏》本注："道合则远而亲，情乖则近而疏。"

2 就：走近，靠拢。用：任用。去：离开。求：寻求，征召。《道藏》本注："非其意则就之而不用；顺其事则去之而反求。"

3 日：每天。御：迎接，欢迎。相思：想念，渴望。《道藏》本注："分违，则日进前而不御；理契，则遥闻声而相思。"

4 内捷：内心思想，内在因素。本始：开始，开端。《道藏》本注："言或有远而相亲，去之反求，闻声而思者，皆有内合相持，结其始。故曰皆有内捷、素结本始也。"

5 或：有的。党友：志趣相同的朋友。财货：金钱、货物。如臣下向君主进献珍宝玩好，君主赏赐臣下金钱爵禄。采色：此处主要指美女。《道藏》本注："结以道德，谓以道德结连于君。若帝之臣，名为臣，其实为师也。结以党友，谓以友道结连于君。王者之臣，名为臣，其实为友也。结以货财，结以采色，谓若桀纣之臣，费仲、恶来之类是也。"

6 用其意：根据对方的意图而结交。入：进入。出：外出。《道藏》本注："自入出以下八事，皆用臣之意，随其所欲，故能固志于君，物莫能间也。"

7 蚨（fú）母：昆虫名，又名"青蚨"。间：间隙。朕：征兆，迹象。《道藏》本注："蚨母，螲蟷也。似蜘蛛。在穴中，有盖。言蚨母养子，以盖覆穴，出入往来，初无间朕，故物不能止之。今内捷之臣，委曲从君以自结固，无有间隙,亦由是也。"

此外,晋朝干宝在《搜神记》卷十三中记载了关于蚨母的另一种古代传说:"形似蝉而稍大,味辛美可食。生子必依草叶,大如蚕子,取其子,母即飞来,不以远近。虽潜取其子,母必知处。以母血涂钱八十一文,以子血涂钱八十一文;每市物。或先用母钱,或先用子钱,皆复飞归。轮转无已。"

原文

内者,进说辞也;揵者,揵所谋也[1]。故远而亲者,有阴德也[2];近而疏者,志不合也。就而不用者,策不得也;去而反求者,事中来也[3]。日进前而不御者,施不合也;遥闻声而相思者,合于谋以待决事也[4]。故曰:不见其类而为之者,见逆;不得其情而说之者,见非[5]。得其情,乃制其术[6]。此用可出可入,可揵可开[7]。

译文

所谓"内",便是使进献说辞深入君主的内心;所谓"揵",便是使自己的谋略与君主相合。所以,血缘关系疏远而思想亲密的,一定是暗中思想相合;血缘关系亲近而思想疏远的,一定是彼此志向不合。靠拢君主反而不被任用的,一定是谋略不恰当;离开君主反而被征召的,一定是所谋划的事在后来应验了。每天出现在君主面前却不受欢迎,一定是建议措施不合君主之意;远远听到声誉便想念的,一定是谋略相合,期待他前来决断大事。所以说,凡是不了解同类情况便想做事,就一定会遭到拒绝;凡是不了解内心想法便进行游说,就一定会被人非难。只有了解到真实情况,才能制定并实现自己的谋略。使用这种办法可以进,可以出,可以相合,也可以离开。

注释

1 内者,进说辞也:使所说的话进入对方内心。此"内"字,作使动词用。
捷所谋:使谋略与对方相合。此"捷"字也是使动用法。《道藏》本注:
"说辞既进,内结于君,故曰内者进说辞也,度情为谋,君必持而不舍,
故曰捷者,捷所谋也。"俞樾《读书余录》认为内读为纳。内捷者,谓
纳键于管中。

2 阴德:暗中相得,即思想吻合。《道藏》本注:"阴德谓阴私相得之德也。"

3 策不得:谋略不适当,不符合君主的心意。事中来:所谋划的事情,被
后来的情况应验了。《道藏》本注:"谓所言当时未合,事过始验,故曰
事中来也。"

4 施:措施,办法,建议。待:期待。《道藏》本注:"谓彼所行合于己谋,
待之以决其事。故遥闻声而相思也。"

5 为之:一本作"说之"。见逆:被拒绝。见非:被非难,被否定。《道藏》本注:
"言不得其情类而说之者,若北辕适楚,陈轸游秦,所以见非逆也。"

6 情:真实情况。制:制定,实现。术:谋略,主张。《道藏》本注:"得其
情则鸿遇长风,鱼纵大壑,沛然莫之能御。故能制其术也。"

7 此用:用此,即使用这种方法。《道藏》本注:"此用者,谓用其情也,则
出入自由,捷开任意也。"

原文

故圣人立事,
以此先知而捷万
物[1]。由夫道德、
仁义、礼乐、忠信、
计谋[2]。先取《诗》
《书》,混说损益,

译文

所以,圣人立身处事,遵循这种规律来预
先了解情况,从而跟各种人和事物相互紧密结
合。他通过道德、仁义、礼乐、忠信、计谋等途
径来达到自己的目的。首先采取《诗经》《尚
书》中的语句,使之跟自己的说法相同,或者
增添些内容,或者减少些内容,再仔细研讨在
当前情况下自己应该如何办:是结合呢还是离

议去论就³。欲合者用内,欲去者用外⁴。外内者必明道数⁵。揣策来事,见疑决之。

开。如果想要结合,便从进取方面努力,以求思想与君主吻合;如果想要离开,就采取消极的办法,尽量退避。无论是积极进取还是消极退避,都一定要通晓道术的规律,这样才可以揣测计划未来的事情,发现疑难之处才可以迅速决断。

[注释]

1 立事:处理事务。此指上文提到的"得情"。《道藏》本注:"言以得情立事,故能先知可否,万品所以结固而不离者,皆由得情也。"

2 由:通过,从中经过。忠信:一本无此二字。《道藏》本注:"由夫得情,故能行其道德仁义以下事也。"

3 取:即采取。《诗》:《诗经》,我国最早的诗歌总集。《书》:《尚书》,我国上古的文献汇编集。春秋战国时代,在外交、游说场合,往往引用《诗经》《尚书》中的片言只语,用来作为说服的工具。损益:减少与增加,有斟酌、研讨的含义。《道藏》本注:"混,同也。谓先考《诗》《书》之言,以同己说,然后损益时事,议论去就也。"

4 合:结合。用:运用。内:指靠拢、进取的方法。去:离开。外:指疏远、退让的方法。《道藏》本注:"内谓情内,外谓情外。得情自合,失情自去,此盖理之常也。"

5 道数:道术的规律。《道藏》本注:"言善知内外者,必明识道术之数,预揣来事,见疑能决也。"

[原文]

策无失计,立功建德[1]。治名入产业,曰:捷而内合[2]。上暗不治,下乱不寤,捷而反之[3]。内自得而外不留说,而飞之[4]。若命自来,己迎而御之[5];若欲去之,因危与之[6]。环转因化,莫知所为,退为大仪[7]。

[译文]

策略上没有失误之处,便可以立功建德。辨察名分,确立君臣秩序;增加财富,使国家富强,这便叫作"捷而内合",即谋略被采用、思想相吻合的意思。如果君主昏庸不理政事,臣下胡乱行事而不醒悟,那么进献谋略就会遭到拒绝,自己要反身而退。这便叫"捷而反之"。如果君主自鸣得意而不接纳外人的建议,便使用"飞钳之术",即放出恭维赞扬的话语使对方上钩。这就是所谓"飞之"。如果君主有命令来征召自己,便接受任命,发挥作用,实行自己的主张,这就是"迎而御之"。如果想要离开,便要心存戒惧地与君主结交,这就是"因危与之"。总而言之,要做到像圆环一样灵活转动,顺应对方情势的变化,使谁也无法了解自己的计谋,隐退也往往是一种全身的大法。

[注释]

1 失计:失算,发生错误。《道藏》本注:"既能明道数,故策无失计。策无失计,乃立功建德也。"

2 治名:辨察名分,指从政治上确立君臣的职分。一本作"治民",即辅助君主治理民众。入产业:指经济方面,使国家增加财富。《道藏》本注:"理君臣之名,使上下有序;入贡赋之业,使远近无差。上下有序则职分明;远近无差,则徭役简。如此则为国之基日固。故曰捷而内合也。"

3 上:君主。暗:昏庸。不治:不料理政治事务。下:臣下。寤:醒悟。《道藏》本注:"上暗不治其任,下乱不寤其萌。如此天下无邦,域中旷主。兼昧者,可行其事;侮亡者,由是而兴。故曰捷而反之。"

4 自得:自鸣得意。留说:采纳别人的主张。飞:指"飞钳"(见本书第五篇)
  之术。《道藏》本注:"言自贤之主,自以所行为得,而外不留贤者之说。
  如此者,则为作声誉而飞扬之,以钓其欢心也。"

5 命:命令。迎而御之:指接受。《道藏》本注:"君心既善,己必自有命来。
  召己则迎而御之,以行其志也。"

6 危:指危惧之心。《道藏》本注:"翔而后集,意欲去之,因其将危与之
  辞矣。"俞樾《读书余录》认为危读为诡。古字"诡"与"危"通。

7 环转因化:像圆环一样转动,顺应对方的变化。退:隐退。仪:法式,
  法则。《道藏》本注:"去就之际,反覆量宜,如圆环之转,因彼变化。
  虽优者莫知其所为,如是而退。可谓全身大仪,仪者,法也。"

[评析]

　　"内揵"是说向君主进献说辞,首先要深入了解真实的情况和君主
的内心世界,这样才能使双方紧密结合,关系亲密无间。全篇分四层:
第一层分析君臣上下之间的关系复杂微妙,血缘关系与实际关系往往
相反。因此,要取得君主的信任,不能靠血缘或亲戚关系,不能靠已有
的地位,而要使用其他手段,才能达到亲密无间。第二层讲掌握对方的
真实情况与真实心理,是游说成败的关键。文中提出:"不见其类而为
之者,见逆;不得其情而说之者,见非。""得其情,乃制其术。"第三层
讲要明"道术",针对不同的对象、不同的情况,灵活地运用"内揵"之术。
本篇说:"内者,进说辞也;揵者,揵所谋也。"以上三层,实际上是阐述
"内"(进说辞),即如何才能使君主接受自己的游说,其中包括"素结本
始""见类得情""明道数"。第四层是讲"揵"(揵所谋),即如何跟君
主结交的问题,提出要针对不同的对象采取不同的策略,包括"揵而内
合""揵而反之""飞之""迎而御之""因危与之",总之要圆转灵活。

《庄子·庚桑楚》篇说,老子教导后学时,使用了"内揵"与"外揵"这两个词。在该篇中,"内揵"意思是闭塞内心;"外揵"的意思是闭塞耳目,那是讲修道应物的方法。本篇把道家全真养性的方法运用到游说之中,成为一种游说之术。

《战国策·赵策四》中的"触龙说赵太后",是谋臣成功运用"内揵"的范例。赵太后新当权,秦国乘机进攻,赵国向齐国求救;齐国要求赵太后的小儿子到齐国做人质,才肯发救兵。缺乏政治素养的赵太后不同意,并坚决拒绝群臣的进谏。溺爱幼子的本能与手中的大权结合,使她固执而盛气凌人,不可理喻,群臣束手无策。在危急关头,触龙挺身而出,把赵太后说得心悦诚服。他的说辞特点:一是求其所同。他首先说自己年老有病,因此关心太后的健康;太后说身体不适,他马上就向太后介绍自己的养生经验。两个老人一下子就拉近了彼此的感情距离,为游说营造了良好的氛围。二是投其所好。他故意为自己的小儿子请求充当皇宫的卫士,寻找到与溺爱小儿子的赵太后之间的共同语言,诱导太后说出"丈夫亦怜爱其少子"的话语。然后,抓住时机,以"甚于妇人"四字为主导,阐述父母爱子女应该"为之计深远"的道理。触龙先动之以情,后喻之以理,所以取得了成功。其他臣子之所以遭到拒绝,其原因就是本篇所说的:"不见其类而为之者,见逆;不得其情而说之者,见非。"这个故事,完全符合本篇所说的"欲合者用内"的理论,即深入了解君主的内心世界,使彼此感情融洽,为接受游说创造条件。本篇讲的"内自得而外不留说,而飞之",则是"内揵"与"飞钳"之术的结合,我们将在《飞钳》篇讨论。

抵巇第四

题解

抵，读 zhǐ，意思是"击"；抵本身也有接触的含义。击、接触，都可以引申为处理、利用。巇，读 xī，意义是裂缝。抵巇，就是针对社会所出现的裂缝（即各种矛盾与问题）而采取不同的应对手段：或加以补救，使其恢复原来的状态；或因势利导，建立新的秩序。《道藏》本的题解云："抵，击实也；巇，衅隙也。墙崩因隙，器坏因衅。方其衅隙而击实之，则墙器不败。若不可救，因而除之，更有所营置。人事亦犹是也。"《四库全书》本的题解，没有"更有所营置，人事亦犹是也"这十一个字。

《捭阖》《反应》《内揵》三篇讨论的是具体的游说之术，《抵巇》篇则不是讨论具体的游说方法，而是讨论游说之士从政的原则与态度。

原文

物有自然，事有合离[1]。有近而不可见，远而可知。近而不可见者，不察其辞也；远而可知者，反往以验来也[2]。巇者，罅也；罅者，㵎也；㵎者，成大隙也[3]。巇始有朕，可抵而塞，可抵而

译文

万事万物都有自然而然的道理，事物在发展过程中，有时相合，有时背离。有时近在眼前却看不到，有时远在天边却了解得很清楚。近在眼前却看不到的原因，是不能考察对方的言辞；远在天边却了解得很清楚的原因，是能够借鉴过去已经发生的事而预测将要发生的事。所谓"巇"，便是裂缝的意思，裂缝不及时堵塞，便会成为大裂缝，大裂缝会使得事物崩裂。裂缝发生时是有征兆的，可以采取不同的措施对待它：或者堵塞，或者排除，或

却,可抵而息,可抵而
匿,可抵而得,此谓抵
巇之理也⁴。

者使事故平息,或者使事故消失;如果已
经无法挽救了,便用新的事物来取代它。
这就是抵巇的道理。

注释

1 物有自然:万物都有自然之理,即有规律可循。合:相合。离:背离。《道
  藏》本注:"此言合离者,乃自然之理。"李善《文选注》引用说:"鬼谷
  子曰:物有自然。"

2 反:同"返"。往:过去。来:未来。反往以验来:即回头考察过去以预
  测将来。《道藏》本注:"察辞观行则近情可见,反往验来则远事可知。
  古犹今也。故反考往古则可验今,故曰反往以验来也。"

3 巇(xià):裂缝,漏洞。嵰:山间的溪谷,指大裂缝。《道藏》本注:"隙大
  则崩毁将至,故宜有以抵之也。"

4 朕(zhèn):征兆。抵:即采取措施对待裂缝。塞:堵塞。却:退却,排
  除。息:平息。匿:隐藏,消失。得:取得,取代。《道藏》本注:"朕者,
  隙之将兆,谓其微也。自中成者,可抵而塞;自外来者,可抵而却;自
  下生者,可抵而息;其萌微者,可抵而匿;都不可治者,可抵而得。深
  知此五者,然后善抵巇之理也。"

原文

　　事之危也,圣人
知之¹,独保其用。因
化说事,通达计谋,以
识细微²。经起秋毫
之末,挥之于太山之

译文

　　事物出现危险征兆时,圣人便能察
觉。他能独自保持清醒认识,精神活动不
受干扰,顺应变化之道来分析事物,因而
能通达计谋,辨析细微的现象。万物开始
时,经常都微小得像秋天鸟毛的末端;一
旦成长壮大,就像泰山的山脚那样巨大稳

本³。其施外，兆萌牙蘖之谋，皆由抵巇。抵巇隙，为道术用⁴。

固。圣人把他的智谋用于处理外界情况时，不管征兆如何细微，都要运用"抵巇"之术。针对裂缝采取措施的抵巇之术，是一种道术。

注释

1 危：指危险的征兆。《道藏》本注："形而上者，谓之圣人。故危兆才形，朗然先觉。"

2 独保其用：指独自保持清醒，精神不受干扰。"用"，一本作"身"。因化说事：顺应自然变化之道来分析事物。《道藏》本注："既明且哲，故独保其身也。因化说事，随机逞术，通达计谋以经纬，识细微而预防之也。"

3 经：开始。秋毫之末：形容最细微的事物。秋天鸟的毛最细微，称"秋毫"；末，末端。挥：挥动，此指成长壮大。太山：大山，或指"泰山"。本：树的根本部位，此指山脚。《道藏》本注："汉高奋布衣以登皇极，殷汤由百里而取万邦。经，始也，挥，动也。"

4 施外：施行于外界，对"独保其用"而言。兆萌：萌芽的征兆。牙：古"芽"字。蘖：通"蘖"，树木被砍伐以后，在根部重新生长出的新芽。有的注者认为，"兆萌"，即众民，百姓；"牙蘖"，即妖蘖。这种解释似于训诂无据。《道藏》本注："官乱政施外兆萌牙蘖之时，智谋因此而起。盖由善抵巇之理。故能不失其机。然则巇隙既发，乃可行道术。故曰：'巇隙为道术用也。'"

原文

　　天下分错，上无明主，公侯无道德，则

译文

　　天下分裂纷乱，上面没有英明的君主，公侯大臣没有道德，小人当权，毁谤小人谗贼,贤人不用,圣人窜匿,贪利诈伪者作,君臣相惑,土崩瓦解,而相伐射,父子离散,乖乱反目,是谓萌牙巇罅[1]。圣人见萌牙巇罅,则抵之以法。世可以治,则抵而塞之;不可治,则抵而得之。或抵如此,或抵如彼;或抵反之,或抵覆之[2]。五帝之政,抵而塞之;三王之事,抵而得之[3]。诸侯相抵,不可胜数。当此之时,能抵为右[4]。

和残害好人,有能力的人不被任用,圣智的人远远逃避躲藏,贪图财利、虚伪奸诈的人到处活动。君臣互相蒙蔽,国家土崩瓦解,互相残杀攻击,百姓流离失所,父子分隔,亲友反目成仇,这种情况便是国家产生了裂缝。圣人见到产生了裂缝,便用各种方法来治理它。如果世界还可以治理,便采取措施堵塞裂缝;如果已经不可挽救,便用新的秩序来取代它。或者用这种措施治理,或者用那种措施治理;或者使它返回到原来的状态,或者使它翻转覆灭。上古时代,五帝相互禅让,发现裂缝便及时堵塞;夏、商、周建立新王朝,除掉原来的暴政,建立新的秩序。这都是历史上的先例。现在,诸侯之间相互攻击的事,数也数不清。在这种时代,能及时采取抵巇措施的人便是值得推崇的人。

注释

1 分错:混乱而分裂。分,一本作"纷"。谗贼:用卑劣言行伤害好人。《荀子·修身》:"伤良曰谗,害良曰贼。"窜:逃窜。匿:隐藏。作:兴起。相惑:相互蒙蔽、相互猜疑。相伐射:相互残杀攻击。《道藏》本注:"此谓乱政萌芽,为国之巇罅,伐射谓相攻伐而激射也。"萌牙:《道藏》手抄本作"萌芽"。

2 塞之:堵塞裂缝,使恢复往常态势。得之:乘机取代,建立新秩序。此:指"塞之"。彼:指"得之"。反之:返回原来的状态。覆之:使之覆灭。《道藏》本注："如此谓抵而塞之,如彼谓抵而得之;反之谓助之为理,覆之谓自取其国。"

3 五帝:《史记·五帝本纪》认为是黄帝、颛顼、帝喾、帝尧、帝舜。他们都是禅让传国。例如,帝舜是帝尧的臣子,他协助尧治理国家,流放四凶,整治洪水,使国家恢复安定。三王:夏、商、周三代开国的君主。夏启用武力消灭有扈氏,建立新的夏王朝。商汤讨伐无道的夏桀,建立新的商王朝。周武王讨伐无道的纣王,建立新的周王朝。《道藏》本注："五帝之政,世犹可理,故曰抵而塞之,是以有禅让之事。三王之事,世不可理,故曰抵而得之,是以有征伐之事。"

4 诸侯:指春秋战国时代的各个诸侯国的统治者。相抵:互相攻击,或取代君位。如韩、赵、魏三家瓜分晋国,田齐取代姜齐。右:崇尚,尊崇。《道藏》本注："谓五伯时。右,犹'上'也。"

【原文】

自天地之合离终始,必有巇隙,不可不察也[1]。察之以捭阖,能用此道,圣人也[2]。圣人者,天地之使也[3]。世无可抵,则深隐而待时;时有可抵,则为之谋。可以上合,可以检下[4]。能因能循,为天地守神[5]。

【译文】

自开天辟地以来,万事万物都有合有离,必然会有裂缝产生,不可以不仔细观察研究。观察的方法是运用捭阖的手段。能够用抵巇之道来研究处理事务的人,便是圣人。圣人便是体察天地自然之道的使者。世上没有什么裂缝可处理,他们便深深隐居,等待时代召唤;时代产生裂缝,可以采取措施时,他便出来谋划。他能够与国君遇合,取得信任;也可以约束民众,收拾残局。他能够遵循这种方法,顺应天地间的神妙变化。

【注释】

1 自天地之合离终始：意思是开天辟地以来，万事万物自始至终都有合有离。《道藏》本注："合离谓否泰，言天地之道正观，尚有否泰为之蟢隙，而况于人乎！故曰不可不察也。"

2 此道：指抵蟢之道。《道藏》本注："捭阖亦否泰也。体大道以经人事者，圣人也。"

3 天地之使：天地的使臣，意即体察天地之道。《道藏》本注："后天而奉天时，故曰天地之使也。"

4 上合：指与当权者互相结合，辅佐他治理国家。检下：指约束民众，收拾局面。《道藏》本注："上合谓抵而塞之，助时为治；检下，谓抵而得之，使来归己也。"

5 因、循：都是遵循的意思。守神：把握精神，即顺应天地之间的变化。《道藏》本注："言能因循此道，则大宝之位可居，故能为天地守其神化也。"

【评析】

　　本篇讲抵蟢之术，即如何对待社会矛盾。全篇可划分为四个层次：第一层讲天下万事万物都有合有离，都会产生裂缝，产生矛盾，从政者一定要善于观察矛盾的征兆，采取不同的态度对待："蟢始有朕，可抵而塞，可抵而却，可抵而息，可抵而匿，可抵而得。"这五种态度中，本文后面所着重阐述的是"可抵而塞"与"可抵而得"。第二层讲事物和矛盾都是从细微发展到巨大的，圣人能够抓住事物的危险征兆采取措施。第三层讲裂缝扩大、矛盾激化时，要分别采取两种措施：可以补救，就协助当权者补救；不可以补救，就取而代之。第四层讲抵蟢之术是一种符合自然规律的圣人之道，人们应该根据时代的要求灵活运用。本篇列举了从上古的五帝、三王，到当代诸侯的历史事件，以证明自己的"可抵而塞"或"可抵而得"的观点。

本篇是《鬼谷子》中最有特色的一篇，也是受正统思想攻击最厉害的一篇。作者不是站在最高统治者的立场来看待并处理社会矛盾，而是站在一种比较公正的立场来看待。他公开宣布：国家发生了矛盾，可以挽救的话，就协助当权者挽救；如果国家已经腐败不堪，不可挽救，就推翻它，取而代之。这种观点，把当时的民本思想推向了极致，接近了民主思想的边缘。这种观点，只可能在春秋战国时代才有产生的土壤和宣传的空间。因为，春秋战国时代还没有高度中央集权的君主专制制度，有作为的臣下取代无能的君主的事件经常发生。董仲舒《春秋繁露·王道》统计是，"弑君三十二，亡国五十一"。《汉书·刘向传》的统计是，"弑君三十六，亡国五十二"。例如：晋国的三个大夫，就取代晋国，建立了韩、赵、魏三个新的政权；齐国的大臣田成子就取代了原来的姜姓齐国而建立了田姓齐国。上古时代，汤伐桀、武王伐纣的故事，也为社会大多数人所赞扬。活动在战国前期的儒家大师孟子，在这个问题上与《鬼谷子》有相似之处。孟子不理会空有其名的周天子，到处游说诸侯。齐宣王对商汤取代夏桀、周武王伐纣这类事件有怀疑，向孟子求教说："汤放桀，武王伐纣，真有这样的事情吗？"孟子说："历史记载有这样的事情。"宣王说："难道臣子可以弑君吗？"孟子说："破坏仁爱的人叫'贼'，破坏道义的人叫'残'。残贼一类的人，就是'独夫'。武王杀的是独夫纣王，不是什么君主。"（《孟子·梁惠王下》）孟子还对齐宣王说："如果君主发生过错，贵戚大臣就要劝阻；如果反复劝阻而君主不听，贵戚大臣就可以取君主之位而代之。"（《孟子·万章下》）当然，孟子认为可以取代君主的是贵族大臣，而《鬼谷子》认为平民出身的游说之士也可以"抵而得之"，主张是有差别的；而且孟子坚持儒家的道义，轻视功利，跟纵横家是分道扬镳的。在战国时代，其他著作也有这种思想。如《六韬》云："天下非一人之天下，乃天下之天下也。同天下之利者,则得天下;擅天下之利者,则失天下。"(《文韬·文师》)"天下者,非一人之天下,乃天下之天下也。取天下者,若逐野兽,而天下皆有分肉之心。"(《武韬·发启》)"天下者,非一人之天下,惟有道者处之。"(《武韬·顺启》)《吕氏春秋·贵公》也说:"天下非一人之天下也,天下之天下也。"这也许是本篇写于春秋战国之交的一个思想方面的证明。

战国后期的法家对这种原始的民本思想进行批判,主张绝对尊君。秦始皇采用法家思想,建立了极端专制的君主制度,钳制其他思想,企图子孙永远统治天下,可惜历史无情,二世而亡。汉朝统治者鉴于秦王朝二世而亡的历史教训,不敢公开地毫无保留地赞扬法家,而是打着儒家的牌子,实际上仍施行法家制度,这就是所谓"阳儒阴法""儒表法里"。用汉宣帝的话说就是"王霸杂用"。以后的王朝都是如此。在这种专制制度下,"可抵而得"的思想,当然会被看成是洪水猛兽,受到批判或歪曲。所以,宋濂说《鬼谷子》是"小夫蛇鼠之智,家用之则家亡,国用之则国偾,天下用之则失天下"。《四库全书》本之所以要删除"更有所营置,人事亦由是也"这十一个字,恐怕担心冒犯了清朝最高统治者。我想刘向明知有《鬼谷子》,而《汉书·艺文志》没有收录《鬼谷子》,这也可能是一个原因。"抵巇"之术,还在后代受到了片面的理解或歪曲。如:汉人把"抵巇"片面理解为乘人之危而进行攻击,故《汉书·杜周传》的评赞有"因势而抵陒"的语句。"抵陒"就是"抵巇"。颜师古注解说:"抵,击也。陒,毁也。言因事形势而击毁之也。'陒'音'诡'。一说'陒'读与'巇'同,音'许宜反'。'巇',亦'险'也,言击其危险之处。《鬼谷》有《抵巇》篇也。"到了唐朝,"抵巇"又被曲解为"钻营"的含义,故韩愈《释言》云:"不能奔走,乘机抵巇,以要权利。"

在中国古代思想界,只有法家与鬼谷子公开宣传权术。但是,两者又有差别。法家只主张君主运用权术去驾驭臣子与百姓,把"法""术""势"都当作君主驾驭天下的手段。而鬼谷子却主张,上下之间相互都可以运用权术,甚至主张下级可以取代君主。之所以鬼谷子受到强烈的非难与谴责,而法家顶多被批评为"刻薄寡恩",主要是因为法家思想有利于维护君主专制,而鬼谷子思想具有破坏性。所以,批判鬼谷子的人物,大多数是受正统思想(儒表法里思想)影响的文人。鬼谷子在民间受到欢迎,也透露个中的信息。

《鬼谷子》卷中

飞钳第五

【题解】

本篇讲如何控制对方的方法。"钳",就是紧紧夹住的意思。本篇讲了两种钳制对方的手段:一是"钩"(即"钩钳"),即使用各种办法(包括言辞、重累等)钩出对方的真实思想,然后加以控制。如宋濂《鬼谷子辨》所说的那样:"既内感之而得其情,即外持之使不得移,钩钳也。"二是"飞"(即"飞钳"),就是远远地把话语传给对方,主要是恭维、赞扬的话语,从而使对方上钩。总之,本篇的主旨就是强调研究对方的性情、才能、爱好,使对方说出真实思想,然后运用各种手段牢牢控制。《周礼·春官·典同》贾公彦疏:"《鬼谷子》有《飞钳》《揣》《摩》之篇,皆言从横辨说之术。飞钳者,言察是非语,飞而钳持之。"《道藏》本的题解云:"飞,谓作声誉以飞扬之;钳,谓牵持缄束令不得脱也。言取人之道,先作声誉以飞扬之,彼必露情竭志而无隐,然后因其所好,牵持缄束,令不得转移也。"《四库全书》本的题解云:"飞,谓作声誉以飞扬之;钳,谓牵持缄束,令不得脱也。"

【原文】

凡度权量能,所以征远来近[1]。立势而制事,必先察同异,别是非之语[2];见内外之辞,知有无之数[3];决安危之计,定亲疏之事[4];然后乃权量之[5]。其有隐括,乃可征,乃可求,乃可用[6]。引钩钳之辞,飞而钳之[7]。钩钳之语,其说辞也,乍同乍异[8]。其不可善者,或先征之,而后重累[9];或先重累,而后毁之[10];或以重累为毁,或以毁为重累[11]。其用,或称财货、琦玮、珠玉、璧白、采色以事之[12]。或量能立势以钩之[13],或伺候见涧而钳之[14],其事用抵巇[15]。

【译文】

作为君主,凡是估量别人的权谋、才能,都是为了征召远方或近处的人才,使他们前来效力。要确立能够控制别人的地位和权力,制定有关事宜,一定先要仔细观察事物的相同点和不同点,分辨议论的正确与错误;要了解言辞的真实与浮虚,了解谋略的有用与无用;要决定关系到国家安危的计策,确立君臣间应有的亲疏关系,即亲近贤人,疏远小人;然后仔细衡量应召而前来者的情况。如果他具有矫时救弊的能力,便征召他,聘取他,重用他。首先把赞扬、引诱的话语远远地传给他,然后稳稳地控制住他。这种引诱控制的话语,在交谈之时要忽而表示相同,忽而表示不合,以便了解对方的真情。如果对方不容易对付的话,有时便先征召他,来到之后让他担负重任试验他的才能;有时先让他担负重任,再指摘他的短处。有时,重用是为了指摘他;有时,指摘是为了重用他。在任用人才时,有时用金钱、珍宝、珠玉、白璧、美女去试探他是否廉洁;或者根据他的才能使他担负某种职位,考察他是否有智谋;或者抓住他的弱点错误,进一步钳制住他。以上办法都是用"抵巇"之术(见本书第四篇)。

注释

1 度权量能:估量别人的权谋、才能。征:征召。远:远方的人。近:近处的人。《道藏》本注:"凡度其权略,量其材能,为作声誉者,所以征远而来近也。谓贤者所在,或远或近,以此征来,若燕昭尊郭隗,即其事也。"

2 立势:确立能够控制局面的地位、权力、形势。制事:制定有关的措施。别:鉴别。《道藏》本注:"言远近既至,乃立赏罚之势,制能否之事。事、势既立,必先察党与之同异,别言语之是非。"

3 见内外之辞:了解对方所说的言辞,是内行(真实)还是外行(浮虚)。知有无之数:了解对方所讲的术数(权谋策略),是有用还是无用。《道藏》本注:"外谓浮虚,内谓情实,有无谓道术能否。又必见其情伪之辞,知其能否之数也。"

4 定亲疏之事:决定君臣之间的亲疏关系,即亲近贤人而疏远小人。《道藏》本注:"既察同异、别是非、见内外、知有无,然后与之决安危之计、定亲疏之事,则贤不肖可知也。"

5 权:秤锤,指衡量轻重。量:测量长度。《道藏》本注:"权之所以知其轻重,量之所以知其长短。"

6 隐括:一般写作"檃栝",是矫正竹木弯曲的工具。《荀子·性恶》云:"故枸木必将待檃栝蒸矫然后直。"隐括的词义,从矫正竹木,可以引申为矫正人的错误,矫正社会的弊病。《道藏》本注:"轻重既分,长短既形,乃施隐括以辅其曲直。如此,则征之又可,求之亦可,用之亦可。"

7 引:拉开弓,引申为运用。飞:飞翔,引申为从远方传话。《道藏》本注:"钩谓诱致其情,言人之材性,各有差品,故钩钳之辞,亦有等级。故内感而得其情曰钩,外誉而得其情曰飞。得情则钳持之,令不得脱移,故曰钩钳。故曰飞钳。"

8 乍:忽然,变化非常快。《道藏》本注:"谓说钩钳之辞,或捭而同之,或阖而异之,故曰:乍同乍异也。"

9 不可善:不能够轻易对付。重累:可有两种解释。一是读 chóng lěi,
　意思是重复积累,就是反复诱导对方说出真实的想法。二是读 zhòng
　lèi,意思是加重负担,就是给对方委以重任而试验其才能。《道藏》本
　注:"不可善,谓钩钳之辞所不能动。如此者,必先命征召之,重累者,
　谓其人既至,然后状其材,其人既至,然后都状其材。术所有,知其所
　能,人或因此从化也。"

10 毁:诋毁,即宣扬对方的短处。这是一种反激方法。《道藏》本注:"或
　有虽都状其所有,犹未从化,然后就其材术短者,訾毁之。人或过而
　从之,无不知化也。"

11 或以重累为毁,或以毁为重累:有时用重累作为诋毁的手段,有时用
　诋毁作为重累的手段。《道藏》本注:"或有状其所有,其短自形,以此
　重累为毁也;或有历说其短,材术便著,此以毁为重累也。为其人难
　动,故或重累之,或訾毁之,所以驱诱之,令从化也。"

12 其用:运用飞钳的办法。称:称举,使用。琦玮(qí wěi):美玉珍宝。事之:
　试探。《道藏》本注:"其用谓人既从化,将欲用之,必先知其性行好恶,
　动以财货采色者,欲知其人贪廉也。""璧白",《百子》本作"白璧",
　秦恩复刊本作"璧帛"。《百子》本可能是认为"璧白"不通顺,遂易为
　"白璧"。"白",可通"帛";"财货""琦玮""珠玉"都是并列短语,"璧
　帛"也是并列短语,故秦恩复本可从。

13 量能:衡量对方才能。立势:确立控制对方的形势。《道藏》本注:"量
　其能之优劣,然后立去就之势,以钩其情,以知其智谋也。"

14 峒:山谷,大裂缝。比喻对方的失误、弱点。《道藏》本注:"谓伺彼行事,
　见其峒隙而钳持之,以知其勇怯也。"

15 抵巇:见本书上卷第四篇。《道藏》本注:"谓此上事用抵巇之术而
　为之。"

原文

将欲用之于天下，必度权量能，见天时之盛衰，制地形之广狭，岨崄之难易，人民货财之多少，诸侯之交孰亲孰疏，孰爱孰憎[1]。心意之虑怀，审其意，知其所好恶，乃就说其所重，以飞钳之辞，钩其所好，以钳求之[2]。

译文

作为一个普通人，要运用飞钳之术游说并辅佐君主治理天下。一定要揣度君主的权谋与能力，观察国家命运的发展趋势，衡量地形的宽窄与险要情况，估算人口和财物的多少，了解他与哪个诸侯国亲密友爱，与哪个诸侯国疏远仇恨。还要了解君主心中的打算，仔细观察他的意图，知道他的喜好和憎恶然后依顺其最重视的事进行游说，传出诱导赞扬的话语，从而抓住他的爱好，牢牢控制住他。

注释

1 用之于天下：在天下运用飞钳之术，即使用飞钳方法游说并辅佐君主。天时：犹言"天命""天运""气数"，指国家命运的发展趋势。岨崄：同"险阻"，指险要的地理形势，包括山川关隘等。《道藏》本注："'将用之于天下'，谓用飞钳之术，辅于帝王；'度权量能'，欲知帝王材能可辅成否，天时盛衰，地形广狭，人民多少，又欲知天时、地利、人和合其泰否，诸侯之交、亲疏爱憎，又欲知从否之众寡。"

2 心意之虑怀：君主内心的打算。好恶：爱好与憎恶。所重：最重视的东西。《道藏》本注："既审其虑怀，又知其好恶，然后就其所最重者而说之；又以飞钳之辞，钩其所好，既知其所好，乃钳而求之，所好不违，则何说而不行哉！"

原文

用之于人,则量智能、权材力、料气势,为之枢机,以迎之随之,以钳和之,以意宜之,此飞钳之缀也[1]。用于人,则空往而实来,缀而不失,以究其辞。可钳而从,可钳而横;可引而东,可引而西,可引而南,可引而北;可引而反,可引而覆[2]。虽覆能复,不失其度[3]。

译文

运用飞钳之术和别人打交道,就要衡量别人的智慧、才能、气魄,设下控制机关来等候他,迎合他,追随他,运用诱导的话语结交他,揣度他的想法,令他满意,这便是飞钳术中的牵制手段。在和别人打交道时,放出赞扬之辞,使对方说出真情,收到实效;然后紧跟不放,研究他话语中的真意。这样,便牢牢控制住他,可引他直走,也可引他横走;可以引他向东,也可以引他向西;可以引他向南,也可以引他向北;可以引他往回走,也可以引他走到反面。即使有时失败,也可以恢复主动,不会失去控制。

注释

1 量、权、料:都是衡量、估计的意思。枢(shū):门轴,控制门户的转动开关。机:指弩机,安装在弩弓上的控制发箭的装置。以钳和之:运用飞钳之术跟他结交,达到亲密和好。以意宜之:揣度对方的心意,适应他的要求。缀:牵制。《道藏》本注:"用之于人,谓用飞钳之术于诸侯也。量智能料气势者,亦欲知其智谋能否也。枢所以主门之动静,机所以制弩之放发,言既知其诸侯智谋能否,然后立法镇其动静,制其放发,犹枢之于门,机之于弩,或先而迎之,或后而随之,皆钳其情以和之,用其意以宣之。如此则诸侯之权可得而执,己之恩又可得而固,故曰飞钳之缀也,谓用飞钳之术连于人也。"

2 空:指发出对人的赞美言辞。实:指使对方说出实际情况,收到实效。

从:通"纵"。从横:可指一般的方向,也可以指"合纵""连横"的具体政策。覆:翻转到反面。《道藏》本注:"用之于人,谓用飞钳之术任使人也。我但以声誉飞扬之,故曰'空往',彼则开心露情,归附于己,故曰'实来'。既得其情,必缀而勿失,又令敷奏以言,以究其辞。如此则从横、东西、南北、反覆,惟在己之钳引,无思不服也。"

3 覆:倾覆,失败。复:恢复,复兴。度:节度,控制。《道藏》本注:"虽有覆,败必复振;不失其节度,此飞钳之终也。"

[评析]

　　本篇分三层,从三个不同的角度研讨如何控制对方。第一层从君主的角度讨论如何运用飞钳之术对待人才。首先强调君主必须全面把握人才的情况;其次讲用言辞、重累等各种方法试探他,掌握他的真实思想;然后讲如何控制他,包括使用财物、利用形势、抓住对方弱点等。第二层从游说之士的角度讨论如何运用飞钳之术对待君主。强调要全面了解国家的情况与君主个人的气质思想,运用飞钳之术保持君主对自己的信任。第三层从游说之士如何对待普通人的角度讨论飞钳之术,也强调要周密了解对方,紧紧抓住对方,加以控制利用。总之,全面了解对方是运用飞钳之术的关键。本篇在《鬼谷子》中占有重要地位。其核心是讲权术,但是与法家讲权术不同:法家主张君主对臣民讲权术,反对臣民对君主讲权术;鬼谷子却认为,君主与臣民相互之间都可以使用"飞钳之术",彼此是对等的。

　　游说之士都必须精通飞钳之术。且以"飞"为例。"飞"就是"飞语",是钳的一种手段,即远远放出话语,引起对方注意,从而达到利用控制对方的目的。放出的话语,大部分是赞扬性的,所以《道藏》本题解说:"飞,谓作声誉以飞扬之。"但是,放出的话语,也不一定都是赞扬性的，关键是要能够控制住对方。《战国策·秦策三》所记载的蔡泽游说范雎的故事就是一个突出的例子。范雎在秦国废太后、逐穰侯，加强王权，做了多年宰相，功勋地位显赫。但是，时间久了，举事总会出现失误，从而与秦王的关系产生裂痕，于是其政治地位出现了危机。蔡泽是个不得志的游说之士，到处碰壁。他了解到范雎的处境后，毅然进入秦国，放出话语："我是个杰出的善辩人才。只要见到秦王，秦王就一定会任命我做宰相，取代范雎。"范雎听到后，非常不愉快，派人召见他，质问他说："您扬言取代我担任秦国的宰相，有这回事情吗？"他回答说："对。"范雎说："请讲出理由。"他说："唉！您看问题太迟钝了。功成身退，是世间的常理。秦国的商君、白起，楚国的吴起，越国的文种，都由于功成而身不退，遭至杀身的惨祸。您如果继续下去，就会跟他们一样。如果趁这个时候归还宰相职务，推荐贤人，就可以长寿而享受爵禄，又有廉让的美名。"范雎听了他的话，于是入朝对秦昭王说："蔡泽是个杰出人才，我比不上他。"于是便称病辞职，把宰相职位让给了蔡泽。蔡泽所使用的就是"飞钳"之术。

忤合第六

题解

本篇讨论的是纵横游说之士的归宿问题，也就是如何选择君主以从政的问题。"忤"，含义是抵触、违背心愿。"忤"的结果就是"倍反"，即彼此思想不合而背离。合，含义是闭合、符合、适合。选择计谋相合的对象，使彼此亲密无间，就是"趋合"。"忤"与"合"是趋向相反的对立面。"忤合"，也相当于"去就""离合""背向"。《道藏》本的题解云：

"大道既隐,正道不得,坦然而行,故将合于此,必忤于彼。令其不疑,然后可行其意。若伊、吕之去就是也。"《四库全书》本的题解没有"若伊、吕之去就是也"。

[原文]

凡趋合倍反,计有适合[1]。化转环属,各有形势,反覆相求,因事为制[2]。是以圣人居天地之间,立身、御世、施教、扬声、明名也;必因事物之会,观天时之宜,因之所多所少,以此先知之,与之转化[3]。世无常贵,事无常师[4]。圣人常为,无不为;所听,无不听[5]。成于事而合于计谋,与之为主[6]。合于彼而离于此,计谋不两忠[7]。必有反忤:反于是,忤于彼;忤于此,反于彼[8]。

[译文]

无论是意见相合而走到一起,或是意见相反而各自离开,都要有恰当合适的计谋适应形势。事物不断变化运转,就像圆环一样滚动,各自形成不同的形势;因此,人们要反反复复从正面反面仔细研究,根据不同事态确定不同的处理办法。所以,圣人生活在天地之间,立身处世,实施教化,弘扬美好名声,阐明事物名分,都一定要抓住事物发展的关键,观察社会的发展趋势,了解国家多余什么或缺少什么,根据这一切预先了解的情况,跟随它一起运转变化。世界上没有永远高贵的事物,做事情没有永远不变的老师。圣人积极入世,没有什么该做的事不做;圣人听取各种情况,没有什么该听的情况不听。只要看准哪位君主办事能够成功,计谋相合,就跟他结合,选择他作为自己的君主,为他谋划大事。自己与那一方结合,必然会背离这一方,因为计谋不可能对双方都有利。所以必须有"反忤之术":顺从这方的利益,就必然违背那方的利益;违背这方的利益,就必然顺从那方的利益。

注释

1 趋合：指意见相合就走到一起。倍反：指意见相反就各自离开。倍，通"背"，背离。计有适合：指要有适当的计谋来适应形势。《道藏》本注："言趋合倍反，虽参差不齐；然施之计谋，理乃适合也。"

2 化转环属：事物不断变化运转，就像圆环一样滚动。求：寻求，研究。因事为制：根据不同的事物、不同的事态，制定不同的处理方法。《道藏》本注："言倍反之理，随化而转，如连环之属。然其去就，各有形势。或反或覆，理自相求，莫不因彼事情为之立制也。"

3 立身：指养成自己的道德本领，自立于社会。御世：处理世间各种事务与关系。施教：实施教化。扬声：使名声传扬于天下。明名：阐明事物的名分。会：指关键、时机。天时：犹言"天命""天运"，指所面临的社会状况与发展趋势。因之所多所少：俞樾《读书余录》说，因字或国字之误。与之转化：跟随它一起运转变化。《道藏》本注："所多所少，谓政教所宜多所宜少也。既知多少所宜，然后为之增减。故曰：以此先知，谓用倍反之理，知之也。转化，谓转变以从化也。"

4 常贵：经常不变而永远高贵。《道藏》本注："能仁为贵，故无常贵；主善为师，故无常师。"嘉庆本在这四句之后，还有"圣人无常与，无不与"两句。这两句是表明纵横家对社会的态度。

5 常为：经常做事，指积极入世。无不为：指该做的事情都做。所听：指应该听取的情况都听取。《道藏》本注："善必为之，故无不与。无稽之言不听，故无所听。"

6 与之为主：跟他结合，选择他作为君主。《道藏》本注："于事必成，于谋必合。如此者，与众立之，推以为主也。"

7 离：背离。不两忠：不可能对处于对立地位的双方都有利。《道藏》本注："合于彼必离于此，是其忠谋不得两施也。"

8 反忤：即"忤合"，也就是下文所说的："反于是，忤于彼；忤于此，反于彼。"《道藏》本注："既忠不两施,故宜行反忤之术。反忤者,意欲反合于此,必行忤于彼。忤者,设疑似之事,令昧者不知觉其事也。"

[原文]

其术也,用之天下,必量天下而与之;用之于国,必量国而与之;用之于家,必量家而与之;用之于身,必量身材能气势而与之[1]。大小进退,其用一也[2]。必先谋虑计定,而后行之以飞钳之术[3]。

[译文]

实行这种"反忤之术",如果运用到天下,一定要衡量天下的情况再决定顺从谁;如果运用到诸侯国,一定要衡量各国的情况再决定顺从谁;如果运用到大夫的封地,一定要衡量封地的情况再决定顺从谁;如果运用到个人,一定要衡量个人的才能、气魄再决定怎么办。无论对象的大小或策略的进退,运用的原则都是一致的。一定先要谋划考虑,确定何去何从,然后用"飞钳"之术来实现它。

[注释]

1 量:衡量。与之:参与,结交,顺从。国:指当时的诸侯各国。家:指卿大夫的封地食邑。《道藏》本注："用之者,谓用反忤之术;量者,谓量其事业有无;与,谓与之亲。凡行忤者必称其事业所有而亲媚之,则暗主无从而觉。故得行其术也。"

2 大小:指对象的大小,从天下到个人。《道藏》本注："所行之术,虽有大小进退之异,然而至于称事扬亲则一。故曰:其用一也。"

3 行之以飞钳之术:即使用飞钳手段实现忤合的目的。《道藏》本注："将行反忤之术,必须先定计谋,然后行之。又用飞钳之术以弥缝之也。"

【原文】

古之善背向者，乃协四海，包诸侯，忤合之地而化转之，然后以之求合[1]。故伊尹五就汤，五就桀，而不能有所明，然后合于汤[2]；吕尚三就文王，三入殷，而不能有所明，然后合于文王[3]。此知天命之钳，故归之不疑也[4]。非至圣达奥，不能御世；不劳心苦思，不能原事；不悉心见情，不能成名；材质不惠，不能用兵；忠实无真，不能知人[5]。故忤合之道，己必自度材能知睿，量长短远近孰不如。乃可以进，乃可以退，乃可以从，乃可以横[6]。

【译文】

古代善于选择向背去就的人，在海内所有的诸侯国自由活动，在或相违背或相契合的地方活动变化，然后根据情况选择君主，与他亲密合作。所以，商朝的开国贤臣伊尹，五次接近商汤，五次接近夏桀，他在夏朝得不到赏识，然后选择商汤侍奉；周朝的开国元勋吕尚，三次接近文王，三次进入殷商国都，他在殷商得不到赏识，然后侍奉周文王，君臣亲密合作。他们在活动中明白了天命的归向，所以最后毫无疑虑地投向了新王朝。人们如果不聪明高尚并通达高深的道理，便不能治理天下；如果不劳心苦思，便不能探讨事物的本原；如果不全神贯注地观察实情，便不能成就美名；如果材质不聪明，便不能用兵；如果为人老实而无真知灼见，便不可能了解人。所以要实行"忤合之道"，决定背离谁与归向谁，一定先要估量自己的才能智慧，估量一下在计谋方面谁赶不上自己。这样做了，就可以进取，可以隐退，可以东西连横，可以南北合纵，一切活动自如。

注释

1 背向:背离谁与归向谁,即选择君主。善于背向,即后世所说的"良禽择木而栖,良臣择主而事"。忤合之地而化转之:在或相互忤逆或相互契合的地方(国度)活动变化。《道藏》本注:"言古之深识背向之理者,乃合同四海,兼并诸侯,驱置忤合之地,然后设法变化而转移之。众心既从,乃求其真王,而与之合也。"

2 伊尹:商朝的开国功臣。伊尹,本名挚,是商汤妻子的陪嫁奴隶。他因为陈述政治见解而被商汤赏识提拔,辅佐汤讨伐夏桀,建立商朝,尊为阿衡(宰相)。汤死后,又辅助汤的孙子太甲,把天下治理得很好。传说伊尹曾经五次游说夏桀,五次游说商汤,然后才选定自己的君主,忠诚地辅佐商汤。《道藏》本没有"而不能有所明"六字,据嘉庆本增加。

3 吕尚:周朝开国功臣。姜姓,吕氏,名尚,号太公望,即民间盛传的姜子牙(姜太公)。相传周文王出猎,在渭水边遇见正在钓鱼的吕尚,交谈十分投机,便同乘一辆车回到都城,任命他做军师。周武王即位,尊为师尚父,辅佐武王讨伐纣王,建立周王朝。他成为齐国的始祖。本篇说他曾经三次进入商朝的都城,不被商王赏识,最后才选择周文王作为自己的君主。俞樾《湖楼笔谈》云:"吕尚事,于书传无见,盖因伊尹而类也。"《道藏》本注:"伊尹、吕尚所以就桀、纣者,所以忤之令不疑。彼既不疑,然后得合于真主矣。"

4 天命之钳:天命的归向。《道藏》本注:"以天命系于殷商(汤)、文王。故二臣归二主,不疑也。"

5 至圣:一本作"至圣人","人"是衍文。达奥:通达高深的道理。御世:治理天下。不劳心苦思:《道藏》本缺"不"字,秦恩复乾隆刊本据别本补。原事:探讨事物的本原。惠:通"慧",聪明。

6 自度:估量自己。长短:指各种策略。刘向《战国策叙录》说,《战国策》又名《短长》。从:通"纵"。《道藏》本注:"夫忤合之道,不能行于胜己而必用之于不我若,故知谁不如,然后行之也。既行忤合之道于不如己者,则进退纵横,唯吾所欲耳。"

[评析]

本篇分三大层次。第一层次是论述实行忤合之术的必要性。所谓"忤",就是意见相互抵触而彼此背离,本篇又称为"倍反"。所谓"合",就是意见契合而走到一起,本篇又称为"趋合"。因为事物的情况千差万别,主张也就各不相同,或者相互契合,或者相互抵触,而且"世无常贵,事无常师",这就是实行"忤合之术"的必要性。第二层讲如何实行忤合之术。那就是周密了解情况,认真谋划,然后行动。行动时可以结合运用"飞钳之术"。第三层列举历史上运用"忤合之术"成功的范例,并阐明实行"忤合之术"的主观条件。

本篇说:"世无常贵,事无常师。圣人常为,无不为;所听,无不听。成于事而合于计谋,与之为主。合于彼而离于此,计谋不两忠。"这种思想,与《抵巇》篇大体一致。它为纵横游说之士的"朝秦暮楚"的活动提供了理论根据,开辟了广阔的政治活动舞台。"忤合"可以从两个方面理解:一方面是指选择有作为的君主,一方面是指选择能够接受自己意见的君主。选择有作为的君主,文中举出了商朝开国元勋伊尹与周朝开国元勋吕尚(姜太公)这两个历史范例。伊尹五次投靠夏桀,五次投靠商汤,最后选择了商汤;吕尚三次到商纣王的首都朝歌寻找从政机会,最后却选择了周文王。他们不是以忠诚于某个君主为从政标准,而是主动地挑选君主。后来,人们说"良禽择木而栖,良臣择主而事"就是接受了这种理论,为才能之士提供了一个相对广阔的活动空间。

选择能够接受自己意见的君主,《战国策·秦策一》和《战国策·赵策二》所记载的苏秦的情况,是"忤合"的典型例子。开始,苏秦游说秦惠王，劝秦国实行"连横"策略，被秦王拒绝，"说秦王书十上，而说不行"，只好狼狈地离开秦国。他回家之后，翻出书箱中的《太公阴符》之谋，通过反复揣摩，增强了游说本领。于是，取道燕国而到达赵国，向赵王进献"合纵"的策略。他说："要治理国家，必须使老百姓安定。安定老百姓的根本，在于选择正确的外交策略。赵国是东方六国中最强大的国家，主要敌人是秦国。如果赵国与其他五国联合起来，土地是秦国的五倍，士兵是秦国的十倍，就可以制服秦国。如果秦国攻击某国，其他五国就出兵攻击秦国。六国如果有谁背弃盟约，其他五国就共同攻击它，这就可以使赵国成就霸业。"赵王听了，十分高兴地说："您有意存天下、安诸侯，寡人敬以国从。"于是封苏秦为"武安君"，给他百辆华丽的车子，携带千镒黄金、百双白璧、千匹锦绣，游说其他诸侯。苏秦与秦王意见不合，决定背离秦国，这就是因"忤"而"背反"；然后改变策略与游说对象，这就是"趋合"。后来人们把苏秦式的举动，叫作"朝秦暮楚"。"朝秦暮楚"，历来受到攻击，其实这种攻击是片面的。

应该说，"朝秦暮楚"现象是当时政治形势的产物。当时整个中国已经出现大一统的趋势，谁能够听取正确意见，实行正确的主张，谁就能统一天下，安定百姓；而且，统一的策略，也是可以变化的。所以，游说对象不一定局限于已经没有能力的周王朝，也不一定局限于某个诸侯国；实行的策略，可以是"合纵"，也可以是"连横"。这就是篇中所说的："乃可以进，乃可以退，乃可以从，乃可以横。"即使是反对纵横学说的儒家大师孟子，他本人不是也游说魏国与齐国，希望实行王道统一天下吗？这种现象，在秦始皇建立极端专制的全国统一的政权之后，就几乎绝迹了。所以，宋朝一般读书人不理解儒家"亚圣"孟子的举动，作诗讽刺说："当时尚有周天子，何事纷纷说魏齐？"儒家的圣人遭遇尚且如此，何况早被误解的纵横家呢？

"朝秦暮楚"现象，不仅与当时政治形势有关，还与游说之士崇尚名利富贵的人生观是一致的。本篇说:圣人居天地之间,要"立身、御世、施教、扬声、明名"。"立身",就是在社会上站住脚,具有地位;"御世",就是能够掌握天下的大权;"施教"就是实施自己的抱负,教化群众;"扬声",就是发扬声威;"明名",就是成名,使天下人与后世人知道。为了实现个人的名利富贵,就必须选择"合于计谋"的君主,而且必然"计谋不两忠"。苏秦的遭遇就典型地证明了这一点。他游说失败,父母、妻子都轻视他,冷淡他;而改变游说对象取得成功后,大家都来奉承他。所以,他感慨地说:"嗟乎! 贫穷则父母不子,富贵则亲戚畏惧。人生世上,势位富厚,盖可以忽乎哉!"苏秦的遭遇和思想,在当时具有典型意义,为许多希望飞黄腾达的知识分子所歆羡,所以苏秦成了一个箭垛式的人物。

揣第七

题解

本篇论述游说之士如何揣测游说对象的客观条件与主观思想。"揣"的意思是揣测、探求。《四库全书》本的题解云:"揣者,测而探之也。"揣测的内容包括两个方面:一是"量权",即衡量对象的权势实力(如诸侯国的自然条件与政治经济形势);二是"揣情",即揣测对象的思想动态。本篇开宗明义就说:"古之善用天下者,必量天下之权而揣诸侯之情。量权不审,不知强弱轻重之称;揣情不审,不知隐匿变化之动静。"两者比较,"量权"是衡量客观条件,有形可见,比较容易;"揣情"是揣测主观心理,它是无形的,可能隐藏很深,比较困难。因此,本篇说:"揣情最难守司。"故本篇以"揣情"作为论述的重点。《太平御览》引用本篇时,称本篇为《揣情》,不是没有道理的。不过,称为"揣",兼顾两个方面,更加全面一些。《道藏》本没有题解,其抄本误将正文的前几句作为题解(用夹行小字抄写)。

[原文]

古之善用天下者,必量天下之权而揣诸侯之情[1]。量权不审,不知强弱轻重之称;揣情不审,不知隐匿变化之动静[2]。

[译文]

古代善于凭借天下各种条件、形势来施展才能、发挥作用的人,一定要衡量天下的权势实力,揣测各位诸侯的真实心情。如果对权势实力的衡量不详明周密,就不了解各国强弱虚实的差别;如果对真实心情的揣测不详明周密,就不了解隐秘和变化的状况。

[注释]

1 善用天下:善于凭借天下的条件、形势而施展才能、发挥作用。权:权势、实力。情:真实思想感情。

2 审:详明、周密。称(chèn):合适、相称,此处指差别。动静:变化的情况。《道藏》抄本误将此段正文抄写为题解。

[原文]

何谓量权?曰:度于大小,谋于众寡[1]。称货财之有无[2],料人民多少、饶乏,有余不足几何[3]?辨地形之险易,孰利、孰害[4]?

[译文]

什么叫衡量权势实力呢?回答是:那便是估量并思考国家大小和人口多少的情况。包括衡量和计算:有没有财物?人民有多少?贫富状况怎样?哪些方面有余,哪些方面不足?还要分辨比较:地形险峻还是平坦?哪里地形有利,哪里地形不利?哪一国善于谋划,哪一国不会谋谋虑，孰长、孰短？揆君臣之亲疏，孰贤、孰不肖[5]？与宾客之智睿，孰少、孰多？观天时之祸福，孰吉、孰凶？诸侯之亲，孰用、孰不用[6]？百姓之心，去就变化，孰安、孰危、孰好、孰憎[7]？反侧，孰便[8]？能知此者，是谓权量[9]。

划？揣度君臣间的亲疏关系，哪一国君主亲近贤人疏远小人，哪一国君主亲近小人疏远贤人？哪一国的宾客足智多谋，哪一国的宾客缺少智谋？还要观察天命，即观察国家命运的发展趋势，谁有祸，谁有福，谁凶，谁吉？观察诸侯间的关系，看谁有可靠的盟国，亲密可用；谁没有可依靠的盟国，不能利用。观察民心向背和变化状况，哪国民心安定，哪国民心不稳？谁被人民热爱，谁被人民憎恶？活动起来，哪里方便灵活，哪里情况熟悉？了解以上一切，这便叫作衡量权势实力。

注释

1 大小：指国家的大小，力量的大小。众寡：指人口的多少。

2 称(chēng)：衡量。另本作"称货财有无之数"，不同于《道藏》本。

3 料：估量、计算。饶乏：富裕与贫困。有余不足几何：哪方面有余，哪方面不足。《道藏》本缺"料人民多"四字。

4 险易：险峻与平坦。利：指地形有利。害：指地形不利。

5 揆：揣度。亲：亲近的人。疏：疏远的人。

6 诸侯之亲：指诸侯国之间的关系。用：指可以利用。

7 去就：离开与靠近，指民心的向背。

8 反侧：反复转动，活动。便：灵活。"便"，一本作"辩"。

9 权量：即"量权"的倒文。《道藏》本注："天下之情，必见于权也，善于量权，其情可得而知之；知其情而用之者，何适而不可哉。"

[原文]

揣情者,必以其甚喜之时,往而极其欲也[1];其有欲也,不能隐其情。必以其甚惧之时,往而极其恶也;其有恶也,不能隐其情。情欲必知其变[2]。感动而不知其变者,乃且错其人勿与语而更问所亲,知其所安[3]。夫情变于内者,形见于外。故常必以其见者而知其隐者。此所谓测深揣情[4]。

[译文]

揣测真实心情,一定要选在那个人最高兴的时候,前去游说他,最大限度地刺激他的欲望;因为他被欲望蒙蔽,便不能隐蔽真情。一定要选在那个人最担心的时候,前去会见他,最大限度地诱发他想起所憎恶的对象,因为他被憎恶所激动,便不能隐蔽真情。还一定要了解那个人感情欲望的变化。如果触动了那个人的感情,但还是摸不清他的变化,便暂且放开那个人,不跟他交谈,转而去询问他亲近的人,从而了解到他满足喜爱的事物是什么。内心发生感情变化,一定会从外部表现出某种形态。所以,一定要经常从外部表现出来的形态去深入了解内心隐藏的思想感情。这便叫作揣测内心深处的思想感情。

[注释]

1 往:前往,即前去游说。极其欲:最大限度地刺激对方的欲望。

2 情欲必知其变:了解对方情感与欲望的变化。《道藏》本原作"情欲必失其变"。俞樾《读书余录》说:"'失'字无义,疑当作'知'。'知'字阙坏,仅存(右)[左]旁'矢'字,因误为'失'矣。下文曰'感动而不知其变者',即承此文而言。陶氏作注时已误作'失',乃曲为之说曰'情欲因喜惧而失',于文义殊未安也。"《道藏》本注:"夫人之性,甚喜则所欲著,甚惧则所恶彰。故因其彰著而往极之。恶欲既极,则其情不隐;是以情欲因喜惧之变而失也。"

3 感动:触动了对方的情感欲望。错:放置下来。所安:满足喜爱的东西。《道藏》本注:"虽因喜惧之时,以欲恶感动而尚不知其变,如此者,乃且置其人,无与之语。徐徐更问,斯人之所亲,则其情欲所安可知也。"

4 见:表现出来。见者:表现在外的形态。隐者:隐藏在内心的思想感情。测深揣情:揣测内心深处的思想感情。《道藏》本注:"夫情貌不差,内变者必外见,故常以其外见而知其内隐;观色而知情者,必用此道。此所谓测深揣情也。"

[原文]

故计国事者,则当审权量;说人主,则当审揣情[1]。谋虑情欲,必出于此[2]。乃可贵,乃可贱;乃可重,乃可轻;乃可利,乃可害;乃可成,乃可败。其数一也[3]。故虽有先王之道,圣智之谋,非揣情隐匿无所索之。此谋之大本也,而说之法也[4]。常有事于人,人莫能先;先事而至,此最难为[5]。故曰揣情最难守司,言必时

[译文]

如果要谋划国家大事,就一定要衡量天下的权势实力;如果要游说君主,就一定要周详地揣测他的真实思想感情。一切计谋和愿望,都要通过这种揣测之术来实现。运用揣测之术有的人显贵,有的人低贱;有的人被重用,有的人被轻视;有的获利,有的受害;有的成功,有的失败,其规律是一致的。那就是,善于揣测的人便显贵、获利、成功;否则,便低贱、受害、失败。所以说,即使有先王的治国方法,有圣人智者的谋略,如果不揣测真情的话,也无法寻求那隐秘的东西。可见,这揣测之术是谋略的根本,是游说的法则。事情发生在人们面前,人们往往难以预料;在事情发生之前便能准备好,这是最难办到的。所以说,揣情是最难掌握的,说的就是,必须探测观察对方的

其谋虑[6]。故观蜎飞蠕动，无不有利害，可以生事变[7]。生事者，幾之势也[8]。此揣情饰言成文章，而后论之也[9]。

内心考虑。即使是昆虫飞行爬动那样微末的事情，也都包含着利益与祸害，可以使事物发生变化。使事物发生变化的原因往往是幾微的态势。实行这揣情之术，首先要修饰言辞，使之富于文采，然后再进行论说。

注释

1 计：谋划。《道藏》本注："审权量则国事可计，审揣情则人主可说。"

2 《道藏》本注："至于谋虑情欲，皆揣而后行。故曰谋虑情欲必出于此也。"

3 数：规律，法则。《道藏》本注："言审于揣术，则贵贱成败，惟己所制，无非揣术所为，故曰其数一也。"

4 索：探求，求索。此：指揣情。大本：最根本的东西。俞樾《读书余录》说："'大'字，衍文也。'谋之本''说之法'，相对为文，不当有'大'字。'本'与'大'，上半相似，每易致误。注但曰'揣情者乃成谋之本'，而无'大'字，是其所据本未衍。"法：法则，方法。《道藏》本注："先王之道，圣智之谋，虽宏旷元妙，若不兼揣情之术，则彼之隐匿从何而索之？然则揣情者，诚谋之本而说之法则也。"

5 先事而至：事情发生之前就能预料，就已经做了准备。《道藏》本注："挟揣情之术者，必包独见之明，故有事于人，人莫能先也。又能穷幾尽变，故先事而生。自非体元极妙，则莫能为此矣。故曰此最难为也。"这几句，《道藏》手抄本作："常有事于人，人莫先事而至。"俞樾《读书余录》云："'人莫'下，夺'能先'二字。"

6 守司：掌管，掌握。时：通"伺"，侦候，探测观察。《道藏》本注："人情险于山川，难于知天。今欲揣度而守司之，不亦难乎！故曰揣情最难守司，谋虑出于人情，必当知其时节。此其所以为最难也。"

7 蝡(xuān):通"翾",飞翔。特指小昆虫飞动。蠕(rú):小昆虫缓慢爬行。
事变:《道藏》本作"事美"。俞樾《读书余录》说:"'美'当作'变',言
蝡飞蠕动之虫,无不有利害可以生事变也。'变''美'形近而误。"《道
藏》本注:"蝡飞蠕动,微虫耳,亦犹怀利害之心。故顺之则喜说,逆之
则勃怒,况于人乎,况于鬼神乎,是以利害者,理所不能无顺逆者,事
之所必行,然则顺之招利、逆之致害,理之常也。故观此可以成生事
之美。"

8 幾:幾微,事物的苗头。《道藏》本注:"生事者,必审幾微之势。故曰
生事者幾之势也。"

9 饰言成文章:修饰言辞使其具有文采。《道藏》本注:"言既揣知其情,
然后修饰言语以导之,故说辞必使成文章而后可论也。"

[评析]

　　本篇可分四段:首段并提"揣"的两项内容:"量权"与"揣情"。第二
段论述"量权"。"量权"是针对天下国家而言,即衡量天下国家的权势,
包括疆域、人口、财富、天时、地形、人才、人心、外交、内政等多方面的情
况。第三段论述"揣情"。"揣情"的对象是君主,即揣测君主内心的真实
思想感情。揣情的方法包括:把握"揣情"的时机,认为君主大喜、大惧的
时候是最好的时机;从侧面入手,找君主的亲信了解;察言观色,从对象
的外在表现探测其内心深藏的思想感情。第四段总结全文,而重点阐述
"揣情"的重要性与难度。因为,"量权"是衡量有形可见的客观事物,而"揣
情"是揣测无形的深藏在内心的思想感情,故"最难守司";同时,"揣情"
是否准确,关系到游说的成败。本段最后还提出了以"揣情"为基础的"饰
言"问题,即游说的语言必须富有文采。

　　游说之士在游说某个诸侯国之前,必须了解该国的情况与具体游说
对象的真实思想,而最难了解的是后者。只有了解当权者的真实思想,

游说才可能成功；不了解当权者的真实思想，游说就会失败。打开《战国策》，这种例子俯拾即是。《秦策一》记录苏秦以"连横"说秦，是失败的例子。苏秦对秦国的国情与国力是了解的："大王之国，西有巴蜀、汉中之利，北有胡貉、代马之用，南有巫山、黔中之限，东有肴、函之固。田肥美，民殷富。战车万乘，奋击百万。沃野千里，蓄积饶多，地势形便。"但是，他不了解秦惠王的思想，冒失地劝他称帝，统一天下。结果遭到秦惠王的拒绝："寡人闻之：毛羽不丰满者，不可以高飞；文章不成者，不可以诛罚；道德不厚者，不可以使民；政教不顺者，不可以烦大臣。今先生俨然不远千里而庭教之，愿以异日。"《燕策一》记录苏秦以"合纵"说燕文侯，则是成功的例子。他了解燕国的国情：地方二千余里，带甲数十万，车七百乘，骑六千匹，粟支十年。他更了解燕文侯的真实思想：担心秦国、赵国进攻。于是说："愿大王与赵从亲，天下为一，则国必无患矣。"燕王听了，马上表示："寡人国小，西迫强秦，南近齐、赵。齐、赵，强国也。今君幸教合从以安燕，敬以国从。"于是给苏秦大量的车马金帛，让他首先游说赵王。苏秦以"合纵"游说赵、魏、韩、齐、楚，都恰中其君主的下怀，所以取得巨大成功，佩带六国相印，建立了抗秦的同盟。

┃摩第八┃

题解

《摩》篇是《揣》篇的姊妹篇。本篇开宗明义就说："摩者，揣之术也。"说明"摩"是"揣"的方法、手段。揣摩之术，是战国纵横家的主要游说手段。揣、摩两字，既有联系，又有区别。揣，着重在揣测对方的主客观情况;摩,着重在触摩、接触,在接触中试探对方,尽力顺从对方的心意,以求亲密无间。故《战国策·秦策一》高诱注解说:"揣,定也;摩,合也。"《四库全书》本的题解说:"摩者,顺而抚之也。摩得其情,则顺而抚之,以成其事。"《道藏》本无题解。宋朝《太平御览》引用本篇时,称本篇为《摩意》。

【原文】

摩者,揣之术也[1]。内符者,揣之主也[2]。用之有道,其道必隐[3]。微摩之以其所欲,测而探之,内符必应;其应也,必有为之[4]。故微而去之,是谓塞窌、匿端、隐貌、逃情,而人不知,故能成其事而无患[5]。摩之在此,符之在彼,从而应之,事无不可[6]。

【译文】

触摩试探是揣测的方法。使对方的内心想法以相符合的形式表现出来,从而被自己所把握,这便是揣测的主旨。运用触摩试探之术是有规律的,主要规律是必须隐秘。顺着对方的欲望而微妙地触摩他,他的内心想法一定会以相符合的形式反映出来;一旦反映出来,必定有所作为。在事情取得成绩之后,自己便要有意而微妙地保持距离,这叫作"堵塞漏洞""隐瞒头绪",或者叫"隐藏外貌""掩饰真情",使别人不了解内幕。这种不居功、不显露的态度,可避免君主的猜忌和别人的嫉妒,既可使事情成功,又不会带来祸患。自己触摩试探君主,让君主表露真情,言听计从,采取行动,然后自己跟从他、应和他,便没有什么事情办不成功。

注释

1 术:方法、手段。《道藏》本注:"谓揣知其情,然后以其所欲摩之,故摩为揣之术。"此句,《道藏》本原作"摩之符也",突兀而不通顺,是脱误所致。俞樾《读书余录》说:"传写夺'者揣'二字,又涉下句'内符'而误'术'为'符'耳。陶弘景注曰:'谓揣知其情,然后以其所欲摩之,故摩为揣之术。'是其所据本正作'摩者揣之术也'。当据以订正。《太平御览》引此文云'摩者揣之也',则又夺'术'字。"

2 内符:内心的外在表露,指通过观察对方的外部表现而准确地判断出其内心的思想感情。主:主旨,目的。《道藏》本注:"内符者,谓情欲动于内而符验见于外。揣者见外,符而知内情。故内符为揣之主也。"

3 道:方法,规律。隐:隐秘。《道藏》本注:"揣者所以度其情慕,摩者所以动其内符。用揣摩者,必先定其理。故曰用之有道。然则以情度情,情本潜密,故曰其道必隐也。"

4 微:微妙。必有为之:一定会有所行动。《道藏》本注:"言既揣知其情所趋向,然后以其所欲微切摩之,得所欲而情必动;又测而探之,如此则内符必应。内符既应,必欲为其所为也。"

5 去:离开,指巧妙地保持一定的距离。窌:读 jiào,即"地窖";亦可读 liáo,窟穴。皆可引申出"漏洞"的意思。匿端:隐藏起头绪。《道藏》本注:"君既欲为事必可成,然后从之;臣事贵于无成有终,故微而去之尔。若己不同于此,计令功归于君,如此可谓塞窌、匿端、隐貌、逃情。情逃而窌塞,则人何从而知之。人既不知,所以息其(僭)〔谮〕妒,故能成事而无患也。"

6 此:指己方。彼:指君主一方。从:跟从。应:应和。《道藏》本注:"此摩甚微,彼应自著。观者但睹其著而不见其微,如此用之,功专在彼,故事无不可也。"

原文

古之善摩者,如操钩而临深渊,饵而投之,必得鱼焉。故曰:主事日成,而人不知;主兵日胜,而人不畏也[1]。圣人谋之于阴,故曰神;成之于阳,故曰明[2]。所谓主事日成者:积德也,而民安之,不知其所以利;积善也,而民道之,不知其所以然;而天下比之神明也[3]。主兵日胜者,常战于不争不费,而民不知所以服,不知所以畏,而天下比之神明[4]。

译文

古代善于触摩试探的人,就好像拿着鱼钩蹲在深渊旁边,装上钓饵,投到水中,是一定能够钓到鱼的。所以说:这种人主持政事每天都有成绩,但别人并不知道;指挥战争每天都有胜利,但别人并不害怕。圣人便是这样在隐秘中谋划,所以被称为"神妙";他的成绩人人都能看到,所以叫作"圣明"。所谓主持政事每天都有成绩,表现在:他积累德政,人民安居乐业,却不知道谁给了他们利益;他积累善政,人人都遵循,却不知道为什么要这样做。所以,天下的人都把他比作神明。所谓指挥战争每天都有胜利,表现在:他经常不战而胜,不耗费资财,老百姓不知道敌人为什么归服他,为什么害怕他。所以,天下的人都把他比作神明。

注释

1 钩:钓钩。饵:诱饵,此处指安装上诱饵。主事:主持政事。主兵:指挥战争。《道藏》本注:"钓者露饵而藏钩,故鱼不见钩而可得;贤者观功而隐摩,故人不知摩而自服。故曰主事日成而人不知也;兵胜由于善摩,摩隐则无从而畏,故曰主兵日胜而人不畏也。"

2 阴:隐秘。神:神妙。阳:公开。《道藏》本注:"潜谋阴密,日用不知,若神道之不测。故曰神也。功成事遂,焕然彰著,故曰明也。"

3 安:指百姓安居乐业。道:遵循。《道藏》本注:"圣人者,体神道而设教,参天地而施化,韬光晦迹,藏用显仁。故人安德而不知其所以利,从道而不知其所以然。故比之神明也。"

4 不争:不用打仗。不费:不耗费资财。《道藏》本注:"善战者,绝祸于心胸,禁邪于未萌。故以不争为战,师旅不起。故国用不费,至德潜畅,玄风退扇,功成事就,百姓皆得自然。故不知所以服,不知所以畏,比之于神明也。"

[原文]

其摩者,有以平,有以正;有以喜,有以怒;有以名,有以行;有以廉,有以信;有以利,有以卑[1]。平者,静也;正者,直也;喜者,悦也;怒者,动也;名者,发也;行者,成也;廉者,洁也;信者,明也;利者,求也;卑者,谄也[2]。故圣人所独用者[3],众人皆有之;然无成功者,其用之非也。

[译文]

圣人在触摩试探时,根据不同对象采用不同方法。有时平和,有时正直;有时使人欢喜,有时使人发怒;有时利用名声,有时采取行动;有时讲廉洁,有时讲诚实;有时讲利益,有时讲谦卑。平和就是镇静的意思,正直就是直率的意思;欢喜就是叫他高兴,发怒就是叫他激动;使用名声是为了启发他,采取行动是为了促成他;讲廉是为了保持高洁;讲信是为了明白真情;讲利益是为了让他追求;讲谦卑是为了迎合对方。圣人所独自使用的触摩之术并不神秘,普通人都可以使用;但是,普通人没有取得成功的,原因就在于用得不正确。

[注释]

1 正:正直。喜:使对方欢喜。怒:激怒对方。卑:谦卑。《道藏》本注:"凡此十者,皆摩之所由而发。言人之材性参差,事务变化,故摩者亦消息虚盈，因幾而动之。"

2 明：明了。一本作"信者期也"。韜：讨好。《道藏》本注："名贵发扬，故曰发也；行贵成功，故曰成也。"

3 所独用者：独自使用的方法，指触摩之术。《道藏》本注："言上十事，圣人独用以为摩而能成功立事，然众人莫不有之。所以用之，非其道，故不能成功也。"

[原文]

故谋莫难于周密，说莫难于悉听，事莫难于必成。此三者，唯圣人然后能任之[1]。故谋必欲周密，必择其所与通者说也。故曰：或结而无隙也[2]。夫事成必合于数，故曰：道、数与时相偶者也[3]。说者听必合于情，故曰：情合者听[4]。故物归类，抱薪趋火，燥者先燃；平地注水，湿者先濡[5]。此物类相应，于势譬犹是也[6]。此言内符之应外摩也如是[7]。故曰：摩之以其类，焉有

[译文]

所以说，谋略最难达到的在于周密，游说最难达到的是使对方全部听从，办事最难达到的是一定要取得成功。在谋略、游说、办事这三个方面都做得正确，只有圣人才能够达到。要想谋略一定周密，必须选择与自己亲密结交的思想相通的人士，这就叫结交亲密而没有裂痕。要想办事成功，必须要符合术数（指揣摩之术），这就叫作道理、术数和时机三者相互配合。要想游说使人听从，必须与对方思想感情相吻合，这就叫作感情相合便言听计从。世界上的事物都归向自己的同类：把柴抛到火中，干燥的首先燃烧；在平坦的地面倒水，湿润的地方首先浸润。物类互相应和，在形势上必然如此。所以，在外部触摩试探，必然得到内心相同的应和，就好像物类互相应和一样。所以说，用同类的想法去触摩试探，哪有不相呼应的呢？顺着他的欲望去触

不相应者;乃摩之以其欲,焉有不听者,故曰独行之道⁸。夫幾者不晚,成而不抱,久而化成⁹。

摩试探,哪有不听从的呢?因此说触摩试探之术是唯一能通行的方法。总之,见到了事物的细微迹象便毫不迟疑地采取行动,不坐失良机;事情成功了却不保守拘束。长久地实行这种办法,可以达到出神入化的地步。

注释

1 悉听:使对方全部听从。必成:一定成功。三者:谋周密、说悉听、事必成。一本,"此三者,唯圣人然后能任之"作"此三者然,后能之"。《道藏》本注:"谋不周密则失幾而害成,说不悉听则违理而生疑,事不必成则止簣而中废。皆有所难。能任之而无疑者,其唯圣人乎?"

2 所与通者:所结交的思想相通的人士。隙:裂痕,隔阂。《道藏》本注:"为通者说谋,彼必虚受,如受石投水,开流而纳泉,如此则何隙而可得。故曰结而无隙也。"

3 数:术数,指揣摩之术。时:时机。偶:相合。《道藏》本注:"夫谋成,必先考合于术数,故道、术、时三者相偶合,然后事可成而功可立也。"

4 听:听从。说者听:应为"说听"。俞樾《诸子平议补录》说:"'者',衍字。上云'夫事成必合于数',与此句正相对成文。"《道藏》本注:"进说而能令听者,其唯情合者乎。"

5 归类:归向自己的同类。薪:烧柴。湿者:指湿润的地方。濡:浸润。

6 应:应和,感应。势:形势。

7 内符之应外摩:指自己从外部触摩对方,一定会使对方的内心表露出来。《道藏》本注:"言内符之应外摩,得类则应。譬犹水流就湿、火行就燥也。"

8 独行之道:指"摩"是唯一能够通行的方法。《道藏》本注:"善于摩者,其唯圣人乎! 故曰独行之道也。"

9 幾者不晚：发现事物的幾微迹象，就不要迟缓，不要坐失良机。抱：亦作"保"，即保守拘束。化成：指达到出神入化的地步。《道藏》本注："见幾而作，何晚之有？功成不居，何拘之有，久行此二者，可以化天下。"

〔评析〕

本篇分四段：第一段讲摩的重要性，强调只有通过触摩试探，才能了解君主的真实思想，取得信任，避免灾祸，"成其事而无患"。第二段讲善于摩者，必须"谋之于阴"而"成之于阳"，要隐秘而有耐心。第三段讲触摩试探的各种方法，强调要善于变化，因人而异。第四段讲成功的关键是"摩之以其类"，并要把握"时"（时机）。

本篇说："摩者，揣之术也。"摩是揣的手段之一，也是揣的深入。日本人中井积德说："'摩'在揣度之后，如以手摩弄之也。既能通晓彼人之情怀，而以我之言动摇上下之，以导入于吾橐中也。或扬之，或抑之，皆有激发，即所谓'摩'也。"（见《史记会注考证》之《苏秦列传》注）所谓"摩"，就是通过反复接触试探，深入了解对方。《战国策·韩策一》记载苏秦说服韩王，先是系统分析韩国的有利形势，赞扬韩王的贤能，然后分析屈服于秦国的危害，最后说："臣闻鄙语曰：'宁为鸡口，无为牛后。'今大王西面交臂而事秦，何以异于牛后乎？夫以大王之贤，挟强韩之兵，而有牛后之名，臣窃为大王羞之。"韩王听后，勃然大怒，卷起袖子，举起宝剑说："寡人虽死，必不能事秦！今主君以楚王之教诏之，敬奉社稷以从。"苏秦先鼓励韩王，就是本篇所说的"有以名"；后来激怒韩王，就是本篇所说的"有以怒"。《齐策四》所说的冯谖客孟尝君的故事，也可以作为"摩"的例证。冯谖进入孟尝君府中充当门客，他首先完全不显露自己，说自己"无好""无能"。接着三次弹剑而歌："长铗归来乎,食无鱼!""长铗归来乎,出无车!""长铗归来乎,无以为家!"其他门客都以为冯谖贪心十足,孟尝君却满足了冯谖的要求。冯谖通过这三次试探("摩"),了解到孟尝君轻财重士。于是,他才毅然为孟尝君到薛地收债,进而焚券市义。这焚券市义的举动,是以前面的试探为基础,又是对孟尝君更深入地试探。当试探成功之后,他就正面向孟尝君提出了营造"狡兔三窟"的计谋。

本篇还讲了游说智谋之士全身远祸的问题,即所谓:"故微而去之,是谓塞窌、匿端、隐貌、逃情,而人不知,故能成其事而无患。"这是摸透了专制君主的专断猜忌心理而提出的应对策略。专制君主绝对容不下比自己显得高明的臣下,他们患难时可以求贤若渴,一旦天下稳定就会刻薄寡恩,甚至大杀功臣。这叫作可以共患难而不可共富贵。范蠡(相传他也是鬼谷子的高足)与文种侍奉越王勾践的历史故事就是典型的例证。他们忠诚地辅佐勾践报仇复国,成功之后,范蠡"微而去之",泛舟五湖,后来又经商致富,做到了"成其事而无患";文种留在朝廷,终于被迫自杀。这说明,范蠡通过"摩"深入把握了越王勾践的"可共患难不可共富贵"的性格特征;而文种却没有掌握游说智谋之士全身远祸的秘诀。

权第九

题解

"权"字,本义是秤锤,引申为衡量、变化。"权"在本篇中的意义是,对游说之辞要反复衡量,要善于变化。《四库全书》本的题解云:"权者,反复进却,以居当也。"《道藏》本无题解。本篇的主旨是:要根据游说对象的特点而反复衡量、修饰游说的言辞,以达到游说的目的。《太平御览》卷四百六十二引用本篇时,称本篇为《量权》篇。

原文

说者,说之也;说之者,资之也[1]。饰言者,假之也;假之者,益损也[2]。应对者,利辞也;利辞者,轻论也[3]。成义者,明之也;明之者,符验也[4]。难言者,却论也;却论者,钓幾也[5]。

译文

游说,就是说服对方;说服对方,是为了凭借他的力量做一番事业。修饰言辞(即修辞)是为了借助言辞的力量去说服人;借助言辞的力量,必然要对言辞增减,以适合对方心理。应答别人的言辞必须流利;流利的言辞就是轻便灵活地讨论问题。言辞要义理充足,顺理成章,必须要把义理阐述明白;阐述明白了,可以用实事来验证。诘难的言辞就是反驳别人的意见;反驳的目的,是为了引诱对方说出心中隐秘的打算。

注释

1 说之:说服对方。资之:即为了凭借对方的力量,取得对方的资助。《道藏》本注:"说者,说之于彼人也;说之者,所以资于彼人也。资,取也。"按:"说者,说之也",《道藏》本作"说之者说之也",衍一"之"字。

2 饰言:修饰言辞,即"修辞"。假之:借助言辞。益损:增加与减少,即调整语言以达到修辞的目的。《道藏》本注:"说者所以文饰言语,但假借以求入于彼,非事要也;亦既假之须有损益。故曰假之者,损益也。"

3 应对:应承与对答,即回答对方的问题,跟对方交谈。利:流利。轻论:轻便灵活地讨论问题。《道藏》本注:"谓彼有所问,卒应而对之,但便利辞也。辞务便利,故所……。"(按:此下有脱误,或补为:"故所论之事,自然利辞,非至言也。")

4 成义:指言辞要适合事理,顺理成章。明:阐明,证明。符验:符合事实,可以验证。《道藏》本注:"核实事务以成义理者,欲明其真伪也;真伪既明则符验自著。故曰明之者符验也。"

5 难(nàn)言:诘难的言辞。却论:反驳对方意见的言论。"却"字,本义是退却,引申为使对方退却,即拒绝对方,反驳对方。钓幾:引诱对方说出内心的机密。"钓",即《反应》篇的"钓语"。《道藏》本注:"言或不合反覆相难,所以却论前事也。却论者,必理精而事明,幾微可得而尽矣,故曰却论者钓幾也。求其深隐曰钓也。"

【原文】

佞言者,谄而于忠[1];谀言者,博而于智[2];平言者,决而于勇[3];戚言者,权而于信[4];静言者,反而于胜[5]。先意成欲者,谄也;繁称文辞者,博也;纵舍不疑者,决也;策选进谋者,权也;先分不足而窒非者,反也[6]。

【译文】

奸巧的言辞,谄媚讨好,而显示出忠诚;阿谀的言辞,炫耀渊博,而显示出智慧;平实的言辞,果决而显示出勇敢;表现忧愁操心的言辞,善于权变,而显示出真诚;镇静的言辞,改正原来的不足,以图取得胜利。所谓"谄媚",是预先揣摩到对方的意愿,顺承他的欲望,以博取欢心;所谓"渊博",是指堆砌辞藻,以炫耀自己;所谓"果决",是说话时斩钉截铁,对放任什么或舍弃什么都毫不犹豫地表示态度;所谓"权变",是指善于选择谋略,然后开口说话;所谓"反",就是转变到反面,改正原来的不足,堵塞错误,以图取胜。

注释

1 佞(nìng)言：奸巧的言辞，花言巧语。谄而忠：谄媚而显示出忠诚。谄，即"谄"。"于忠"及下文的"于智""于信""于勇""于胜"，其中的"于"字具有动词性，像《诗经·七月》中的"于耜""于貉""于茅"一样。《道藏》本注："谄者，先意承欲以求忠名，故曰谄而于忠也。"俞樾《读书余录》云："'于'，当读作'为'，古字通用。秦恩复疑是'干'字之误，未得古义。"

2 谀(yú)言：阿谀的言辞。博而于智：炫耀渊博而显示出智慧。《道藏》本注："博者繁称文辞以求智名，故曰博而于智。"

3 平言：平实的言辞。决而于勇：果决而显示出勇敢。《道藏》本注："决者，纵舍不疑以求勇名，故曰决而于勇。"根据文理与后文的顺序，"平言者，决而于勇"应该移至"戚言者，权而于信"之后。

4 戚言：忧愁的言辞。权而于信：运用权谋而显示出真诚。《道藏》本注："戚者忧也。谓象忧戚而陈言也。权者策选进谋，以求信名，故曰权而于信。"

5 静言：镇静的言辞。反而于胜：改正原来的不足以取胜。"反"，具有反面、转变的意义。《道藏》本注："静言者，谓象清静而陈言；反者，他分不足以窒非，以求胜名。故曰反而于胜。"

6 先意：对方没有说出欲望之前，就预先揣测，奉承顺从对方的欲望。策选进谋：选择计策、谋略然后进言。纵：放纵，放开。舍：舍弃。先分不足：原先的决定有不足。"先分"，可能即《反应》篇所说的"先定"。窒非：堵塞错误，旧注解释为指摘对方的短处。这几句疑有脱误，而旧注强为解释。《道藏》本注："已实不足，不自知而内讼，而反攻人之过，窒他为非，如此者反也。"按："纵舍不疑"，《道藏》本误作"纵舍不宜"，今从秦恩复的乾隆刊本。

[原文]

故口者,幾关也,所以闭情意也¹。耳目者,心之佐助也;所以窥间见奸邪²。故曰参调而应,利道而动³。故繁言而不乱,翱翔而不迷,变易而不危者,观要得理⁴。故无目者,不可示以五色,无耳者不可告以五音⁵。故不可以往者,无所开之也;不可以来者,无所受之也。物有不通者,故不事也⁶。古人有言曰:"口可以食,不可以言。"言者,有讳忌也⁷。"众口烁金",言有曲故也⁸。

[译文]

嘴巴是各种隐秘情感的门闩,要守口如拴好门闩,保守思想感情的机密。耳朵和眼睛是心的辅佐器官,能够用以窥探事物的矛盾,发现奸邪的人或事。所以说:耳朵、眼睛、心三者要调和呼应,选择有利的途径,然后行动。这样便能做到:言辞繁多,而不混乱;到处自由活动,而不迷失方向;情况千变万化,而不发生危险。其关键在于能够观察并掌握要点和规律。所以说,对没有视力的人不可能显示给他各种颜色,对没有听力的人不可能告诉他各种声音。因此,有些人是无法交往的。他或者思想很闭塞,不可能开通;或者心胸狭隘,不可能接受什么。这种闭塞不通的人,是不必理会的。古人说过:"嘴巴可以吃东西,却不可随便说话。"这是说说话语往往有忌讳。俗话说:"很多人开口议论,连金属都会熔化掉。"这是说由于人们说话,往往因为私心而歪曲真相。

[注释]

1 幾关:幾微隐秘之情的门闩。关,本义是门闩。《道藏》本注:"口者所以发言语,故曰机关也;情意宣否在于机关,故曰所以开闭情意也。""幾关",《百子全书》本作"机关",误。

2 佐助:辅助者。窥:窥探。间:间隙,此处指矛盾。《道藏》本注:"耳目者所以助心通理,故曰心之佐助也;心得耳目即能窥见间隙,见彼奸邪,故曰窥看奸邪也。"

3 参:同"叁",即指心、耳、目三者。利道而动:遵循有利的途径而后行动。《道藏》本注:"耳目心三者调和而相应,则动必成功,吉无不利。其所以无不利者,则以顺道而动,故曰参调而应,利道而动也。"

4 繁言:繁杂的言辞。秦恩复本作"繁言",《道藏》本作"系言"。翱翔:自由飞翔,形容到处活动。观要得理:观察并掌握事物的关键与规律。《道藏》本注:"苟能睹要得理,便可曲成不失。故虽繁言纷葩而不乱,翱翔越道而不迷,变易改当而不危也。"俞樾《读书余录》认为,"变易而不危"的"危",应该读为"诡"。

5 五色:古代以青、黄、赤、白、黑为五色,泛指各种颜色。五音:古代音乐以宫、商、角、徵(zhǐ)、羽为基本音阶。《道藏》本注:"五色为有目者施,故无目者不可得而示;五音为有耳者作,故无耳者不可得而告此二者,为下文分也。"

6 开:开通,使对方明白。不事:不从事,不理会。《百子全书》本作"不事事"。《道藏》本注:"此不可以往说于彼者,为彼暗滞,无所可开也;彼所以不来说于此者,为此浅局无所可受也。夫浅局之与暗滞,常闭塞而不通,故圣人不事也。"

7 讳忌:指不能说、不敢说或不愿意说的话。《道藏》本注:"口食可以肥百体,故可食也;口言或有招百殃,故不可以言也。言者触忌讳,故曰有忌讳也。"

8 烁(shuò)金:使金属熔化。曲故:因私心而歪曲事物真相。《道藏》本注:"金为坚物,众口能烁之,则以众口有私曲故也。故曰:言有曲故也。"

[原文]

人之情,出言则欲听,举事则欲成[1]。是故智者不用其所短,而用愚人之所长;不用其所拙,而用愚人之所工,故不困也[2]。言其有利者,从其所长也;言其有害者,避其所短也[3]。故介虫之捍也,必以坚厚;螫虫之动也,必以毒螫。故禽兽知用其长,而谈者亦知用其而用也[4]。

[译文]

人之常情,说出话来总希望别人听从,干什么事都想取得成功。因此,聪明人决不使用自己的短处,宁可使用愚蠢人的长处;决不使用自己的笨拙处,宁可使用愚蠢人的巧妙处。这样,他就不会陷于困难境地。说出对方的有利条件,是为了发挥他的长处;说出对方的有害因素,是为了避开他的短处。所以,有甲壳的动物在捍卫自己时,一定凭借又坚又厚的甲壳;有毒腺的昆虫在活动时,一定使用毒汁刺伤对方。可见,禽兽也懂得要使用自己的长处,游说的人当然更应该懂得使用自己该使用的长处。

[注释]

1 情:指常情(常态心理)。欲听:想对方听从。《道藏》本注:"可听在于合彼,可成在于顺理。此为下起端也。"

2 拙:笨拙,不擅长。工:巧妙,擅长。困:陷于困境。《道藏》本注:"智者之短,不胜愚人之长,故用愚人之长也;智者之拙,不胜愚人之工,故用愚人之工也。常能弃此拙短而用彼工长,故不困也。"

3 言其有利者:说出对方的有利条件。其,指对方,下同。《道藏》本注:"人能从利之所长,避害之所短,故出言必见听,举事必成功也。"

4 介虫:有坚厚甲壳的动物,如龟、蚌等。螫(shì):有毒腺的动物,如蜂、蝎等。《道藏》本注:"言介虫之捍也,入坚厚以自藏,螫虫之动也,行毒螫以自卫,此用其所长,故能自免于害,至于他鸟兽,莫不知用其长,以自保全。谈者感此,亦知其所用而用也。"

原文

故曰辞言有五:曰病、曰怨、曰忧、曰怒、曰喜[1]。故曰:病者,感衰气而不神也[2];怨者,肠绝而无主也[3];忧者,闭塞而不泄也[4];怒者,妄动而不治也[5];喜者,宣散而无要也[6]。此五者精则用之,利则行之[7]。

译文

应对的言辞,可按表情分为五类:一类是病言,二类是怨言,三类是忧言,四类是怒言,五类是喜言。病言便是气息衰弱而没有精神的语言;怨言便是悲伤到极点而没有主见的语言;忧言便是感情抑郁而不顺畅的语言;怒言便是胡乱发泄而没有条理的语言;喜言便是尽情诉说,散漫而没有要点的语言。这五种言辞,要精通了才能适当应用,在情况有利时才能实行。

注释

1 辞言:辞令,应对的言辞。以下五类是按照说话时的表情划分。《道藏》本注:"五者有一,必失中和而不平畅。"一本以《道藏》本的注文为正文。

2 衰气:气息衰弱。《道藏》本注:"病者恍惚,故气衰而言不神也。"

3 肠绝:犹言肠断,形容极度悲痛。无主:没有主见。《道藏》本注:"恐者内动,故肠绝而言无主也。""怨者",秦恩复乾隆刊本作"恐者"。

4 闭塞:精神抑郁,不舒畅。《道藏》本注:"忧者快悒,故闭塞而言不泄也。"

5 妄动:胡乱发泄。《道藏》本注:"怒者郁勃,故妄动而言不治也。"

6 宣散:散漫。要:要点。《道藏》本注:"喜者摇荡,故宣散而言无要也。"

7 精:精通。利:有利。《道藏》本注:"此五者既失其平常,故用之在精,而行之在利。其不精利则废而止之也。"

原文

　　故与智者言,依于博;与拙者言,依于辨;与辨者言,依于要;与贵者言,依于势;与富者言,依于高;与贫者言,依于利;与贱者言,依于谦;与勇者言,依于敢;与过者言,依于锐[1]。此其术也,而人常反之[2]。是故与智者言,将以此明之;与不智者言,将以此教之,而甚难为也[3]。故言多类,事多变[4]。故终日言,不失其类,故事不乱[5]。终日不变,而不失其主[6]。故智贵不妄[7]。听贵聪,智贵明,辞贵奇[8]。

译文

　　所以,对聪明人说话,要凭借渊博;对笨拙人说话,要凭借清楚易懂;跟能言善辩的人说话,要简单扼要;跟有地位的人说话,要有充沛的气势;跟有钱的人说话,要显得高雅廉洁;跟贫穷的人说话,要讲究实际利益;跟地位低的人说话,要注意谦逊;跟勇敢的人说话,要果敢决断;跟有过失的人说话,要直率尖锐。这便是说话的技术,但一般人常常违反了这个规律。所以,跟聪明人讲这个道理,他容易明白;跟不聪明的人讲这个道理,便需要反复教导,这是很难办到的。总之,言语有很多类型规范,事情有很多变化。如果整天讲话,不超过这些类型规范,事情就不会混乱;言语整天都随着事物变化,却能不失掉主旨,在于心智镇静不乱,这是很可贵的。听话贵在听得真切,智慧贵在通达,言辞贵在奇妙。

注释

1 依:凭借。博:渊博。辨:明辨,能把道理说得清清楚楚。要:扼要,抓住重点。势:气势。高:高雅,高洁。"高",《邓析子》作"豪"。贱者:地位低下的对象。敢:果敢。过者:有过错的对象。"过者",一本作"通者",《邓析子》作"愚者";秦恩复以为叫作"进者"。锐:尖锐,急切。

2 《道藏》本注:"此量宜发言,言之术也。不达者反之,则逆理而不免于害也。"

3 此:指九依之术。《道藏》本注:"与智者语,将以明斯术;与不智者语,以此术教之。然人迷日久,教之不易,故难为也。"

4 类:类型规范。《道藏》本注:"言者条流舛杂,故多类也;事则随时而化,故多变也。"

5 《道藏》本注:"若言不失类,则事亦不乱也。"

6 主:主旨,基本主张。终日不变:俞樾《读书余录》认为,当作"终日变"。他说:"此本作'终日变而不失其主',与上文'终日言不失其类'相对。注云'不乱故不变',是其所据本已衍'不'字。"

7 贵不妄:以不妄动为可贵。《道藏》本注:"不乱故不变,不变故存主有常。能令有常而不变者,智之用也;故其智可贵而不妄也。"

8 聪:听得真切。明:明白通达。奇:奇妙。《道藏》本注:"听聪则真伪不乱,知明则可否自分,辞奇则是非有证。三者能行则功成事立。故须贵也。"

〔评析〕

本篇的主旨是反复分析游说对象的情况而决定游说的方法。全篇分六层:第一层讲要实现游说的目的,就必须善于修饰言辞。应对之辞,要流利灵活,理由充足而有条理,明白清楚而符合事实。诘难驳斥之辞,要能够诱导对方说出内心的隐秘。第二层讲要善于辨别各种虚假的言辞。这些言辞,包括奸巧之言、谄媚之言、貌似果敢之言、故作忧愁之言、假装镇静之言。第三层讲游说进言要特别谨慎。说话要选择对象,不要触犯忌讳。第四层讲游说之士要善于扬长避短,善于借用别人的长处,避免自己的短处。第五层讲五种非常态的言辞,使用这类非常态言辞的原则是"精则用之,利则行之"。第六层讲要根据不同的游说对象而选择不同的态度与方法。

《鬼谷子》是中国先秦时期最具系统性的修辞理论著作。本篇比较透彻地从游说角度讨论了修辞问题。本篇所说的"饰言"，就是人们通常所说的"修辞"。本篇讲饰言的目的是借助语言的力量以说服对方，讲了饰言的内容就是增减调整语言。本篇所论述的许多饰言经验都值得今天借鉴。如：本篇第六层对于游说对象的分析，就相当精辟。它分析了九种不同的对象，论述了因人而异的九种方法。文章说："故与智者言，依于博；与拙者言，依于辨；与辨者言，依于要；与贵者言，依于势；与富者言，依于高；与贫者言，依于利；与贱者言，依于谦；与勇者言，依于敢；与过者言，依于锐。"本篇所说的"与贵者言，依于势"，跟《孟子》讲的"养浩然之气""说大人则藐之"，可谓异曲同工。但是，《孟子》仅讲了游说"大人"（即贵者），而没有讲游说其他对象的问题，而本篇却全面分析了九种游说对象，这正是纵横家们认真研究游说之术的理论结晶。

《战国策·赵策三》的"鲁仲连义不帝秦"的故事，是游说之士针对不同对象展开游说的例证之一。当时，秦国围攻赵国的首都邯郸，赵国在长平之战中被秦国坑杀了40万精锐士兵，无力抵抗，只好向魏国求救；魏国却害怕秦国，不仅不发救兵，而且派客将军辛垣衍到邯郸，劝赵国屈服，尊奉秦国为帝。赵国当政大臣平原君一筹莫展，形势十分危急。齐国的高士鲁仲连恰好在邯郸。他于是挺身而出，首先游说平原君，问平原君该怎么办，平原君说自己没有任何应付的办法。鲁仲连就说："我原来认为您是天下的贤能公子，现在才知道您不是天下的贤能公子。辛垣衍在哪里，我请求为您数落他，打发他离开。"他见了辛垣衍之后，首先一言不发，辛垣衍只好先开口说："先生并不有求于平原君，为什么住在这座危险的城里而不离开呢？"鲁仲连这才开口说话："秦国是一个抛弃礼义而崇尚在战争中杀人的国家。秦王若是称帝统治天下，我宁愿跳进东海自杀,也不会当秦国奴隶一样的百姓。我之所以留在这里,是为了帮助赵国。"辛垣衍说:"您如何帮助赵国呢?"鲁仲连说:"齐国、楚国本来就会帮助赵国,我还要使魏国、燕国帮助。"辛垣衍说:"燕国且不说,我就是魏国人,先生怎么能够使魏国帮助赵国呢?"鲁仲连说:"魏国不懂得秦王称帝的危害,所以才按兵不动,只要懂了,就一定会帮助赵国抵抗秦国。秦王称了帝,就会向魏国不断索取,颐指气使,使魏国无法忍受。"辛垣衍说:"您看到十个仆人侍奉一个主人的情况吗?并不是仆人们的力量赶不上主人,而是害怕主人的缘故。"鲁仲连马上说:"看来,魏国是把自己叫作秦国的仆人了。那么,我将要叫秦王把魏王烹煮掉或者剁成肉酱。"辛垣衍不高兴地说:"先生说话太过分了!"鲁仲连说:"鬼侯、鄂侯、周文王担任纣王的三公。鬼侯把女儿献给纣王,纣王认为她不美,就把鬼侯剁成肉酱;鄂侯极力劝阻,也被做成干肉;文王为此叹气,就被囚禁起来。魏国与秦国都是有万辆兵车的大国,为什么看到秦国打了一次胜仗,就屈服称臣呢?魏国一旦称臣,秦国就会加强控制,派亲信担任魏国的大臣,派女子进入魏国的王宫。魏王还能够安全吗?将军您还能保持目前的地位吗?"

辛垣衍终于表示佩服,离开了邯郸。秦军听到消息,马上后撤了五十里。接着,魏国信陵君带兵救赵,解了邯郸之围。平原君摆宴庆贺,他要封给鲁仲连爵位,被拒绝;赠送千金,又被拒绝。鲁仲连说:"为人排除患难而不求什么私利,这才是士的可贵之处。不然,就成了唯利是图的商人。"鲁仲连游说平原君的过程,体现了"与贵者言,依于势;与富者言,依于高"的原则;而他游说辛垣衍,则语言尖锐,步步进逼,表现出"与过者言,依于锐"的特点。

谋第十

题解

谋，就是谋略。本篇与《权》篇是姊妹篇，故人们往往"权""谋"并提。这两篇各有侧重，《权》篇主要讨论仔细衡量游说对象，《谋》篇主要讨论如何讲究谋略，出谋划策。《太平御览》卷四百六十二引用本篇时，称本篇为《谋虑》篇。《道藏》本与《四库全书》本，都没有题解。

原文

为人凡谋有道，必得其所因，以求其情[1]。审得其情，乃立三仪。三仪者：曰上、曰中、曰下。参以立焉，以生奇。奇不知其所拥，始于古之所从[2]。故郑人之取玉也，载司南之车，为其不惑也[3]。夫度材量能，揣情者，亦事之司南也。故同情而俱相亲者，其俱成者也；同欲而相疏者，其偏成者也[4]。同恶而相

译文

凡是给人家谋划事情，都一定要了解到他所依靠的东西，从而探求出他的真情。周详地了解到他的真情之后，便设立三类标准来区分计谋的等级。三个等级就是：上等、中等和下等。三个等级已经确定之后，便可反复斟酌而定出奇妙的谋略。奇妙的谋略顺从事理，没有阻塞，可以办好各种事情。从古如此，都必须遵循。所以，郑国人进山采玉的时候，一定要驾上司南车，便是为了不迷失方向。那么，度量别人的才干、能力，揣摩他的真情，也就是办事的司南车。凡是思想欲望相同而互相亲近的人，是因为双方都取得了成效；凡是思想欲望相同而互相疏远的人，是因为只有一方取得成效。凡是同时被人憎恶而互相亲近

亲者,其俱害者也;同恶而相疏者,偏害者也[5]。故相益则亲,相损则疏,其数行也。此所以察异同之分,其类一也[6]。故墙坏于其隙,木毁于其节,斯盖其分也[7]。故变生事,事生谋,谋生计,计生议,议生说,说生进,进生退,退生制,因以制于事[8]。故百事一道,而百度一数也[9]。

的人,是因为都受到了损害;凡是同时被人憎恶而互相疏远的人,是因为只有一方受到了损害。所以说,相互有利就亲近,相互损害就疏远,这是经常发生的事,这也是审察同异分界的一种根本办法。因此,墙从有裂缝处崩塌,树木从有节的地方折断,缝隙与节疤,便是墙和树木的分界之处。因此变化是从事情中发生的。有事态,就要有谋略;要谋略,就必须计划考虑;计划考虑,就必须商讨议论;商讨议论就产生了游说的言辞;游说是为了进取;有进取,就有退却;退却,就要有节制。因而要使用节制的办法来处理事情。可见,百种事情,同一个道理;百种法度,同一个规律。

注释

1 所因:依靠的东西。情:真实情况与真实思想。《道藏》本注:"得其所因,则其情可求;见情而谋,则事无不济。"

2 仪:标准,等级。参以立焉:经过参验而确立。或认为,"参"同"叁(三)";"以"通"已",全句意义是"三个等级已经确定之后"。生奇:产生奇妙的计谋。所拥:被壅塞的情况。所从:所遵循的方法。《道藏》本注:"言审情之术,必立上智、中才、下愚。三者参以验之,然后奇计可得而生,奇计既生,莫不通达,故不知其所拥蔽。然此奇计,非自今也,乃始于古之顺道而动者,盖从于顺也。"

3 取玉:指入山采玉。载:乘坐。司南之车:装有指南针一类仪器以测定方位的车子。惑:迷失。

4 同情:思想欲望相同。相亲:互相亲近。"俱相亲"的"俱"字,疑是衍文。俱成:双方都有成效,都有收获。同欲:共同的欲望。相疏:互相疏远。偏成:只对一方有利。"偏成",《道藏》本作"偏害"。俞樾《读书余录》云:"'偏害'当作'偏成'。下文云:'同恶而相亲者,其俱害者也;同恶而相疏者,偏害者也。'彼上言'俱害',故下言'偏害'。然则,此上言'俱成',下宜言'偏成'矣。今作'偏害',即涉下文而误。"《道藏》本注:"同情,谓欲,共谋立事,事若俱成,后必相亲。若乃一成一害,后必相疏,理之常也。"

5 同恶(wù):共同被人憎恶。俱害:双方都受到损害。偏害:只有一方受到损害。《道藏》本注:"同恶,谓同为彼所恶。后若俱害,情必相亲,若乃一全一害,后必相疏,亦理之常也。"

6 数(shuò)行:屡次发生,经常发生。其类一也:《道藏》手抄本无"其"字,另本有"其"字。《道藏》本注:"同异之分,用此而察。"

7 节:竹木的枝干交接处。分:分界。《道藏》本注:"墙木坏毁,由于隙、节,况人事之变生于异同,故曰斯盖其分也。"

8 谋:谋略。计:计划,思考。议:议论,商讨。说:游说之辞。进:进取。退:退却。制:制约。《道藏》本注:"言事有根本,各有从来,譬之卉木,因根而有枝条花叶。故因变隙,然后生于事业。事业者,必须计谋成;计谋者,必须议说;议说者,必有当否。故须进退之。既有黜陟,须别事以为法。"

9 百事:各种事物。百度:各种法度。数:规律。《道藏》本注:"而百事百度,何莫由斯而至。故其道数一也。"

原文	译文
夫仁人轻货,不可诱以利,可使出费;勇士	品德高贵的人轻视财物,不可能用利益诱惑他,却可以叫他拿出财

轻难，不可惧以患，可使据危；智者达于数，明于理，不可欺以诚，可示以道理，可使立功，是三才也[1]。故愚者易蔽也，不肖者易惧也，贪者易诱也，是因事而裁之[2]。故为强者，积于弱也；为直者，积于曲也；有余者，积于不足也。此其道术行也[3]。

物；勇敢的人不怕危难，不可能用祸患吓住他，却可叫他镇守险要的地方；聪明的人通达事理，不可用诡计欺骗他，可向他讲明道理，使他建立功业。这是三种不同类型的人才。愚蠢的人容易被蒙蔽，不成才的懦弱者容易被吓住，贪婪的人容易被诱惑，这是因事情而采用不同的裁处方法。强大，是从弱小开始而一点点积累起来的；笔直通行，是从弯曲开始而一点点积累起来的；有余，是从不足开始而一点点积累起来的。这是由于实行道术的结果。

【注释】

1 轻货：轻视财物。出费：付出财物。轻难：轻视危险患难。据危：扼守险要地方。数：事理。三才：三种类型的人才。《道藏》本注："使轻货者出费，则费可全；使轻难者据危，则危可安；使达数者立功，则功可成。总三才而用之，可以光耀千里，岂徒十二乘而已。"

2 蔽：蒙蔽。惧：使之恐惧。"贪者"，《百子全书》本误作"贫者"。裁：裁处，处理。《道藏》本注："以此三术驭彼三短，可以立事立功也。谋者因事兴虑，宜知而裁之。故曰因事裁之。"

3 积：积累。《道藏》本注："柔弱胜于刚强，故积弱可以为强；大直若曲，故积曲可以为直；少则得众，故积不足可以为有余，然则以弱为强，以曲为直，以不足为有余。斯道术之所行。故曰道术行也。"今《道藏》手抄本无"为直者，积于曲也"，当是抄写时脱落所致。俞樾《读书余录》已经指出这点。

原文

故外亲而内疏者，说内；内亲而外疏者，说外[1]。故因其疑以变之，因其见以然之[2]，因其说以要之，因其势以成之[3]，因其恶以权之，因其患以斥之[4]。摩而恐之，高而动之[5]；微而正之，符而应之[6]，拥而塞之，乱而惑之，是谓计谋[7]。计谋之用，公不如私，私不如结，结而无隙者也[8]。正不如奇，奇流而不止者也[9]。故说人主者，必与之言奇；说人臣者，必与之言私[10]。

译文

所以，如果对方表面亲近，而内心疏远，就要通过游说改变他的内心想法；如果对方内心亲密，而表面疏远，就要通过游说改变他的表面态度。要顺着对方的疑虑来消除它，顺着对方所了解到的一切来证实它；顺着对方的说法来结交他，顺着对方的形势来成就他；根据对方所厌恶的东西，为他谋划对付办法；根据对方所担心的东西，为他设法排除。要相互切磋，防止骄纵，叫他产生戒惧心理；要用高超的议论来激励对方，使他行动起来；对方不理解时，要微妙地引用先例和相应的实事来验证，使对方觉悟并接受建议。如果以上办法不能使对方觉悟，便叫他堵塞不通，便叫他混乱迷惑，这便是商定和使用谋略。在商定和使用谋略时，公开商讨，不如私下密谋；私下密谋，又不如结成盟党；结成了盟党，便不会有空隙而泄露出去。正常的谋略，不如出人意料的奇特谋略，因为出人意料的奇谋是变化不定的。所以，游说君主，一定要跟他讲奇特的谋略；游说大臣，一定要跟他讲私人的利害。

注释

1 外：外表。内：内心。说内：通过游说改变其内心想法。说外：通过游说改变其表面态度。《道藏》本注："外阳相亲而内实疏者，说内以除其内疏也;内实相亲而外阳疏者,说外以除其外疏也。"

2 因:顺应。变之:使对方改变态度,消除怀疑。然之:使对方的看法得到证实。《道藏》本注:"若内外无亲而怀疑者,则因其疑以变化之;彼或因变有所见,则因其所见以然之。"

3 要之:意即取得对方的信任。《道藏》本注:"既然见彼或有可否之说,则因其说以要结之;可否既形,便有去就之势,则因其势以成就之。"

4 权之:为对方谋划,以对付他厌恶的东西。斥:排斥,排除。《道藏》本注:"去就既成,或有恶患,则因其恶也,为权量之;因其患也,为斥除之。"

5 摩:相互切磋。《礼记·学记》:"相观而善之谓摩。"注:"摩,相切磋也。"高:指高超的言论。《庄子·让王》:"陈义甚高。"《道藏》本注:"患恶既除,或恃胜而骄者,便切摩以恐惧之,高危以感动之。"

6 正:通"证",证明。俞樾《读书余录》:"'正',本作'证'。"《道藏》本注:"虽恐动之,尚不知变者,则微有所引据以证之,为设符验以应之也。"

7 拥:堵塞。《道藏》本注:"虽为设引据符验,尚不知变者,此则惑深不可救也;便拥而塞之,乱而惑之,因抵而得之,如此者,可以为计谋之用也。"

8 结:结成盟党,建立特殊关系。隙:空隙,裂缝。《道藏》本注:"公者扬于王庭,名为聚讼,莫执其咎,其事难成;私者不出门庭,慎密无失,其功可立。故曰公不如私。虽复潜谋,不如与彼要结。二人同心,物莫之间,欲求其隙,其可得乎?"

9 正:正常,普通。奇:奇妙,出人意料。《道藏》本注:"正者循理守常,难以速进;奇者反经合义,因事机发。故正不如奇,奇计一行,则流通而不知止。故曰奇流而不止事也。"

10《道藏》本注:"与人主言奇,则非常之功可立;与人臣言私,则保身之道可全。"

原文

其身内,其言外者疏;其身外,其言深者危[1]。无以人之所不欲而强之于人,无以人之所不知而教之于人[2]。人之有好也,学而顺之;人之有恶也,避而讳之。故阴道而阳取之[3]。故去之者,纵之;纵之者,乘之[4]。貌者不美又不恶,故至情托焉[5]。可知者,可用也;不可知者,谋者所不用也[6]。故曰事贵制人,而不贵见制于人。制人者,握权也;见制于人者,制命也[7]。故圣人之道阴,愚人之道阳[8]。智者事易,而不智者事难。以此观之,亡不可以为存,而危不可以为安,然而无为而贵智矣[9]。智用于众人之所不能知,而能用于众人之所不能见[10]。既用,见可,否择

译文

自身处于亲近地位,但说话不贴心,便会被疏远;自身处于疏远地位,但说话太重,深入内情,便会招来危险。不要把别人不情愿的事强加给他;也不要把别人无法了解的事勉强教给他。别人有什么爱好,要学习仿效,要顺从;别人有什么厌恶,要避开,为他隐讳。这叫作暗中揣摩别人的内心而行动,从而取得他的公开的赞同合作。所以,将要除掉某人,先要放纵某人;放纵他正是为了乘机制服他。如果某人不随便表示喜悦,也不随便表示厌恶,那便说明他具有最深刻的思想感情。可以开导的人,便可以使用他;不可以开导的人,是智谋之士不能使用的人。所以说,办事以能控制别人为贵,而不以被别人控制为贵。所谓控制别人,便是自己要掌握权柄;所谓被别人控制,便是被别人掌握命运,供他驱使。所以,圣人的谋略隐秘,不露声色;愚人的谋略公开,大肆张扬。跟聪明的人办事容易,跟不聪明的人办事困难。由此看来,面临灭亡者是不能使其生存的,面临危险者是不能使其安定的。这样看来,便要顺应自然而推崇智谋。智谋

事而为之，所以自为也；见不可，择事而为之，所以为人也[11]。故先王之道阴。言有之曰："天地之化，在高与深；圣人之制道，在隐与匿。"非独忠信仁义也，中正而已矣[12]。道理达于此义者，则可与语[13]。由能得此，则可以毂远近之义[14]。

要用在普通人所看不到和不能理解的地方。运用智谋之后，被人认可，便选择应该做的事去做，这是为自己的办法；运用智谋之后，被人否定，还是选择应该做的事去做，这是为别人的办法。所以，先王的谋略是隐秘的。俗话说得好："天地变化运转，表现在高深；圣人制定谋略，表现在隐秘。"不在于表面讲忠、信、仁、义，只在内心中正就可以了。通达这种道理的精义的人，就可以跟他谈论谋略。如果能够懂得这一点，就可以商讨处理一切远近的事务。

注释

1 内：亲近。外：疏远。《道藏》本注："身在内而言外泄者，必见疏也；身居外而言深切者，必见危也。"俞樾《诸子平议补录》云："《说文·夕部》：'外，远也。'其身内、其言外，谓其身虽居密迩，而其言反涉疏远也。下云，其身外、其言深者危，谓其身虽在疏远而其言反甚深切也。一见疏，一见危，职此之故，注云'身在内而言外泄'，未达'外'字之义。"

2 无：通"毋"，不要。人之所不欲：《道藏》本作"无以人之近所不欲"，俞樾《读书余录》："'近'字，衍文。"《道藏》本注："谓其事虽近，彼所不欲，莫强与之；将生恨怒也。教人当以所知，今反以人所不知者教之，犹以暗除暗，岂为益哉。"俞樾《诸子平议补录》云："'近'字衍文。盖即'所'字之误而衍者，两字并从'斤'，故致误也。注云'谓其事虽近，彼所不欲'，则其所据本已衍矣。"秦恩复乾隆刊本云："别本作

'无以身之所不欲'。"

3 好:爱好。学:学习,仿效。顺:顺从。恶(wù):厌恶。讳:忌讳,隐藏不说。阴道而阳取之:在隐秘中行事,在公开场合收获。《道藏》本注:"学顺人之所好,避讳人之所恶。但阴自为之,非彼所逆,彼必感悦,明言以报之。故曰阴道而阳取之也。"

4 去:去掉,除掉。纵:放纵,听任。乘:乘机。《道藏》本注:"将欲去之,必先听从,令极其过恶,过恶既极,便可以法乘之,故曰从之者乘之也。"

5 貌:容貌,表情。美:赞美。恶:厌恶。至情:最深刻的思想感情。托:寄托,具有。《道藏》本注:"貌者谓察人之貌,以知其情也;谓其人中和平淡,见善不美,见恶不非,如此者,可以至情托之。故曰至情托焉。"

6 可知:使动用法,即可以使之明白。《道藏》本注:"谓彼情宽,密可令知者,可为用谋。故曰可知者,可用也。其人不宽,密不可令知者,谋者不为用谋也。故曰不可知者,谋者所不用也。"

7 制:控制。见:被。握权:掌握权柄。制命:命运被人控制。《道藏》本注:"制命者言命为人所制也。"

8 阴:隐秘,不露声色。阳:公开,完全表露,大肆宣扬。《道藏》本注:"圣人之道,内阳而外阴,愚人之道,内阴而外阳。"

9 事易:即易事,容易侍奉。事难:即难事,不容易侍奉。无为而贵智:顺应自然而推崇智谋。《道藏》本注:"智者宽恕,故易事;愚者猜忌,故难事。然而不智者,必有危亡之祸。以其难事,故贤者莫得申其计划,则亡者遂亡,危者遂危。欲求安存,不亦难乎?今欲存其亡,安其危,则他莫能为,惟智者可矣。故曰无为而贵智矣。"

10 众人:普通人,大多数人。《道藏》本注:"众人所不能知,众人所不能见,智独能用之,所以贵于智也。"

11 见可:被认可。《道藏》本原作"见可否",俞樾《读书余录》云:"此以'见可''见不可'相对为文,不当云'见可否'也。'否',

衍字。"《道藏》本注:"亦既用智,先己而后人。所见可否,择事为之,将此自为;所见不可,择事而为之,将此为人。亦犹伯乐教所亲相驽骀,教所憎相千里也。"

12 言:犹言"俗话""古话"。《道藏》本注:"言先王之道贵于阴。密寻古遗言,证有此理,曰:'天地之化,唯在高深,圣人之道,唯在隐匿。'所隐者中正,自然合道,非专在忠信仁义也。故曰非独忠信仁义也。"

13 道理达于此义者:即能够通达这种道理。《道藏》手抄本作"道理通达此义之"。秦恩复乾隆刊本云:"原本作'之',据别本改正。"《道藏》本注:"言谋者晓达道理,能于此义,达畅则可与语,至而言极也。"

14 由能得此:一本作"能得此"。可以:可与。縠:善,引申为商讨。《道藏》本注:"縠,养也。若能得此道之义,则可居大宝之位,养远近之人,诱于仁寿之域也。"俞樾《读书余录》认为"縠"当读为"觳",引《尔雅·释诂》云:"觳,尽也。"

〔评析〕

本篇讨论谋略,可分四层:第一层讲为别人谋划事情要确立标准,周详地了解各种情况,了解利害关系,然后认真地考虑计划,讲究节度。第二层讲谋略要因人制宜,因事制宜,从微小处入手,积累渐进。第三层讲游说与谋略必须注意人际关系顺应对方,注意隐秘奇巧。第四层讲游说与谋略必须适应对方的情况,"无为而贵智",不露声色,以达到制人而不制于人的目的。

本篇着重阐述要因人制宜地使用谋略:"夫仁人轻货,不可诱以利,可使出费;勇士轻难,不可惧以患,可使据危;智者达于数,明于理,不可欺以诚,可示以道理,可使立功,是三才也。故愚者易蔽也,不肖者易惧也,贪者易诱也,是因事而裁之。"《战国策·楚策三》与《史记·张仪列传》所记载的张仪多次欺骗楚怀王的故事,就是"愚者易蔽""不肖者易惧""贪者易诱"的例子。《楚策三》记载，楚王轻视张仪，张仪于是辞行，说要到中原给楚王找一个美女，楚王马上改变冷淡的态度，"资之以珠玉"。张仪故意让楚王的宠妃南后、郑袖知道这个消息，使她们纷纷向自己送来重礼。张仪又促成楚王举行一个让南后、郑袖一道参加的送别宴会。在送别宴会上，张仪故作惊讶地对楚王说："我真是该死，我以为能够给大王找到天下最美的人，哪里知道天下最美的人就是您的南后、郑袖呢。"《张仪列传》记载，楚国与齐国合纵，秦国不敢进攻齐国。张仪来到楚国，对楚王说："如果您跟齐国断绝关系，我就请求秦国把六百里见方的商於之地献给楚国。秦与楚就永远成为兄弟之国。"楚王大悦。谋臣陈轸(也是著名的游说之士)劝楚王警惕张仪的阴谋，楚王说："陈先生不要再开口，您等着我得到土地吧！"于是断绝跟齐国的关系，给张仪佩带相印，派遣一个将军跟随张仪到秦国取土地。到秦国之后，张仪装病，三个月不上朝。楚王还以为是张仪怪自己对齐国的态度不坚决，又遣使大骂齐王。齐王大怒，向秦国屈服，与秦建立同盟。这时，张仪才接见楚国的那位将军，对他说："我有一块六里见方的封地，愿意献给楚王。"楚王大怒，发兵进攻秦国，结果一败涂地，割地求和。后来，秦国想用武关外的土地交换楚国的黔中郡。楚王说："不用交换，只要把张仪交给我，我就献上黔中郡。"张仪胸有成竹地来到楚国，楚王囚禁他，准备杀掉。早已经被张仪买通的郑袖以及奸臣靳尚，为张仪说情，恐吓楚王说："杀了张仪，秦国就会派大军灭楚。"楚王因此反而优待张仪，并且听信张仪宣扬秦国威力的话，拒绝屈原的劝阻，进一步投靠秦国。

本篇讲进献计谋要注意彼此间的关系："其身内，其言外者疏；其身外，其言深者危。"这与《韩非子》的《说难》有异曲同工之妙。《说难》用"郑武公欲伐胡"与"智子疑邻"这两个故事，说明身外言深的危险。"郑武公欲伐胡"说：郑武公想攻打吞并胡国，却先把女儿嫁给胡君。有一次，他问群臣说："我想用兵，应该攻打哪里？"大夫关其思回答说："可以攻打胡国。"武公大怒说："胡国是有婚姻关系的兄弟之国，您为什么这样说？"于是杀了关其思。胡君听了，完全信赖郑国，不做任何防备，武公终于袭击吞并了胡国。"智子疑邻"说：宋国有个富翁，他家的院墙因下雨而崩塌了一块。他的儿子和邻居老头都说："不及时修筑，必遭受盗贼。"夜晚，果然被盗。富翁因此认为自己的儿子聪明，却怀疑那邻居老头就是盗贼。《鬼谷子》与《韩非子》的"其身外，其言深者危"的理论，可以说是历史经验与生活经验的总结。

本篇与道家思想有密切关系，而又有不同之处。如："故为强者，积于弱也；为直者，积于曲也；有余者，积于不足也。此其道术行也。"这里吸收了道家柔弱胜刚强的思想，而且明确标明这是"道术"；但同时，强调要"积"，要达到"强"，则又不同于道家。又如："无为而贵智。"既吸收了道家的基本思想，标举"无为"；又不同于道家的"绝圣弃智"，而是强调智慧谋略的作用，提出"贵智"。

决第十一

题解

决，是决断的意思。决断主要是针对各种有疑虑的事情，故本篇的中心是"决情定疑"四字，主要是为王公大人们决断疑难。如果根据《太平御览》把《揣》《摩》《权》《谋》四篇分别叫作《揣情》《摩意》《量权》《谋虑》的先例，把《鬼谷子》各篇都用两个字作标题，那么，本篇可以称为《决疑》。《道藏》本与《四库全书》本都没有题解。

原文

为人凡决物,必托于疑者。善其用福,恶其有患害¹。至于诱也,终无惑偏。有利焉,去其利,则不受也²。奇之所托,若有利于善者;隐托于恶,则不受矣,致疏远³。故其有使失利者,有使离害者,此事之失⁴。

译文

凡是给人决断事情,一定要根据那人心里存在的疑虑。人们希望自己有幸福,害怕自己有灾害。如果善于诱导,最终就会消除疑惑和偏颇。事物总是存在利益,只要去掉这种利益,人们就不会接受。决定奇谋的根据,是对方希望获得某种好处;如果只从厌恶方面去游说,对方就不会接受,必然招致疏远。所以,在决策方面如果使对方丧失某种利益,或者使对方遭受灾害,这是决断事情的失误。

注释

1 决物:决断事情。托:依托。善其用福:以得到幸福为善,意即喜欢有幸福。恶其有患:厌恶有祸患。《道藏》本注:"有疑然后决,故曰必托于疑者。凡人之情,用福则善,有患则恶。福患之理未明,疑之所由生。故曰善其用福,恶其有患。然善于决疑者,必诱得其情,乃能断其可否也。"

2 诱:诱导。惑:疑惑。偏:偏颇。《道藏》本注:"怀疑曰惑,不正曰偏。决者能无惑偏,行者乃有通济,然后福利生焉。若乃去其福利,则疑者不受其决。"俞樾《读书余录》认为应该这样断句:"至于诱也,终无惑。偏有利焉,去其利,则不受也。"

3 奇:指奇妙的计谋。《道藏》本注:"谓疑者本其利,善而决者隐其利;善之情反托之于恶,则不受其决,更致疏远矣。"

4 失利:丧失利益。离害:遭遇祸害。"离"通"罹",遭受。事之失:决断事情的失误。《道藏》本注："言上之二者，或去利托于恶，疑者既不受其决，则所行罔能通济，故有失利，罹害之败焉。凡此，皆决事之失也。"

原文

圣人所以能成其事者有五：有以阳德之者，有以阴贼之者，有以信诚之者，有以蔽匿之者，有以平素之者[1]。阳励于一言，阴励于二言，平素、枢机以用。四者微而施之[2]。于是度之往事，验之来事，参之平素，可则决之[3]。王公大人之事也，危而美名者，可则决之[4]；不用费力而易成者，可则决之[5]；用力犯勤苦，然不得已而为之者，可则决之[6]；去患者，可则决之；从福者，可则决之[7]。

译文

圣人能够办成大事的原因和手段有五种：有时用道德公开感化别人；有时用计谋暗中伤害别人；有时用诚实的态度收服别人；有时用遮盖的办法掩护别人；有时用公平惯常的办法对待别人。五种手段针对五种不同的对象。使用这些手段的方式有区别。公开办事，用道德感化别人，要力求说话前后一致，言行必果；暗中谋划，用手段伤害别人，要善于说两种话。有时公开办事，有时暗中办事，有时用惯常的办法，有时用机巧的手段。这四种方式都要微妙地使用。在决断事情时，用过去的事来衡量，用将来的事来检验，用平日经常发生的事来参考佐证。如果可行的话，便要决断下来。给王公大人谋划事情，有五种情况可以立即决断：如果那事情高雅又能获得美好声誉，只要能实行，就马上决断；如果那事情不用花费财物与力气便可以容易地获得成功，就马上决断；即使那事情办起来要费力，要忍受劳累困苦，但是又不能停止下来不做，只要能实行，就马上决断；能排除忧患的事，只要能实行，就马上决断；能追求到幸福的事，只要能实行，就马上决断。

注释

1 以阳德之：用道德公开地感化人。以阴贼之：用计谋暗中伤害人。以信诚之：讲信用而使人诚服。以蔽匿之：用遮盖的办法来掩护人。以平素之：用公平惯常的办法对待他人。《道藏》本注："圣人善变通，穷物理，凡所决事，期于必成。事成理著者，以阳德决之；情隐言伪者，以阴贼决之；道诚志直者，以信诚决之；奸小祸微者，以蔽匿决之；循常守故者，以平素决之。"

2 阳励于一言：公开办事要用前后一致的语言来激励对方。阴励于二言：暗中办事要用两种不同的话语激励对方。平素：惯常的公平的话语。枢机：机巧的话语。枢，门的旋转轴；机，弩上的发箭装置。《道藏》本注："励，勉也。阳为君道，故所言必励于一。一，无为也。阴为臣道，故所言必励于二。二，有为也。君道无为，故以平素为主；臣道有为，故以枢机为用。言一也，二也，平素也，枢机也，四者其所施为，必精微而契妙，然后事行而理不难矣。"

3 度、验、参：都有验证的意思。《道藏》本注："君臣既有定分，然后度往验来，参以平素，计其是非，于理既可，则为决之。"

4 王公大人之事也：即侍奉王公大人，为其谋划。一本无此句。危：高，高尚，高雅。美名：使名声美好。《道藏》本注："危，由高也。事高而名美者，则为决之。"秦恩复校订本云："'美'，一本作'变'。"

5 费力：费用与力气。《道藏》本注："所谓惠而不费，故为决之。"

6 犯：遭受。不得已：不能停止下来。《道藏》本注："所谓知之，无可奈何，安之若命，故为决之。"秦恩复乾隆刊本说这段注解"一本引作正文"。

7 去患：排除忧患。从福：追求幸福。《道藏》本注："去患、从福之人，理之大顺，故为决之。"

[原文]

故夫决情定疑,万事之机,以正治乱,决成败,难为者[1]。故先王乃用蓍龟者,以自决也[2]。

[译文]

总之,决断事情与消除疑虑,是办好各种事务的关键,关系到社会的治乱,关系到事业的成败,是非常难办的,要认真对付。所以,即使是圣明的先王,也要用蓍草和龟甲占卜,从而使自己的决断正确无误。

[注释]

1 机:枢机,关键。《道藏》本注:"治乱以之正,成败以之决。失之毫厘,差之千里,枢机之发,荣辱之主,故曰难为。"

2 先王:指古代英明的君王。蓍(shī):草名,俗称"蚰蜒草"或"锯齿草"。古人用它的茎作为占卜的工具,用以推测吉凶。《周易》六十四卦,即用蓍茎反复排列组合而成。龟:指龟甲,古人用烧灼龟甲的办法占卜吉凶。商朝盛行龟卜,现代发现的殷墟甲骨文大多数是占卜的记录。《道藏》本注:"夫以先王之圣智,无所不通,犹用蓍龟以自决,况自斯以下而可以专己自信,不博谋于通识者哉。"

[评析]

本篇的中心是"决情定疑",重点是为当权者决断疑难。全篇分三层:第一层讲有疑难才需要决断,而决断疑难的关键是"趋利"与"避害"。第二层讲如何进行决断,包括五种对待手段、四种具体方式、五种可以立即决断的情况。又提出决断要综合考虑过去、现在与将来的情况:"度之往事,验之来事,参之平素。"第三层收束全篇,强调决断的重要性。

本篇提出对不同的人要采用不同的应对手段,而且公开宣传对于特定对象可以采用阴谋手段"以阴贼之"。《道藏》本注释"以阴贼之"说："情隐言伪者，以阴贼决之。"这就不同于其他诸子的"道貌岸然"，而与兵家主张的"对敌贵诈"有相似的地方。后来传说鬼谷子是军事家孙膑、庞涓的老师，可能与此有关。《战国策·魏策一》所记载的公孙衍阻止张仪担任魏国丞相所使用的手段，就是"以阴贼之"。公孙衍本是魏国人，曾经在秦国任职，后来与张仪不和，回到魏国，担任"犀首"（相当将军）。张仪积极推行"连横"策略，自己同时担任秦国、魏国的宰相，并计划由秦国进攻韩国的三川，由魏国进攻韩国的南阳，瓜分韩国。其长远目的是让魏国带头臣服于秦国，再让其他诸侯仿效。公孙衍识破张仪的阴谋，便派人到与自己关系亲密的韩国，对韩国当权大臣公叔说："魏攻南阳，秦攻三川，韩国就一定灭亡。魏王看重张仪的原因是想得到南阳。您何不把南阳主动割让给公孙衍，让他为魏立功？这就可以挑起魏国与秦国的矛盾。只要秦魏发生矛盾，魏国就会防备秦国，抛弃张仪；而且会任用公孙衍为宰相，联合韩国，并进一步联合东方六国抗秦，这实在对韩国有利。"公叔听从了公孙衍的意见，魏王果然任命公孙衍为相，罢免张仪。公孙衍接着又说服燕国、赵国、齐国、楚国，推行"合纵"，挫败了张仪。公孙衍对付张仪的手段，就是以阴谋对付阴谋。

本篇讲五种可以立即决断的情况，也在策士们的活动中得到体现。如《战国策·齐策二》记载，秦国攻打赵国的长平，齐国、燕国派兵救赵。但是，赵国没有粮食供应，向齐国请求接济粟米，齐国却不答应。苏秦于是对齐王说："不如听之，以却秦兵。不听，则秦兵不却。是秦之计中，而齐、燕之计过也！且赵之于燕、齐，隐蔽也，犹齿之有唇也，唇亡则齿寒。今日亡赵，则明日及齐、燕矣。且夫救赵之务，宜若奉漏瓮、沃燋釜。夫救赵，高义也；却秦兵，显名也。义救亡赵，威却强秦兵，不务为此而务爱粟，则为国计者过矣！"苏秦的分析，就符合"危而美名者，可则决之""去患者，可则决之；从福者，可则决之"。

符言第十二

题解

《道藏》本的题解云："发言必验，有若符契。故曰符言。"《四库全书》本的题解云："符言者，揣摩之所归也，捭阖之所守也，千圣之所宗也。如符然，故曰符言。"符，又称"符节"，是古代的重要信物。它用竹木或金属制作，上面书写文字，然后剖为两半，朝廷与接受命令的人员各自掌握一半；对证时，两半相合，称为"符验"。"符言"的含义是，本篇的言语都是经过验证的、完全符合规律的。本篇分九段，讲君主应该注意的九个问题。本篇讲述为君之道，跟前面十一篇讲纵横游说之术，似乎脱节。而且，本篇与《管子·九守》大同小异；部分章节又与《六韬·文韬·大礼》《邓析子·转辞》大同小异。因此，过去的研究者认为，本篇是抄袭《管子》。但是，也有研究者认为，从现在发现的先秦时代的竹简与帛书看，《符言》似乎比《九守》更与简帛文字相合。先秦著作，相互借用的情况非常多，著作权可以研究，但是至少可以肯定这篇是先秦作品，不是后代人的伪作，而且它反映了战国时代的百家合流的趋势。

原文

安徐正静，其被节无不肉[1]。善与而不静，虚心平意以待倾损[2]。有主位[3]。

译文

君主能够做到稳重、从容、公正、沉着，他就具有柔的节度。他对臣民友善，能够给予而不争夺利益，心意虚静平定，用这种态度来准备处理可能出现的危机。以上是讲如何保持君位。

注释

1 安：安详，稳重。徐：从容。正：正直，公正。静：镇静，沉着。"其被节无不肉"，据考证应该是"柔节先定"。秦恩复乾隆校勘本作"其被节先肉"；《管子·九守》作"柔节先定"；《黄帝书·十六经·顺道》也说："大庭之有天下也，安徐正静，柔节先定。"唐兰先生说，"肉"是"定"字之误。因为汉朝经常把"肉"写作"宍"，形近而误。李学勤先生进一步认为，"被"字是"柔"字之误，秦汉时代"柔""皮"写法略似，故误"柔"为"皮"，再加旁为"被"。《道藏》本注："被，及也；肉，肥也，谓饶裕也。言人若居位能安徐正静，则所及之节度无不饶裕也。"如果一定按照原文与《道藏》本解释，那么，"被节"可以解释为具有的风度、品格、道德，或指采取的治理国家的政策；"肉"，应通"柔"，是宽柔、宽厚的意思。

2 与：给予。虚心：内心谦虚。平意：心意平和。待：等待，防备。倾损：指发生动乱。《道藏》本注："言人君善与事接而不安静者，但虚心平意以待之，倾损之期必至矣。"唐兰先生认为，"静"字是"争"字之误。俞樾考证《管子·九守》的"虚心平意以待须"说："'须'，本作'倾'，与上文'静''定'为韵。'待'训为'备'。"根据协韵，可推断"损"是衍文。那么，这一节文字应该是："安徐正静，其柔节先定。善与而不争，虚心平意以待倾。"

3 有：即"右"，下同。《管子·九守》均作"右"。古代书籍皆从右向左直行书写，故"右"具有上文的意义。主位：保持君主地位。《道藏》本注："主于位者，安徐正静而已。"

原文

目贵明，耳贵聪，心贵智[1]。以

译文

眼睛以视力清楚为贵，耳朵以听力灵敏为贵，心以具有智慧为贵。君主不能单凭个天下之目视者,则无不见;以天下之耳听者,则无不闻;以天下之心思虑者,则无不知[2]。辐辏并进,则明不可塞[3]。有主明[4]。

人的视力、听力和智慧,而要利用天下人的视力、听力和智慧。如果用天下人的眼睛来观察一切,就没有什么看不到;如果用天下人的耳朵来听取一切,就没有什么听不到;如果用天下人的心来思考一切,就没有什么不懂得。各种人才都集中起来,任用他们,发挥他们的聪明才智,君主的明察便谁也堵塞不了。以上是讲君主如何保持明察。

注释

1 明:明亮,视力好。聪:灵敏,听力好。《道藏》本注:"目明则视无不见,耳聪则听无不闻,心智则思无不通。是三者无拥(壅),则何措而非当也。"

2 天下:指天下的人。这几句的意思是集思广益。《道藏》本注:"昔在帝尧,聪明文思光宅天下,盖用此道也。"

3 辐(fú):连接车辋与车毂的辐条。辏(còu):有聚合的意义。辐辏:形容像辐条一样向中心集聚。《道藏》本注:"夫圣人不自用其聪明思虑而任之天下,故明者,为之视;聪者,为之听;智者,为之谋。若云从龙,风从虎,沛然而莫之能御。辐辏并进,不亦宜乎。若日月之照临,其可塞哉,故曰明不可塞也。"

4 明:明察。《道藏》本注:"主于明者以天下之目视也。"

原文

德之术曰:勿坚而拒之[1]。许之则防守,拒之则闭塞[2]。高

译文

听取采纳意见的方法是:不要胡乱许诺,也不要胡乱拒绝。如果随便许诺,对方便会保守自满;如果随便拒绝,对方便会闭口不说,堵塞了言路。高山再高,

山仰之可极,深渊度之可测,神明之位术正静,其莫之极[3]。有主德[4]。

抬起头可看到它的顶点;深渊再深,也可以测量出它的深度;君主处在最尊贵的位置,只要节度公正而沉着,就没有谁可以探测出他的高深。以上讲君主应有自己的德行风范。

注释

1 《道藏》本注:"崇德之术,在于恢弘博纳,山不让尘,故能成其高,海不辞流,故能成其深。圣人不拒众,故能成其大。故曰勿坚而拒之也。"此句,《管子·九守》作:"听之术,曰:勿望而拒,勿望而许。"所以,有人主张将本篇的"德之术",改为"听之术"。

2 许:许诺。防守:保守自满。《道藏》本注:"言许而容之,众必归而防守;拒而逆之,众必违而闭塞。归而防守,则危可安,违而闭塞,则通更壅。夫崇德者,安可以不宏纳哉?"按《管子·九守》,"许之则防守"作"许之则失守",则"许"是"许诺"的意思。

3 极:尽。仰之可极:抬头仰望就可以看到顶端。度:丈量。神明:指能够洞察一切。《淮南子·兵略》云:"见人之所不见,谓之明;知人之所不知,谓之神。"位:疑是衍文。《道藏》本注:"高莫过山,犹可极;深莫过渊,犹可测。若乃神明之'位',德术正静,迎之不见其前,随之不见其后,其可测量哉。"

4 主德:《管子》作"主听"。《道藏》本注:"主于德者,在于含弘而勿距也。"

原文

用赏贵信,用刑贵正[1]。赏赐贵信,必验耳目之所闻见,其

译文

实行赏赐以讲信用为贵,实行刑罚以公正为贵。赏赐讲信用,刑罚讲公正,都要从君主身边经常接触的人和事情做起,这便可以使远离自己的人暗中受到

所不闻见者,莫不暗化矣[2]。诚畅于天下神明,而况奸者干君[3]。有主赏[4]。

感化。真诚地实行这种办法,可以使天下的人和神明都信服;何况那些想干犯君主的小人,那更不在话下了。以上是讲君主如何实行赏赐。

注释

1 信:诚信。正:公正。《道藏》本注:"赏信,则立功之士致命捐生;刑正,则受戮之人没齿无怨。"

2 耳目之所闻见:亲耳能够听到与亲眼能够看到的人与事物。暗化:暗中被感化。《道藏》本注:"言施恩行赏,耳目所闻见则能验察不谬,动必当功,如此,则信在言前,虽不闻见者,莫不暗化也。"

3 诚:真诚,诚心。畅:通行。天下:天下的人。奸者干君:干犯君主的奸臣。《道藏》本注:"言每赏必信,则至诚畅于天下,神明保之如赤子,天禄不倾如泰山,又况不逞之徒,而欲奋其奸谋,干于君位者哉。此犹腐肉之齿,利剑锋接,必无事矣。"

4《道藏》本注:"主于赏者,贵于信也。"

原文

一曰天之,二曰地之,三曰人之[1]。四方上下,左右前后,荧惑之处安在[2]。有主问[3]。

译文

君主询问的范围,包括天上、地下、人间三个方面。四方、上下、左右、前后的情况都要了解得清清楚楚,那就不会存在什么被蒙蔽和迷惑的事了。以上是讲君主如何询问情况。

注释

1 此句指君主询问的范围,包括天上、地下、人间。《道藏》本注:"天有逆顺之纪,地有孤虚之位,人有通塞之分。有天下者,宜皆知之。"

2 荧惑(yíng huò):蒙蔽迷惑;又是星宿名称。此处是被蒙蔽、迷惑的意义。《战国策·赵策二》:"凡大王之所信以为从者,恃苏秦之计。荧惑诸侯,以是为非,以非为是。"《逸周书·史记解》:"重丘遗之美女,绩阳之君悦之,荧惑不治。"火星,古名荧惑,故《道藏》本注解误以此处的荧惑为星宿名。《道藏》本注:"夫四方上下,左右前后,有阴阳向背之宜。有国从事者,不可不知。又荧惑,天之法星,所居灾眚吉凶尤著。故曰虽有明天子,必察荧惑之所在,故亦须知之。"

3 《道藏》本注:"主于问者,须辨三才之道。"

【原文】

心为九窍之治,君为五官之长[1]。为善者,君与之赏;为非者,君与之罚[2]。君因其政之所以求,因与之,则不劳[3]。圣人用之,故能赏之。因之循理,故能久长[4]。有主因[5]。

【译文】

心是主宰各种器官的,君主是主宰各种官吏的。做好事的官员,君主赏赐他;干坏事的官员,君主便惩罚他。君主顺应他们表现出来的一切施行赏罚,就不会劳神费力。圣人能够任用官吏,便能掌握他们;因顺形势而遵循道理,所以能够长治久安。以上是讲君主因势顺理管理官吏。

【注释】

1 九窍:指双眼、双耳、双鼻孔、口、前阴、后阴。五官:泛指各种官吏。《礼记·曲礼下》,以司徒、司马、司空、司士、司寇为五官,主管全国的大事。《道藏》本注:"九窍运,为心之所使;五官动作,君之所命。"

2 《道藏》本注:"赏善罚非,为政之大经也。"

3 因:顺应。政之:此二字为衍文。《管子·九守》作:"君因其所以来,因而予之,则不劳矣。"《道藏》本注:"与者,应彼所求,求者,得应而悦。应求则取施不妄,得应则行之无怠,循性而动,何劳之有。"

4 《道藏》本注:"因求而与,悦莫大焉。虽无玉帛劝同赏矣,然因逆理,祸莫速焉。因之循理,故能长久。"

5 《道藏》本注:"主于因者,贵于循理。"

原文

人主不可不周。人主不周,则群臣生乱[1]。寂乎其无常也,内外不通,安知所开。开闭不善,不见原也[2]。有主周[3]。

译文

国君不可以不周全地了解一切。如果国君不周全地了解一切,那么群臣便会作乱。一切事物都在悄悄地不断变化,如果内外阻隔,情况不明,又怎么知道采取行动?如果不善于掌握开合之术,就不能发现事物的本原。以上是讲君主要周全地了解一切。

注释

1 周:周密,全面。《道藏》本注:"周谓遍知物理,于理不周,故群臣乱也。"

2 原:本原。《道藏》本注:"开闭即捭阖也,既不用捭阖之理,故不见为善之源也。"

3 《道藏》本注:"主于周者,在于遍知物理。"

原文

一曰长目,二曰飞耳,三曰树明[1]。千里之外,隐微之中,是谓洞天下奸,

译文

一要使眼睛看得更远,二要使耳朵听得更远,三要使心里洞察一切。能够了解千里之外的情况,能够了解隐秘微小的事情,这便叫作洞察。如果能够洞察一切,那么,天下为非作歹的坏人就都会暗暗地

莫不暗变更²。有主恭³。

改变自己的恶劣行为。以上是讲君主如何洞察验证一切。

[注释]

1 长、飞、树：皆使动用法。长目，使眼睛看得更远；飞耳，使耳朵听得更远；树明，使心里明察。《道藏》本注："用天下之目视，故曰长目；用天下之耳听，故曰飞耳；用天下之心虑，故曰树明。"

2 洞：洞察。《道藏》本注："言用天下之心虑，则无不知。故千里之外，隐微之中，莫不玄览。"奸：奸猾不轨的人。《道藏》本注："既察隐微，故为奸之徒，绝邪于心胸。故曰莫不暗变更改也。"

3 《道藏》本注："主于恭者，在于聪明文思。"

[原文]

循名而为，实安而完¹。名实相生，反相为情²。故曰：名当则生于实，实生于理³，理生于名实之德⁴，德生于和，和生于当⁵。有主名⁶。

[译文]

遵循名分去做事，根据实际情况来决定。名分和实际相互助长，相辅相成，名分产生于实在之物，又反过来证明实在之物。所以说：名分适当，实在之物，是从事理中产生的；事理是从名分和实在的品格中抽象出来的；品格是从和谐中产生的；和谐是从适当中产生的。以上讲君主如何把握住名分。

[注释]

1 名：名分。实：实际，实在之物。完：完好。《道藏》本注："实既副名，所以安全。"

2 相生：相互助长，指相辅相成。反相为情：指名分产生于实在之物，又反过来证明实在之物。《道藏》本注："循名而为实，因实而生名。名实不亏则情在其中矣。"

3　当:恰当,符合。理:事理,指事物的规律。《道藏》本注:"名当自生于实,实立自生于理。"

4　德:指具体事物的本质属性。《道藏》本注:"无理不当,则名实之德自生也。"

5　和:和谐、协调的状态。《道藏》本注:"有德必和,能和自当。"或认为,"和"字是"知(智)"字之误。

6　《道藏》本注:"主于名者,在于称实。"

[评析]

本篇讨论了君主在九个方面应该注意的问题:一是如何保持君主的地位,二是如何吸收天下的人才与智慧以保持明察,三是如何广泛地听取意见,四是如何掌握赏赐与刑罚,五是如何询问把握各种知识,六是如何驾驭各种官吏,七是如何周密地了解情况,八是如何洞察检验一切,九是如何注意名实关系的恰如其分。

学术界对本篇的看法分歧比较大。一种观点认为本篇最值得怀疑。其理由:1. 本篇讲述为君之道,跟前面十一篇讲纵横游说之术,似乎脱节。2. 文章的结构与语言风格,跟前面各篇不同。前面各篇都围绕一个中心展开论述,本篇则并列九个方面的论点,论述十分简单。3. 本篇与先秦其他著作大同小异。不仅与《管子·九守》大同小异;其中"主位""主德""主明"三段,又与《六韬·文韬·大礼》大同小异;"主明""主因"二段,则与《邓析子·转辞》大同小异;还有些语句见于《韩非子》之中。因此,他们认为本篇完全是剿袭拼凑而成的,最大可能是剿袭《管子》。

另一种观点认为,此篇不是剿袭《管子》。他们主要是利用 20 世纪 70 年代以来所发现的帛书竹简作为证明材料。1975 年唐兰先生《马王堆出土〈老子〉乙本卷前古佚书的研究——兼论其与汉初儒法斗争的关系》（载《考古学报》1975年1期），提出《鬼谷子·符言》有与马王堆帛书文字的共通之处。1994年，李学勤先生《〈鬼谷子·符言篇〉研究》（载《中国史研究》1994年4期），论证本篇以及《鬼谷子》全书（至少是其中部分篇章）是先秦著作。其论据可分两个方面：一是《鬼谷子》与出土的竹简、帛书文字有共同之处。二是与先秦的黄老思想相通。《符言》全文分九节，每节后都有"有（右）主×"作标题。李学勤先生说："其所以加'右'字，是因为原来在竹简上，各节之后另附一简，书写标题，而节的本文在标题之右。1977年安徽阜阳双古堆出土的竹简本《诗经》，国风后就是类似这样的标题，如'右方北（邶）国''右方郑国'。"《符言》篇首的"主位"说："安徐正静，其被节无不肉。善与而不静，虚心平意以待倾损。"李学勤先生吸收俞樾、唐兰等先生的意见，认为应该是："安徐正定，其柔节先定。善与而不争，虚心平意以待倾。"并认为，这种思想来源于范蠡的思想。《国语·越语下》记载范蠡讨论军事的言论，他用阴阳刚柔学说分析战争，认为进攻方是"人客"，应该讲究"阳节"，防守方是"人主"，应该讲究"阴节"，他说："宜为人客，刚强而力疾，阳节不尽，轻而不可取；宜为人主，安徐而重固，阴节不尽，柔而不可迫。"《黄帝四经·称》发挥了范蠡的思想："诸阳者法天"，"诸阴者法地，地（之）德安徐正静，柔节先进，善予不争。此地之度而雌之节也"。《黄帝四经·十大经·顺道》也说："大庭之有天下也，安徐正静，柔节先定。"这就是《符言》所本。而《管子·九守》没有"善与而不争"，证明《符言》并非抄袭《九守》。而且，"先定"这个词，在《鬼谷子》中不止一次地出现。如《反应》篇云："皆以先定，为之法则"，"己不先定，牧人不正"，"己先审定以牧人，策而无形容，莫见其门，是谓天神"，这说明《符言》与《鬼谷子》其他篇有内在的联系。李学勤先生又说，《黄帝四经·十大经·观》："圣人不巧，时反是守"，是《史记·太史公自序》所引《鬼谷子》"圣人不朽,时变是守"的来源。这也是《鬼谷子》(至少其一部分)并非伪书的又一证据。

个人的看法是:此篇是先秦著作,但是从内容与风格诸方面看,似乎是后代混入《鬼谷子》中的。而且,尹知章的《鬼谷子叙》说:"此书即授秦、仪者捭阖之术十三章,《本经》《持枢》《中经》三篇。"今本《鬼谷子》十四章,民间也传说《鬼谷子》是十三篇。那么,很可能《符言》篇不在十三篇之数。尹又注释过《管子》,因此后代人把《管子》的《九守》混入《鬼谷子》,是有可能的。然而,《鬼谷子》《管子》《六韬》《韩非子》《邓析子》等有相同的篇章语句,大同小异,这说明道家、兵家、名家、纵横家等有相互渗透的地方,反映出战国时代百家合流的趋势。

附录一　管子·九守第五十五

安徐而静,柔节先定,虚心平意以待须。

目贵明,耳贵聪,心贵智。以天下之目视,则无不见也;以天下之耳听,则无不闻也;以天下之心虑,则无不知也。辐凑并进,则明不塞矣。

听之术,曰:勿望而距,勿望而许。许之则失守,距之则闭塞。高山仰之,不可极也;深渊度之,不可测也。神明之德,正静其极也。

用赏者,贵诚;用刑者,贵必。刑赏信,必于耳目之所见。则其所不见,莫不暗化矣。诚,畅乎天地,通于神明,见奸伪也!

　　一曰天之，二曰地之，三曰人之，四曰上下左右前后，荧惑其处安在？

　　心不为九窍，九窍治；君不为五官，五官治。为善者，君予之赏；为非者，君予之罚。君因其所以来，因而予之，则不劳矣。圣人因之，故能掌之。因之修理，故能久长。

　　人主不可不周。人主不周，则群臣下乱。寂乎其无端也。外内不通，安知所怨？关闭不开，善否无原。

　　一曰长目，二曰飞耳，三曰树明。明知千里之外，隐微之中，曰动奸。奸动则变更矣。

　　修名而督实，按实而定名。名实相生，反相为情。名实当则治，不当则乱。名生于实，实生于德，德生于理，理生于智，智生于当。

附录二　六韬·文韬·大礼 节录

　　文王曰：“主位如何？”

　　太公曰：“安徐而静，柔节先定。善与而不争，虚心平志，待物以正。”

　　文王曰：“主听如何？”

　　太公曰：“勿妄而许，勿逆而拒。许之则失守，拒之则闭塞。高山仰之，不可及也；深渊度之，不可测也。神明之德，正静其极。”

文王曰："主明如何？"

太公曰："目贵明，耳贵聪，心贵智。以天下之目视，则无不见也；以天下之耳听，则无不闻也；以天下之心虑，则无不知也。辐辏并进，则明不蔽矣。"

转丸第十三 亡佚

肤乱第十四 亡佚

《道藏》本云："转丸、肤乱二篇皆亡。或有庄周《肤箧》而充次第者。按鬼谷之书，崇尚智谋，祖述圣智。而庄周《肤箧》，乃以圣人为大盗之资，圣法为桀、跖之失，乱天下者圣人之由也。盖欲纵圣弃智，驱一代于混茫之中。殊非此书之意。盖无取焉。或曰：'转丸、肤乱者，本经、中经是也。'"《四库全书》本，引用了这一段说明，并标明"陶弘景曰"。

唐朝赵蕤《长短经》第十三篇《反经》，引《鬼谷子》曰："将为肤箧、探囊、发匮之盗，为之守备，则必摄缄縢、固扃鐍。此世俗之所谓智也。然而巨盗至，则负匮、揭箧、担囊而趋，惟恐缄縢、扃鐍之不固也。然则，向之所谓智者，有不为大盗积者乎？其所谓圣者，有不为大盗守者乎？……天下之善人少，而不善人多，则圣人之利天下也少，而害天下也多矣！"

这说明,的确有人把《庄子》的《胠箧》充作《鬼谷子》的《胠乱》。赵蕤是唐玄宗时代的人,在尹知章为《鬼谷子》作新注之后。

《鬼谷子》卷下（外篇）

本经阴符七术

　　《本经阴符七术》《持枢》《中经》，《道藏》本编为《鬼谷子》下卷，有人称为外篇。"本"，是根本的意思；"本经"，主要讨论精神修养。"阴符"，强调谋略的隐秘性与变幻莫测。《道藏》本和《四库全书》本的题解云："阴符者，私志于内，物应于外，若合符契，故曰阴符。由本以经末，故曰本经。"

　　《阴符》是古代流行的一本讲究权谋的书。《战国策·秦策一》记载说，苏秦游说秦王失败，资用匮乏，回家后，妻不以其为夫，嫂不以其为叔，父母不以其为子。夜晚，苏秦从书箱中寻找出《太公阴符》，熟读探讨，细细揣摩，昼夜不息。夜倦欲睡，则引锥刺股，血流到足跟。如此一年，于《阴符》有悟，天下之势尽在掌中。又出游列国，首先在赵国取得成功，被封为武安君；接着游说其他诸侯，使六国合纵，共同抗秦。《史记·苏秦列传》记载基本相同，把《太公阴符》称作《周书阴符》。通俗小说《东周列国志》说，苏秦绝望之余，找到了《太公阴符》，想起鬼谷子的临别赠言："若游说失意,只须熟玩此书,自有进益。"《鬼谷子·谋篇》说:"故圣人之道阴。"强调权谋要隐秘。因此,纵横家们发挥《阴符》的思想,写了这篇《七术》。而且,还说鬼谷子为《阴符》写了注解。

《鬼谷子》上、中卷十四篇(今存十二篇),侧重于权谋策略及言谈辩论技巧;《本经阴符七术》则集中于养神蓄锐之道。《本经阴符七术》由七篇组成。前三篇说明如何充实意志,涵养精神。后四篇讨论如何将内在的精神运用于外,如何以内在的心神去处理外在的事物。

一　盛神

【原文】

盛神法五龙[1]。盛神中有五气,神为之长,心为之舍,德为之大;养神之所,归诸道[2]。道者,天地之始,一其纪也[3]。物之所造,天之所生,包宏,无形化气,先天地而成,莫见其形,莫知其名,谓之神灵[4]。故道者,神明之源,一其化端。是以德养五气,心能得一,乃有其术[5]。术者,

【译文】

要使精神旺盛充沛,必须效法五龙。旺盛的精神中包含着五脏的精气,精神是五脏精气的统帅,心是精神的依托之所。只有道德才能使精神伟大,所以养神的方法归结为道。道是天地的开始,道产生一,一是万物的开端。万物的创造,天的产生,都是道的作用。道包容着无形的化育之气,在天地产生前便形成了。没有谁能看到它,没有谁能叫出它的名称,只好叫它"神灵"。所以说,道是神明的根源,一是变化的开端。因此,人们只有用道德涵养五气,心里能守住一,才能掌握住道术。道术是根据道而采用的策略、

心气之道所由舍者,神乃为之使[6]。九窍十二舍者,气之门户,心之总摄也[7]。

方法,是心气按规律活动的结果。精神是道术的使者。人体的九窍和器官,都是气进进出出的门户,都由心所总管。

注释

1 盛神:使精神旺盛。法:效法。五龙:一说指五行之龙,《道藏》本注解用此说。一说指五行之仙。《昭明文选》载郭璞《游仙诗》:"奇龄迈五龙,千岁方婴孩。"李善注解引用《遁甲开山图》荣氏的说法,认为五龙就是木、火、金、水、土之仙:"五龙,皇后君也。昆弟五人,皆人面而龙身。长曰角龙,木仙也;次曰徵龙,火仙也;次曰商龙,金仙也;次曰羽龙,水仙也;次曰宫龙,土仙也。父与诸子同得仙,治在五方。"《道藏》本注:"五龙,五行之龙也,龙则变化无穷,神则阴阳不测,故盛神之道法五龙也。"

2 五气:五脏的精气。古代医学,以五脏配五行,肝配木,心配火,脾配土,肺配金,肾配水。故五脏之气,也是五行之气的体现。长(zhǎng):主宰者。舍:依托之处。《道藏》本注:"五气,五脏之气也。谓神、魂、魄、精、志也。神居四者之中,故为之长;心能含容,故为之舍;德能制邪,故为之大,然则养神之所宜,归之于道也。"

3 道:道家认为"道"是世界的本原与规律。纪:丝的头绪,开端。《老子》:"道生一,一生二,二生三,三生万物。"《道藏》本注:"无名,天地之始,故曰:道者天地之始也。道始所生者一,故曰:一其纪也。"

4 神灵:指产生天地与万物的"道"。《道藏》本注:"言天道混成,阴阳陶铸,万物以之造化,天地以之生成,包容宏厚,莫见其形,至于化育之气,乃先天地而成,不可以状貌诘,不可以名字寻,妙万物而为言,是以谓之神灵也。"

5 德养五气:用道德涵养五气。术:术数,道术,即根据道而采用的方法。《道藏》本注:"神明禀道而生,故曰:道者神明之源也。化端不一,则有时不化,故曰:一其化端也。循理有成,谓之德五气;各能循理,则成功可致。故曰:德养五气也。一者,无为而自然者也。心能无为,其术自生。故曰:心能得一,乃有其术也。"俞樾《读书余录》云:"'德''得',古通用。"

6 心气之道:心气的活动规律。所由舍:活动的途径与归宿(结果)。神乃为之使:精神是术的使者,意即通过思维活动才能产生并运用术。《道藏》本注:"心气合自然之道,乃能生术。术者,道之由舍,则神乃为之使。"

7 九窍:双眼、双耳、双鼻孔、口、前后阴。十二舍:不详,可能泛指人体器官。《道藏》本注解认为这就是佛教所讲的"十二处"(又称"十二入",包括"六根"与"六尘")。《道藏》本注:"十二舍者,谓目见色、耳闻声、鼻臭香、口知味、身觉触、意思事、根境互相停舍,舍有十二,故曰:十二舍也。气候由之出入,故曰:气之门户也。唯心之所操舍,故曰心之总摄也。"

[原文]

生受于天,谓之真人。真人者,与天为一而知之者[1]。内修炼而知之,谓之圣人。圣人者,以类知之[2]。故人与生,一出于物化[3]。知类在窍[4]。有所疑惑,通于心术,术必有不通[5]。其

[译文]

直接从上天获得本性的人,叫作真人。真人是与上天结成一体而掌握道的人。通过修身养性而掌握道的人,叫作圣人。圣人是触类旁通而掌握道的。人类的肉体与性命,都是出于天地的造化。人类了解各类事物,都是通过九窍。如果有疑惑不解的地方,要通过心的思考而运用道术判断;如果没有道术,一定不会通达。通达之后,五

通也,五气得养,务在舍神,此谓之化[6]。化有五气者,志也、思也、神也、德也;神其一长也[7]。静和者,养气。气得其和,四者不衰,四边威势,无不为,存而舍之,是谓神化[8]。归于身,谓之真人。真人者,同天而合道,执一而养产万类,怀天心,施德养,无为以包志虑思意,而行威势者也[9]。士者通达之,神盛乃能养志[10]。

脏精气得到培养,这时要努力使精神保持镇静专一。这便叫作"化",即合于造化的精妙境界。五脏精气达到了化的境界,便产生志向、思想、精神、道德,精神是统一管理这四者的。宁静平和便可以养气,养气便可以使得志向、思想、精神、道德四者获得和谐,永不衰败,向四方散发威势,什么事都可以办到,长存不散,这便叫作一身达到了神化的境界,这种人便叫真人。真人,是跟天与道合一的,他能够坚守"一",而且产生并养育万物,怀着上天之心,施行道德,他是用无为之道指导思想而发出威势的人。游说之士通晓了这一点,精神旺盛充沛,才能培养志向。

注释

1 真人:道教所推崇的修炼得道的理想人物。《淮南子·本经训》:"莫死莫生,莫虚莫盈,是谓真人。"《庄子》称老子为"古之博大真人"。唐玄宗封庄子、列子、文子、亢仓子为道教的四大真人。《道藏》本注:"凡此皆受之于天,不亏其素,故曰真人。真人者,体同于天,故曰与天为一也。"

2 内修炼:即修身养性。类:类别,类推。《道藏》本注:"内修炼,谓假学而知者也。然圣人虽圣,犹假学而知;假学即非自然,故曰以类知之也。"

3 人与生:人的肉体与性命。《道藏》本注:"言人相与生在天地之间,得其一耳。但既出之后,随物而化,故有不同也。"

4 知类在窍:通过感官了解事物。类,事类,事物。《道藏》本注:"窍,谓孔窍也。言知事类在于九窍。"

5 通于心术:通过心的思考而运用道术判断。术必有不通:根据前后文及《道藏》本注释,应该是"心无其术,必有不通"。《道藏》本注:"然九窍之所疑,必与术相通。若乃心无其术,术必不通也。"

6 舍神:使精神得到归宿,保持镇静与专一。《道藏》本注:"心术能通,五气自养。然养五气者,务令神来归舍,神既来舍,自然随理而化也。"

7 化有五气:由五气变化产生。一长:统一管理。《道藏》本注:"言能化者,在于全五气;神其一长者,言能齐一志思而君长之。"

8 静和:宁静平和。四边威势:向四方发出威势。《道藏》本注:"神既一长故能静和而养气,气既养,德必和焉。四者谓志、思、神、德也。是四者能不衰,则四边威势,无有不为常存而舍之,则神道变化,自归于身。神化归身,可谓真人也。"

9 同天而合道:跟天与道合一。执一:坚守"一",即坚守自然之道。《老子》:"天得一以清;地得一以宁;神得一以灵;谷得一以盈;万物得一以生;侯王得一以为天下贞。"《道藏》本注:"一者,无为也。言真人养产万类,怀抱天心,施德养育,皆以无为为之。故曰执一而养产万类。至于志意思虑运行,威势莫非自然循环而动,故曰无为以包也。"

10 士者:指游说之士。《道藏》本注:"然通达此道,其唯善为士者!既能盛神,然后乃可养志也。"

二 养志

原文

养志法灵龟[1]。养志者,心气之思不达也[2]。

译文

培养志向要效法灵龟。之所以需要培养志向,是因为如果不培养志向,有所欲,志存而思之。志者,欲之使也。欲多则心散,心散则志衰,志衰则思不达[3]。故心气一,则欲不徨;欲不徨,则志意不衰;志意不衰,则思理达矣[4]。理达则和通,和通则乱气不烦于胸中[5]。故内以养志,外以知人。养志则心通矣,知人则分职明矣[6]。将欲用之于人,必先知其养气志,知人气盛衰,而养其志气,察其所安,以知其所能[7]。

心的思想活动便不会畅达。如果有了某种欲望,老是放在心里考虑,那么,志向便被欲望所役使。欲望多了,心便分散;心分散了,志向便衰弱;志向衰弱了,思想活动便不畅达。心的思想活动专一,欲望便无隙可乘;欲望无隙可乘,志向意愿便不会衰弱;志向意愿不衰弱,思路便会畅达。思路畅达,和气便流通;和气流通,乱气便不会在胸中烦乱。所以,对内要培养志气,对外要了解人。培养志气就会心思畅通,了解别人就会职责明确。如果要把培养志气之术用于对人,就一定先要考察他是如何培养志气的。了解别人的志气的盛衰状况,就可以培养他的志气;观察别人的志趣爱好,就可以了解他的才能。

注释

1 养志:培养志向、意志。灵龟:古人认为乌龟是一种长寿而通灵的动物。故道家养生讲究"龟息"之法,认为像乌龟一样调匀呼吸,绵绵不断,节制饮食,就可以长生。又,古代盛行占卜之术,以龟甲为占卜工具,故称龟为"灵龟"。《道藏》本注:"志者察是非,龟能知吉凶,故曰养志法灵龟。"

2 心:古人认为心是主宰思想活动的器官。气:指人体的活动机能。达:畅达。《道藏》本注:"言以心气不达,故须养志以求通也。"

3 心散:思想分散。《道藏》本注:"此明纵欲者,不能养气志,故所思不达者也。"秦恩复校订本云:"一本无'志'字。"

4 徨:闲暇,空隙。欲不徨:指欲望不能乘机膨胀。《道藏》本注:"此明寡欲者,能养其志,故思理达矣。"

5 和:和气,平和正常的活动机能。通:畅通。乱气:杂乱不正常的活动机能。《道藏》本注:"和通则莫不调畅,故乱气自消。"

6 知人:了解人,处理好人际关系。分职:各自分掌的职责。《道藏》本注:"心通则一身泰,职明则天下平。"

7 所安:所安心的事情,即兴趣、爱好。所能:所能做的事情,即能力、才干。《道藏》本注:"将欲用之于人,谓以养志之术用人也。养志则气盛,不养则气衰。盛衰既形,则其所安所能可知矣。然则善于养志者,其唯寡欲乎。"

原文

志不养,则心气不固;心气不固,则思虑不达;思虑不达,则志意不实;志意不实,则应对不猛;应对不猛,则志失而心气虚;志失而心气虚,则丧其神矣[1]。神丧则仿佛,仿佛则参会不一[2]。养志之始,务在安己。己安则志意实坚,志意实坚则威势不分,神明常固守,乃能分之[3]。

译文

如果不培养志气,心气就不稳固;心气不稳固,思路便不通畅;思路不通畅,意志便不坚实;意志不坚实,应对便不理直气壮;应对不理直气壮,就是丧失志向和心气衰弱的表现。丧失志向和心气衰弱,说明他的精神颓丧了。精神颓丧,便会恍惚不清;神志恍惚不清,就不可能专一地探求、领会事理。如何培养志向呢?首先要从使自己镇定开始。自己镇定了,志向意愿便会充实坚定;志向意愿充实坚定,威势就不会分散。精神明畅,经常固守,就能够震慑对方。

1 固:稳固,坚定。实:坚实。应对:应付,对答。猛:严厉,此处有理直气壮的含义。《道藏》本注:"此明丧神始于志不养也。"

2 仿佛:模糊不清醒。参会:探求,领会。不一:不专一。《道藏》本注:"仿佛,不精明之貌;参会,谓志、心、神三者之交会也。神不精明则多违错,故参会不得其一也。"

3 己安:使自己安定。《道藏》本注:"安者,谓寡欲而心安也。威势既不分散,神明常来固守。如此则威精分势震动物也。上'分',谓散亡也,下'分',谓我有其威,而能动彼,故曰:乃能分之也。"

三 实意

原文

实意法螣蛇[1]。实意者,气之虑也[2]。心欲安静,虑欲深远。心安静则神明荣,虑深远则计谋成。神明荣则志不可乱,计谋成则功不可间[3]。意虑定则心遂安,心遂安则所行不错,神者得则凝[4]。识气寄,奸邪得而倚之,诈谋得而惑之,言无由心矣[5]。故

译文

要使思想充实,必须效法螣蛇。思想充实,便是气的思考活动。心要求安静,思考要求深远。心一安静,精神便会爽朗充沛;思考一深远,谋划事情便能周详。精神爽朗充沛,志向就不可能扰乱;谋划周详,事业的成功便没有阻隔。思想坚定,心里便顺畅;心里安静,他所做的一切便不会有差错。精神满足得所,便会专一集中。如果思想活动不安定而游离在外,奸邪之徒便可凭借这种状况干坏事,欺诈阴谋便可乘机迷惑自己,于是说出话来便不会认真思考。所以,要使心术真

信心术、守真一而不化，待人意虑之交会，听之候之也⁶。计谋者，存亡之枢机⁷。虑不会，则听不审矣；候之不得，计谋失矣。则意无所信，虚而无实⁸。

诚，坚守专一之道而不改变，等待别人开诚相见，彼此交流，认真听取和接受别人的意见。计谋是关系国家成败的关键。如果思想不交融，听到的情况便不周详；接受的东西不恰当，计谋就会发生失误。那么，思想上便没有真诚可信的东西，变得空虚而不实在。

注释

1 实意：使思想充实。腾（téng）蛇：传说中能够兴云驾雾、变化飞翔的灵蛇。《尔雅》郭璞注："龙类，能兴云雾而游其中也。"《荀子·劝学》："腾蛇无足而飞。"本书《反应》篇："符应不失，如腾蛇之所指。"《道藏》本注："意有委曲，蛇能屈伸，故实意者，法腾蛇也。"

2 气之虑：气所进行的思考活动。"气"是古代的哲学与医学概念，在生理上是指神经与器官的功能。《道藏》本注："意实则气平，气平则虑审。故曰：实意者气之虑也。"

3 神明荣：精神爽朗充沛。间：阻隔。《道藏》本注："智不可乱，故能成其计谋；功不可间，故能宁其邦国。"

4 遂：顺畅。神者得：指精神满足得所。凝：凝固，指专一而不分散。《道藏》本注："心安则无为而顺理，不思而玄览。故心之所行不错，神自得之。得则无不成矣。凝者，成也。"

5 识气寄：思想活动不安定而游历在外。寄，客寄，即游历在外。言无由心：说话不会认真思考。《道藏》本注："寄谓客寄。言识气非真，但客寄耳。故奸邪得而倚之，诈谋得而惑之，如此则言皆胸臆，无复由心矣。"

6 信心术：使心术真诚。守真一：坚持专一之道。化：变化，改变。意虑之交会：即彼此思想交融，开诚相见。听：听从。候：接受。《道藏》本注："言心术诚明而不亏，真一守固而不化，然后待人接物，彼必输诚尽意，智者虑能，明者献策，上下同心，故能谋虑交会也。用天下之耳听，故物候可知矣。"

7　枢机：关键。枢是门轴，主管门户的开关；机是弓弩上的装置，主管箭的发射。《道藏》本注："计得则存，计失则亡。故曰：计谋者存亡之枢机。"

8　审：周详。《道藏》本注："虑不合物，则听者不为己听，故听不审矣。听既不审，候岂得哉！乖候而谋，非失而何，计既失矣，意何所信，惟有虚伪，无复诚实也。"

原文

无为而求安静五脏，和通六腑，精神魂魄固守不动，乃能内视、反听、定志。思之太虚，待神往来[1]。以观天地开辟，知万物所造化，见阴阳之终始，原人事之政理，不出户而知天下，不窥牖而见天道，不见而命，不行而至[2]。是谓道知，以通神明，应于无方，而神宿矣[3]。

译文

要自然无为，使得五脏和谐，六腑通畅，精、神、魂、魄都能固守不动。这样便可以精神内敛来洞察一切、听取一切，便可以志向坚定，使头脑达到毫无杂念的空灵境界，等待神妙的灵感活动往来。从而可以观察天地的开辟，了解造化万物的规律，发现阴阳二气周而复始的变化，探讨出人世间治国方法的原理。这便叫作，不出门户便可了解天下的万事万物，不把头探出窗外便可了解自然界的变化规律；没有见到事物便可叫出它的名称，不走动便可以达到目的地。这便叫作"道知"，即凭借道来了解一切。凭道来了解一切，可以通达神明，可以应接万事万物而精神安如泰山。

注释

1 五脏：心、肝、脾、肺、肾。六腑：胃、小肠、大肠、胆、膀胱、三焦。魂魄：古人认为是依附在肉体上的精神体。《春秋左传正义》云："附形之灵为魄，附气之神为魂也。"内视、反听：有两类含义。一种含义是指不用眼睛和耳朵来感觉外界的东西，而是精神内敛，用心（大脑）来体会、洞察事物。《庄子·列御寇》中的"内视"，就是这种含义。另一种含义是，既在内心审察自己，又在外面听取别人的意见。《史记·商君列传》"反听之谓聪，内视之谓明"，《后汉书·陈王列传》"夫内视反听，则忠臣竭诚"，就是后一种含义。思之太虚：指头脑达到毫无杂念的空灵境界。《道藏》本注："言欲求安心之道，必先寂澹无为。如此则五脏安静，六腑和通，精神魂魄各守所司，澹然不动则可以内视无形，反听无声，志虑定，太虚，至神明千万往来归于己也。"

2 知：了解。万物所造化：造化万物的规律。见：发现。原：探讨根源。政理：为政的道理，即治国的原理。窥牖(yǒu)：观看窗户外面。不见而命：没有看到事物却可以叫出它的名称。《老子》："不出户，知天下；不窥牖，见天道。其出弥远，其知弥少。"《道藏》本注："唯神也，寂然不动，感而遂通天下之，故能知于不知，见于不见，岂待出户窥牖，后知见哉！固以不见而命，不行而至也。"

3 道知：凭借"道"来了解一切事物。无方：泛指各种事物。《道藏》本注："道，无思也，无为也。然则道知者，岂用知而知哉！以其无知，故能通神明，应于无方而神来舍矣。宿犹舍也。"

四　分威

分威法伏熊[1]。分威者,神之覆也[2]。故静意固志,神归其舍,则威覆盛矣[3]。威覆盛,则内实坚;内实坚,则莫当;莫当,则能以分人之威,而动其势,如其天[4]。以实取虚,以有取无,若以镒称铢[5]。故动者必随,唱者必和,挠其一指,观其余次,动变见形,无能间者[6]。审于唱和,以间见间,动变明而威可分也[7]。将欲动变,必先养志伏意以视间[8]。知其固实者,自养也;让己者,养人也。故神存兵亡,乃为之形势[9]。

发挥威力,要效法伏在地上准备出击的熊。只有在旺盛的精神笼罩之下,威力才能充分发挥。所以,要使志向坚定,思想安静,精神集中,威力才能盛大。威力发挥很盛大,意志则会充实坚定;意志充实坚定,威力发出便没有谁能抵挡;没有谁能抵挡,就能以发出的威力震动别人,那威势像天一样无不覆盖。这便是用坚实去对付虚弱,用有威力去对付无威力。这就好像"镒"和"铢"比较一样,相差悬殊。所以,只要一动便一定有人跟从,一唱便一定有人附和。只要弯动一个指头,便可看到其他指头的变化。威势一发出,就能掌握行动变化的情况,没有谁能够离间。对唱和的状况进行周详考察,可以发现对方的任何间隙,明了活动变化的情况,于是威力就可以发挥出来。自己要活动变化,一定先要培养意志、隐蔽意图,从而观察对方的间隙,把握住时机。使自己思想意志充实坚定,是培养自己的方法;自己讲求退让,便是使别人驯服的方法。所以,能够"神存兵亡",即精神专注而进击之势毫不表现出来,那便是大有可为的形势。

注释

1 分威:即发挥出威力。伏熊:趴在地上准备出击的熊。《道藏》本注:"精虚动物谓之威,发近震远谓之分。熊之搏击,必先伏而后动。故分威法伏熊也。"

2 覆:覆盖,笼罩。《道藏》本注:"覆,犹衣被也。神明衣被,然后其职可分也。"

3 神归其舍:指精神集中而不分散。舍,居住之地。《道藏》本注:"言致神之道,必须静意固志,自归其舍,则神之威覆隆盛矣。舍者,志意之宅也。"

4 内:内部,指意志。实坚:充实而坚定。莫当:没有什么能够抵挡。《道藏》本注:"外威既盛,则内志坚实,表里相副,谁敢当之。物不能当之,(物不能当,)则我之威分矣,威分势动,则物皆肃然,畏敬其人若天也。"

5 虚:虚弱。镒(yì)、铢(zhū):都是古代重量单位。一镒相当二十四两,一两相当二十四铢。称:衡量,比较。镒是铢的576倍,两者相比是十分悬殊的。《道藏》本注:"言威势既盛,人物肃然,是我实有而彼虚无,故能以我实取彼虚,以我有取彼无,其取之也,动必相应,犹称铢以成镒也,二十四两为镒者也。"

6 和:跟着唱,附和。挠:弯曲。《道藏》本注:"言威分势震,物犹风,故能动必有随,唱必有和。但挠其指,以名呼之,则群物毕至,然徐徐以次观其余,众犹性安之,各令得所。于是风以动之,变以化之,犹泥之在钧,群器之形,自见如此,则天下乐推而不厌,谁能间之也。"

7 《道藏》本注:"言审识唱和之理,故能有间,必知我;既知间,亦既见间,即能间。故能明于动变而威可分者。"

8 养志:培养意志。伏意:把意图隐藏起来。视间:观察对方的间隙。《道藏》本注:"既能养志伏意,视之其间,则变动之术可成矣。"

9 固实:使思想意志坚定而充实。让己:自己退让。兵亡:兵器消失不见,即进击状态不外露。《道藏》本注："谓自知志意固实者,此可以自养也;能行礼让于己者,乃可以养人也。如此则神存于内,兵亡于外,乃可为之形势也。"

五　散势

散势法鸷鸟[1]。散势者,神之使也[2]。用之,必循间而动[3]。威肃内盛,推间而行之,则势散[4]。夫散势者,心虚志溢[5]。意衰威失,精神不专,其言外而多变[6]。故观其志意为度数,乃以揣说图事,尽圆方,齐短长[7]。无则不散势[8],散势者,待间而动,动而势分矣[9]。故善思间者,必内精五气,外视虚实,动而不失分散之实[10]。动则随其志

散发威势,即利用权威和有利形势采取行动,要效法鸷鸟。散发威势,是由精神主宰的。要散发威势,一定要抓住间隙(时机)采取行动。威力收敛集中,内部精神旺盛,善于利用对方的间隙采取行动,那么,威势便可以发散出去。散发威势时,要思想虚静,从而考虑周详;要意志充沛,从而能够决断。如果意志衰微,便会丧失威势,加上精神不专一,那么,说起话来便会不中肯,而且前后矛盾,变化不定。所以,要观察对方的思想意志和办事标准,运用揣摩之术游说他,并采取不同的政治权谋谋划各种事情,有时圆转灵活,有时方正直率。如果缺少间隙或意志等主客观条件,就不能发散威势。因为散势必须等待间隙而采取行动,一行动便要发出威势。所以,那些善于发现间隙(时机)的人,一定是内部蓄积着五脏精气,对外能观察形势的虚实。他一旦行动,便不会失去散发威势的实效,

意,知其计谋[11]。势者,利害之决,权变之威;势败者,不以神肃察也[12]。

便会紧紧抓住对方的思想意志,及时了解对方的计谋。总之,威势是决定利害的,也是能够权变并发挥威力的条件。威势衰败,往往是因为不能够集中精神去审察事物结果。

注释

1 散势:散发威势,即利用有利的形势而采取行动。势,有利的地位,形势。鸷鸟:凶猛而出击迅速的鸟类,如鹰、雕之类。《道藏》本注:"势散而后物服。犹鸟击禽获,故散势法鸷鸟也。"

2 使:指派,主宰。《道藏》本注:"势由神发,故势者神之使也。"

3 间:间隙,时机。《道藏》本注:"无间则势不行,故用之必循间而动。"

4 肃:收敛,集中。推间:推算间隙,即分析间隙、利用间隙。《道藏》本注:"言威敬内盛行之,又因间而发,则其势自然而散矣。"

5 心虚:思想虚静,考虑周详。志溢:意志充沛,能够决断。《道藏》本注:"心虚则物无不包,志溢则事无不决,所以能散其势。"

6 外而多变:不中肯而且前后矛盾。《道藏》本注:"志意衰微而失势,精神挫衄而不专,则言疏外而多谲变也。"

7 揣说:揣摩之术。图事:谋划事情。圆方:指圆转灵活的方法或方正直率的方法。本书《反应》篇云:"未见形,圆以道之;既见形,方以事之。"短长:另本亦作"长短",指纵横游说的策略。汉朝人把《战国策》叫作《长短》。唐朝人赵蕤著有《长短经》,研究各种政治权谋。《道藏》本注:"知其志意隆替,然后为之度数。度数既立,乃复揣而说之。其图事也,必尽圆方之理,齐短长之用也。"

8 无则不散势:没有以上讲的主客观条件(包括自己的志意与对方的间隙),就不随便散势。一本作"无间则不散势"。

9 动而势分:一旦行动,威势就要散发出去。《道藏》本注:"散不得间,则势不行。故散势者,待间而动,动而得间,势自分矣。"

10　思间:意义跟"推间"相近。五气:五脏的精气。实:实效。《道藏》本注:"五气内精,然后可以外察虚实之理。不失则间必可知,其有间故能不失分散之实也。"

11　随:跟随,紧紧抓住。《道藏》本注:"计谋者,志意之所成。故随其志意,必知其计谋也。"

12　败:衰败。《道藏》本注:"神不肃察,所以势败也。"

六　转圆

【原文】

　　转圆法猛兽[1]。转圆者,无穷之计也。无穷者,必有圣人之心,以原不测之智;以不测之智而通心术[2]。而神道混沌为一,以变论万类,说义无穷[3]。智略计谋,各有形容:或圆或方,或阴或阳,或吉或凶,事类不同[4]。故圣人怀此之用,转圆而求其合[5]。故兴造化者为始,动作无不包大道,以观神明之域[6]。

【译文】

　　要像圆珠那样运转自如,必须效法猛兽。所谓要像圆珠那样运转自如,便是指计谋没有穷尽。要能使计谋无穷运转,必须要有圣人的胸怀,从而探究不可估量的智慧,以这种不可估量的智慧来通晓心术。自然之道是神妙莫测的,处于一种混沌的统一状态。用变化的观点来讨论万事万物,所阐明的道理是无穷无尽的。智慧谋略,各有各的形态。有的灵活圆转,有的方正直率,有的隐秘,有的公开,有的顺利,有的凶险,这是为了应付不同的事类。所以,圣人根据这种情况以运用智谋,像圆珠运转,以求计谋与事物状况相吻合。他发扬自然造化之道,谋略开始后的一切举动无不包容自然造化之道,从而能观察研究神妙莫测的领域。

注释

1 转圆:转动圆珠,指计谋像圆珠一样永远运转自如,能够应付各种复杂的情况。《道藏》本注:"言圣智之不穷,若转圆之无止。转圆之无止,犹兽威无尽,故转圆法猛兽也。"

2 无穷:没有穷尽。不测:不可估量。《道藏》本注:"圣心若镜,物感斯应。故不测之智可原,心术之要可通也。"

3 神道:指神妙莫测的自然之道。混沌为一:处于一种混沌的统一状态。《易乾凿度》云:"太易者,未见气也。太和者,气之始也。太始者,形之似也。太素者,质之始也。气似质具,而未相离,谓之混沌。"以变论万类:用变化的观念来讨论万事万物。《道藏》手抄本作"以变论万义类",俞樾《读书余录》云:"义,衍文也。"说义:所阐明的道理。《道藏》本注:"既以圣心原不测,通心术,故虽神道混沌妙物,杳冥而能论万类之变,说无穷之义也。"

4 形容:形态。圆:圆转灵活。方:方正直率。阴:隐秘。阳:公开。事类不同:意思是因为事物不同而采取不同的谋略。《道藏》本注:"事至,然后谋兴;谋兴,然后事济。事无常准,故形容不同。圆者运而无穷,方者止而有分。阴则潜谋未兆,阳则功用斯彰。吉则福至,凶则祸来。凡此事皆反,故曰事类不同也。"

5 怀此之用:即根据这种情况而运用智谋。求其合:寻求计谋与事物状况相吻合。《道藏》本注:"此谓所谋'圆方'以下六事,既有不同,或多乖谬。故圣人法转圆之思,以求顺通合也。"

6 兴造化者:即发扬自然造化之道的人。动作:举动。神明之域:神妙莫测的领域。《道藏》本注:"圣人体道以为用。其动也,神其随也。天故兴造教化其功,动作先合大道之理,以稽神明之域。神道不违,然后发号施令也。"

【原文】

天地无极,人事无穷,各以成其类,见其计谋,必知其吉凶成败之所终[1]。转圆者,或转而吉,或转而凶,圣人以道先知存亡,乃知转圆而从方[2]。圆者,所以合语;方者,所以错事。转化者,所以观计谋;接物者,所以观进退之意[3]。皆见其会,乃为要结以接其说也[4]。

【译文】

天地是没有尽头的,人事是变化无穷的,各自按照自然之道而形成类别。观察一个人的计谋,便可预测他的吉凶、成败的结局。计谋像圆珠一样运转变化,有的转化为吉,有的转化为祸。圣人凭借自然之道,能够预先了解事物的成败,因此能够灵活运转而确立某种方正的策略,抓住事物成败的关键。圆转灵活,是为了使彼此意见融洽;方正直率,是为了正确地处理事务。运转变化,是为了观察计谋的得失;接触外物,即与人交往,是为了观察别人进退的意图。只有了解事物的关键,把握对方的主要想法,才能跟对方紧密联合,使彼此的主张一致。

【注释】

1 极:尽头。各以成其类:各自按照自然之道而形成类别。所终:结局。《道藏》本注:"天地则独长且久,故无极;人事则吉凶相生,故无穷。天地以日月不过陵谷,不迁为成人事,以长保元亨,考终厥命为成。故见其事之成否,则知其计谋之得失。则吉凶成败之所终,皆可知也。"

2 《道藏》本注:"言吉凶无常准,故取类转圆。然唯圣人坐忘遗鉴,体同乎道。故能先知存亡之所在,乃后转圆而从其方,弃凶而从吉,方谓存亡之所在也。"

3 合语:意见融洽,说话投机。错事:处理事务。《道藏》本注:"圆者,通变不穷,故能合彼此之语;方者,分位斯定,故可以错有为之事;转化者,改祸为福,故可以观计谋之得失;接物者,顺通人情,故可以观进退之意是非之事也。"

4 其会:指事物或思想的关键。要结:结交,联合。《道藏》本注:"谓上四者,必见会之变,然后总其纲要结之,则情伪之说,可接引而尽矣。"

七 损兑

原文

损兑法灵蓍[1]。损兑者,幾危之决也[2]。事有适然,物有成败,幾危之动,不可不察[3]。故圣人以无为待有德,言察辞合于事[4]。兑者,知之也;损者,行之也[5]。损之说之,物有不可者,圣人不为之辞[6]。故智者不以言失人之言,故辞不烦而心不虚,志不乱而意不邪[7]。

译文

减少杂念以使思想专一,要效法灵验的蓍草。减少杂念、思想专一是决断事物隐微征兆的方法。事件有偶然巧合,万物都有成有败。隐微的变化,不可不仔细观察。所以,圣人用顺应自然的无为之道来对待所获得的情况,观察言辞要与事功相结合。心神专一,是为了认识事物;减少杂念,是为了采取行动。行动了,解说了,外界还是不赞同,圣人不强加辞令进行辩解。所以,聪明人不因为自己的主张而排斥别人的主张。因而能够做到语言扼要而不烦琐,心里虚静而不乱想,志向坚定而不被扰乱,意念正当而不偏邪。

注释

1 损兑:指减少杂念,使思想专一。俞樾《读书余录》认为,"损兑"应为"损益"。灵蓍(shī):占卜吉凶的蓍草。《周易》占卜成卦就是使用蓍草。《道藏》本注:"《老子》曰:'塞其兑。'河上公曰:'兑,目也。'《庄子》曰:'心有眼。'然则兑者,谓以心眼察理也。损者,谓减损他虑,专以心察也。兑能知得失,蓍能知休咎,故损兑法灵蓍也。"

2 幾危:又作"幾微",隐微难测的征兆。《道藏》本注:"幾危之理,兆动之微,非心眼莫能察见,故曰'损兑者'机危之决也'。"

3 适然:偶然,有时发生。《道藏》本注:"适然者,有时而然也。物之成败,有时而然。机危之动,自微至著,若非情识远深,知机玄览,则不能知于未兆,察于未形,使风涛潜骇,危机密发,然后河海之量埋为穷流,一篑之积叠成山岳。不谋其始,虽悔何之,故曰不可不察也。"

4 有德:所获得的情况。《道藏》本认为,"有德"是指有道德才能的人士。《道藏》本注:"夫圣人者,勤于求贤,密于任使,故端拱无为以待有德之士,士之至也,必敷奏以言,故曰言察辞也。又当明试以功,故曰合于事也。"

5 兑者,知之:专心是为了认识事物。损者,行之:减少杂念是为了采取行动。《道藏》本注:"用其心眼,故能知之;减损他虑,故能行之。"

6 不可:不赞同。为之辞:为其辩解。《道藏》本注:"言减损之,说及其所说之物,理有不可,圣人不生辞以论之也。"

7 不以言失人之言:不因为自己的言论主张而排斥别人的言论主张。烦:烦琐,不扼要。虚:虚伪。乱:混乱。邪:偏邪,不正确。《道藏》本注:"智者听舆人之讼,采刍荛之言,虽复辩周万物不自说也。故不以己能言而弃人之言,既有众言,故辞当而不烦。还任众心,故心诚而不伪。心诚言当,志意岂复乱邪哉。"

原文

当其难易,而后为之谋,自然之道以为实[1]。圆者不行,方者不止,是谓大功[2]。益之、损之,皆为之辞[3]。用分威、散势之权,以见其兑威,其几危,乃为之决[4]。故善损兑者,譬若决水于千仞之堤,转圆石于万仞之谿[5]。

译文

适应事物的难易状况,然后制定谋略,顺应自然之道来做实际努力。如果能够使对方圆转灵活的策略不能实现,使对方方正直率的计谋不能确立,那就叫作"大功"。谋略的增减变化,都要仔细讨论得失。要善于利用"分威""散势"的权谋,发现对方的用心,了解隐微的征兆,然后再进行决断。总之,善于减少杂念而心神专一的人,他处理事物,就像挖开千丈大堤放水下流,或者像在万丈深谷中转动圆滑的石头一样。

注释

1 当:适应,适合。实:指实际行动。《道藏》本注:"夫事变而后谋生,改常而后计起。故必当其难易之际,然后为之计谋。失自然之道,则事废而功亏。故必因自然之道,以为用谋之实也。"

2 《道藏》本注:"夫谋之妙者,必能转祸为福,因败成功,追彼而成我也。彼用圆者,谋令不行;彼用方者,谋令不止。然则圆行方止,理之常也。吾谋既发,彼不得守其常,岂非大功哉!"

3 益之、损之:增减变化。《道藏》本注:"至于谋之损益,皆为生辞,以论其得失也。"

4 《道藏》本注:"夫所以能分威散势者,心眼之由也。心眼既明,机危之威可知之矣。既知之,然后能决之也。"

5 决水:挖开堤防放水。仞:古代长度单位,相当八尺。谿:山谷,一本作"壑"。《道藏》本注:"言善损虑以专心眼者,见事审,得理明,意决而不疑,志雄而不滞。其犹决水转石,谁能当御哉。"按,一本在此段之后,还有两句:"而能行此者,形势不得不然也。"又,一本把注文"雄而不滞。其犹决水转石,谁能当御哉"误作《持枢》篇的正文。

评析

《本经阴符七术》是讨论纵横家的精神修养之术,前三篇讨论如何使内在的精神充实坚定,后四篇讨论如何使内在的威势向外界发散而制服对方,以充实内在精神为本,以向外发散为末。《道藏》本的注释,颇能把握住本篇的精神实质:"阴符者,私志于内,物应于外,若合符契,故曰阴符;由本以经末,故曰本经。"

内心修炼包括"神""志""意",这三项互相联系而各有侧重。"神"指支配肉体的整个精神活动,要求像神龙一样旺盛充沛、变化无穷;"志"指志向和意志,要求明察是非而坚定,就像能够明辨吉凶而有坚固甲壳的神龟一样;"意"指意念和思虑,要求准确恰当而能屈能伸,像传说中的腾蛇一样。"分威""散势"侧重讲发散的内容,一是威力、威风,二是有利的形势、地位;"转圆""损兑"侧重讲发散的方式,既要周到灵活,又要专心致志。

柳宗元《辨鬼谷子》说:"晚乃益出《七术》。"认为《本经阴符七术》是《鬼谷子》中晚出的篇目。而且,《盛神》篇中出现了:"九窍十二舍者,气之门户,心之总摄也。"这"十二舍",现存的《道藏》本注释认为就是佛教的"十二入",即六根、六尘,故研究者认为此篇肯定是魏晋时代人们附会而成的。但是,旧注对"十二舍"这个词的解释,颇值得怀疑。一、佛经把六根、六尘合称为"十二入",或称"十二处",并没有"十二舍"一词。二、"六根"的"眼""耳""鼻""舌",与"九窍"是重复的。三、"六尘"是指"色""声""香""味"等外界事物,不可能是"气之门户"。如果旧注的解释值得怀疑,那么,"十二舍"也就不能作为此书写作于魏晋时代的证据了。所以,我们认为这个问题只能存疑。

持枢

题解

枢,是门扉的转轴,主管门的开关。持枢,比喻掌握事物的关键。《道藏》本题解云:"枢者,居中以运外,处近而制远,主于转动者也。故天之北辰,谓之天枢;门之运转者,谓之户枢。然则持枢者,动运之柄以制物者也。"

《四库全书》本的题解说:"枢者,居中以运外,处近而制远,主于转动者也。故天之北辰,谓之天枢;门之运转者,谓之户枢。然则持枢者,执运动之柄以制物者也。陶弘景曰:'此《持枢》之术,恨太简促,畅理不尽,或编篇既烂,本不能全也。'"把《道藏》本在篇末的注释写进了题解。

原文

持枢,谓春生、夏长、秋收、冬藏,天之正也[1]。不可干而逆之,逆之者,虽成必败[2]。故人君亦有

译文

所谓"持枢",便是讲的掌握自然之道。春天萌生,夏天长成,秋天收获,冬天储藏,这都是自然界的运行之道。这是不可以扰乱和违背的;谁违背了它,虽一时成功,也终归会失败。人间君主也应该把握的自然之道,那就是使百姓生息,使百姓安

天枢,生、养、成、藏[3],亦复不可干而逆之,逆之,虽盛必衰[4]。此天道,人君之大纲也[5]。

居乐业,把百姓教养成才,并爱护民力,不可使用过度。这种顺应自然的为政之道也是不可扰乱和违背的,违背了它,虽一时强盛,也终归会衰亡。这种顺应自然的为政之道,是人间君主治国的基本纲领。

[注释]

1 天之正:自然运行之道。《道藏》本注:"言春夏秋冬四时运行,不为而自然也,不为而自然,所以为正也。"

2 干:扰乱。逆:违背。《道藏》本注:"言理所必有物之自然,静而顺之,则四时行焉,万物生焉。若乃干其时令,逆其气候,成者犹败,况未成者乎? 元亮曰:'含气之类,顺之必悦,逆之必怒,况天为万物之尊而逆之乎。'"

3 生:万物萌长,比喻使百姓生息。养:养育,比喻使百姓安居乐业。成:比喻通过教育使其成才。藏:保藏,比喻爱护民力,不过度使用民力。《道藏》本注:"言人君法天以运动,故曰亦有天枢。然其生、养、成、藏,天道之行也。人事之正,亦复不别耳。"

4 盛:强盛。衰:衰亡。《道藏》本注:"言干天之行,逆人之正,所谓倒置之。曰道非义而何。"

5 天道:这里是指顺应自然的为政之道。大纲:基本纲领。《道藏》本注:"此持枢之术,恨太简促,畅理不尽,或简篇脱烂,本不能全故也。"

[评析]

《持枢》篇,根据标题看,是讨论如何掌握处理事情的关键。本篇只残存了一个小段,内容是讲为政要效法自然之道。故《道藏》本在注解的末尾说:"此持枢之术,恨太简促,畅理不尽,或简篇脱烂,本不能全故也。"

中经

题解

《中经》篇的主旨是讲如何收服人心,使自己可以控制别人,掌握主动权。"中"是个多义词,在本篇主要为"心"这个义项。因此,"中经"可说是游说之士的心传之经。《道藏》本题解说:"谓由中以经外,发于心本,以弥缝于物者也,故曰中经。"

本篇讲了很多具体的待人秘诀,包括"见形为容,象体为貌""闻声和音""解仇斗郄""缀去却语""摄心守义"等。这都是揣摩别人心理的笼络控制之术。

原文

中经,谓振穷趋急,施之能言厚德之人;救物执,穷者不忘恩也¹。能言者,俦善博惠²;施德者,依道³;而救物执者,养使小人⁴。盖士当世异时危,或当因免填坑,或当伐

译文

所谓"中经",是讲当别人有穷困、危难时要奔去救济。要对善于辞令的人和品德淳厚的人施行恩惠;要救助处于困境的人,使他们永远不忘恩惠。善于辞令的人,可以跟善人结合,解纷救难,广泛地施行恩惠;德行淳厚的人,能够遵循道义。救助处于困境的人,可以收服地位低下的人,使他听从使唤。士人,处在变乱的时代中情况各有不同。

害能言,或当破德为雄,或当抑拘成罪,或当戚戚自善,或当败败自立[5]。故道贵制人,不贵制于人也。制人者握权,制于人者失命[6]。是以见形为容,象体为貌,闻声和音,解仇斗郄,缀去却语,摄心守义[7]。《本经》纪事者,纪道数,其变要在《持枢》《中经》[8]。

有的人在困境中挣扎;有善于辞令的人和有道德的人,碰上坏人当道而受到陷害;有的人破坏道德崇尚武力;有的人被压迫甚至被拘捕成为罪人;有的人处于忧愁的环境中而能独善其身;有的人处于危败的境况中而能够自立。所以按照大道,以控制别人为贵,不以被别人控制为贵。控制别人的人掌握着权柄,被别人控制的人就不能掌握自己的命运。为了控制别人,常采用的方法有"见形为容,象体为貌""解仇斗郄""缀去却语""摄心守义"等。《本经》所记载的是各种道术,它的变化要点,则在《持枢》篇和本篇(《中经》)之中。

注释

1 振穷趋急:别人有穷困、危难则奔去救济。振,"赈"的本字。施:施行,给予。能言:善于辞令。厚德:品德淳厚。物执:被拘禁的人,也可泛指处于困境的人。《道藏》本注:"振,起也,趋,向也。物有穷急,当振起而向护之,及其施之,必在能言之士,厚德之人。若能救彼拘执,则穷者怀,终不忘恩也。"

2 能言者:善于辞令的人(如纵横游说之士)。俦善博惠:跟品德善良的人结合,广泛地施行恩惠。《道藏》本注:"俦,类也。谓能言之士,解纷救难,不失善人之类,而能博行恩惠也。"

3 施德者:疑为"厚德者"之误。《道藏》本注:"言施德之人,勤能修理,所为不失道也。"

4 养使小人:收服地位低贱的人,使他听从使唤。《道藏》本注:"言小人在拘执而能救养之,则小人可得而使也。"

5 当世异时危:处在变乱的时代之中,此处有"生不逢时"的意思。一本脱"危"字。或:有的人。因免填坑:指在困境中挣扎。因免,黾勉,努力,挣扎。填坑,颠蹶,受挫折,不顺利。这几个词具有双声、叠韵关系,故可以通假。伐害能言:指当道者伤害能言善辩的人。破德为雄:指当权者破坏道德,崇尚武力。抑拘成罪:被压迫拘捕成为罪人。戚戚自善:处于忧愁的环境中而能独善其身。败败自立:处于危败的境况中而能够自立。《道藏》本注:"填坑,谓将有兵难,转死沟壑,士或有所因,而能免斯祸者;伐害能言,谓小人之道长,谗人罔极,故能言之士,士多被残害;破德为雄,谓毁文德,崇兵战;抑拘成罪,谓贤人不辜,横被缧绁;戚戚自善,谓天下荡荡,无复纪纲,而贤者守死善道,贞心不渝,所谓岁寒然后知松柏之后凋,风雨如晦,鸡鸣不已者也;败败自立,谓天未悔祸,危败相仍,君子穷而必通,终能自立,若管敬仲者也。"

6 贵:以……为贵。制人:控制别人。制于人:被别人控制。握权:掌握权柄。《道藏》本注:"贵有术而制人,不贵无术而为人所制也。"

7 见形为容,象体为貌:根据和模仿对方的表情举止而作出相同的表情举止。闻声和音:听见彼方声音,便用相同的声音去应和。解仇:使仇家和解。斗郄(xì):使有嫌隙的强者相互争斗。缀(zhuì)去却语:联络离开的人,说出对方的短处或隐秘。却,疑为"郄"字。摄心守义:摄取收服人心,把握别人内心的倾向。义,宜也,指内心所安的东西。《道藏》本注:"此总其目,下别序之。"

8 《本经》:指《本经阴符七术》。道数:道术,指"盛神""养志""实意"等七种方术。变要:权变的要点。《持枢》:本书篇名。《中经》:即本篇。《道藏》本注:"此总言《本经》《持枢》《中经》之义。言《本经》纪事,但纪道数而已。至于权变之要,乃在《持枢》《中经》也。"

原文

见形为容、象体为貌者,谓交为之主也¹。可以影响形容、象貌而得之也²。有守之人,目不视非,耳不听邪,言必《诗》《书》,行不淫僻,以道为形,以德为容,貌庄色温,不可象貌而得之。如是,隐情塞郄而去之³。

译文

"见形为容,象体为貌",就是根据和模仿对方的表情举止而做出相同的表情举止,这是为了游说矫情做作的国君,以取得他的欢心。可以通过阴影、回声、举止、容貌来了解矫伪之主的真情,取得他的信任。有德行和主见的人,眼睛不看错误的事物,耳朵不听邪恶的声音,说话一定按照《诗经》《尚书》,行为一定不乖僻过分;他一举一动,一言一笑都遵循道德的要求,表情端庄,脸色温和。这种人不可能凭借外表来了解他的真情并取得他的信任。遇见这种人,只好隐藏真情和行迹悄悄地离开。

注释

1 交为:矫伪,假装做作。这句意思是:游说矫情做作的君主时,可采用顺应模仿对方表情、举止的办法,从而取得他的欢心。《道藏》手抄本,"交为"作"爻为"。俞樾《读书余录》云:"'爻'乃'交'字之误。'交'字读曰'狡','为'读曰'伪'。并古通用字也。此言狡伪之主,其中无守,故可以象貌得之,若有守之人,不可象貌而得矣。陶注未达假借之旨,乃谓用卦爻占而知之,殊误。"《道藏》本注:"见彼形,象彼体,即知其容貌者,谓用爻卦占而知之也。"

2 影:阴影。响:回声。之:代表矫伪之主。这句是说,可以通过阴影、回声、举止、容貌来了解矫伪之主的真情,取得他的信任。《道藏》本注:"谓彼人之无守,故可以影响形容象貌,占而得之。"

3 有守之人:有德行和主见的人。非:错误的东西。邪:邪恶不正的东西。《诗》《书》:《诗经》《尚书》,后来都成为儒家经典。淫僻:乖僻过分。貌庄色温:表情端庄,脸色温和。隐情:隐藏真情。塞郤:堵塞缝隙,比喻不留下痕迹。《道藏》本注:"有守之人,动皆正直,举无淫僻,厥后昌盛,晖光日新,虽有辩士之舌,无从而发,故隐情、塞隙、闭藏而去之。""以德为容",《道藏》手抄本作"以听为容"。

[原文]

　　闻声和音者,谓声气不同,则恩爱不接。故商、角不二合,徵、羽不相配[1]。能为四声主者,其唯宫乎[2]。故音不和则不悲,是以声散伤丑害者,言必逆于耳也[3]。虽有美行盛誉,不可比目、合翼相须也。此乃气不合,音不调者也[4]。

[译文]

　　"闻声和音",就是听到对方的声音便用相同声音去应和。这是因为,如果声音的性质不同,感情就不会相通。在五个音阶之中,商声和角声两者不相合,徵声和羽声也不相配;能够主宰协调四声的,大概只有宫声了! 所以说,如果声音不和合,就不感动人,也不协调;用声音散布丑恶有害的内容,就一定听起来不顺耳。即使有美好的德行和盛大的声誉,彼此间也不能像比目鱼和比翼鸟那样相互密切合作。这就是彼此性质不合,声音也就不会协调。

[注释]

1 古代将音阶分为五级,称为五音。五音便是宫、商、角、徵、羽。五音各自代表不同的感情,商声悲,角声怒,徵声喜,羽声恐。又古代以五音配五行,商配金、角配木、徵配火,羽配水,宫配土。金可克木,水火不容,故不能调和相配。《道藏》本注:"商金、角木、徵火、羽水,递相克食,性气不同,故不相配合也。"

2 宫:宫声是五音之主。宫音雄浑平和,古人把它看作是五音的统率。按方位搭配,宫音居中,角居东,徵居南,商居西,羽居北。按四季相配,角、徵、宫、商、羽又分别代表春、夏、长夏、秋、冬。《道藏》本注:"宫则土也,土主四季。四者由之以生,故能为四声之主也。"

3 不悲:指不感动人。以声散、伤、丑、害:用声音来散布丑恶有害的内容。"伤"字,疑为"扬"字之讹。《道藏》本注:"散、伤、丑、害,不和之音;音气不和,必与彼乖,故其言必逆于耳。"

4 比目:比目鱼,传说只有一只眼睛,必须两条鱼亲密配合方能共同前进。合翼:即比翼鸟,一种常常并翅而飞的鸟。古人常用以比喻形影不离的爱侣或好友。相须:互相等待,互相合作帮助。气不合,音不调:性质不合,音便不会协调。《道藏》本注:"言若音气乖彼,虽行誉美盛,非彼所好,则不可如比目之鱼,合翼之鸟,两相须也。其有能令两相求应,不与同气者乎。"

原文	译文
解仇斗郄,谓解羸微之仇;斗郄者,斗强也[1]。强郄既斗,称胜者高其功,盛其势也[2];弱者哀其负,伤其卑,污其名,耻其宗[3]。故胜者斗其功势,苟进而不知退[4]。弱者闻哀其负,见其伤,则	"解仇",是说要解除弱小者对自己的仇隙,跟他们和解;"斗郄",是说要使有嫌隙的强大者之间相互斗争。有嫌隙的强者既然相互斗争,取胜的一方,就会宣扬自己的武功,摆出盛大的威势;失败的一方,就会为自己的失败而悲哀,为自己地位低下而伤痛,为自己的名声感到耻辱,为自己的宗族感到羞耻。取胜的一方宣扬自己的武功、威势,草率进攻而不知退守;失败的一方,看到自己的损伤

强大力倍,死而是也⁵。
郄无极大,御无强大,
则皆可胁而并⁶。

便奋发图强,于是增加了成倍的力量,并为此而拼死斗争。既然双方有了嫌隙,相互争斗,那么就不会很强大,都可以胁迫他们服从自己,甚至吞并他们。

注释

1 解仇斗郄,谓解羸微之仇:使仇家和解,也就是说使弱小者解除对自己的仇隙。"斗郄"两字是衍文。羸(léi):瘦弱。斗郄者,斗强也:使有嫌隙的人相斗,也就是说使强大者相斗。《道藏》本注:"辩说之道,其犹张弓。高者抑之,下者举之,故羸微为仇,从而解之;强者为隙,从而斗之也。"

2 称胜者:以胜利自许的人。高其功:宣扬自己的武功。盛其势:摆出盛大的威势。《道藏》本注:"斗而胜者,从而高其功,盛其势也。"

3 哀其负:为自己的失败而悲哀。伤其卑:为自己地位低下而伤痛。污其名:为自己的名声感到耻辱。耻其宗:为自己的宗族感到羞耻。《道藏》本注:"斗而弱者,从而哀其负劣,伤其卑小,污下其名,耻辱其宗也。"

4 斗其功势:宣扬自己的武功、威势。苟进而不知退:草率进取而不知退守。《道藏》本注:"知进而不知退,必有亢龙之悔。"俞樾《读书余录》认为,"斗其功势"是"闻其功势"之误,因为"斗"的繁体俗字与"闻"字形体相近而误。

5 强大力倍:指在困辱中奋发图强,增加了成倍的力量。死而是:为此而拼命。《老子》云:"故抗兵相加,哀者胜矣。"《道藏》本注:"弱者闻我哀伤,则勉强其力,倍意致死,为我为是也。"

6 郄无极大,御无强大:指双方有嫌隙,又相互争斗,就不可能强大。胁:胁迫。并:吞并。《道藏》本注:"言虽为隙,非能强大,其于捍御,亦非强大。如是者,则以兵威胁,令从己,而并其国也。"

原文

缀去者,谓缀己之系言,使有余思也[1]。故接贞信者,称其行,厉其志,言可为可复,会之期喜[2]。以他人庶,引验以结往,明疑疑而去之[3]。

译文

"缀去"是联络离开自己的人,使彼此关系不断。具体方法是:使用关心他的话去联络他,让他离开后还想念不止。对待忠贞守信的人,要称赞他的德行,鼓励他的志向,说他可以干一番事业,并欢迎他返回。他领会后,一定会满怀期望和喜悦。再引用别人所做过的相近似的成功事例来验证自己的话,并表明自己的深厚眷念之情,然后再彼此分手。

注释

1 "缀去"句:讲述使离开者关系不断的方法是,要运用关心的话去联络他,使他离开后还想念不止。缀、系,都是连接、联络的意思。《道藏》本注:"系,属也,谓令己去,而欲缀其所属之言,令后思而同也。"

2 接:对待。称其行:称赞他的德行。厉其志:鼓励他的志向。可为:说他可以干一番事业。可复:欢迎他返回。会之期喜:对方领会后一定会满怀期望和喜悦。《道藏》本注:"欲令去后有思,故接贞信之人,称其行之盛美,厉其志令不息,谓此美行必可常为,必可报复,会通其人,必令至于喜悦也。"

3 他人之庶:别人所做的相接近的事情。疑疑:儗儗,茂盛,引申为深厚。《道藏》本注:"言既称行厉志,令其喜悦,然后以他人庶几于此行者,引之以为成,验以结己往之心,又明己疑疑至诚如是,而去之,必思而不口。"按:"必思而不口",一本作"必思己而不忘也"。

【原文】

却语者，察伺短也[1]。故言多必有数短之处，识其短，验之[2]。动以忌讳，示以时禁[3]。其人恐畏，然后结信，以安其心，收语盖藏而却之[4]。无见已之所不能于多方之人[5]。

【译文】

"却语"便是说出对方的短处和隐秘，因此首先必须伺察出他的短处。对方言语一多，必定有所失误，暴露出很多短处。要记住他的短处，加以验证。并指出他的失言之处，触犯了当前的忌讳和禁令，这样他就会害怕。然后，与他交好，使他安心，把话收藏起来，为他保密，再让他离开。一定不要把自己的弱点显示给见闻广博的人。

【注释】

1 《道藏》本注："言却语之道，必察伺彼短也。"

2 数短之处：很多的短处。识其短，验之：记住他的短处加以验证。一作"议其短"，即研究他的短处。短处，此处指对方的失言之处。《道藏》本注："言多不能无短，既察其短，必记识之，以取验之相也。"

3 《道藏》本注："既验其短，则以忌讳动之，时禁示之。"

4 《道藏》本注："其人既以怀惧，必有求服之情，然后结以诚信，以安其惧，心向语，盖利而却之，则其人之恩感，固以深矣。"

5 见(xiàn)：显现。多方之人：见闻广博的人。《道藏》本注："既藏向语，又戒之曰：勿于多方人前，见其所不能也。"

【原文】

摄心者，谓逢好学伎术者，则为之称远[1]。方验之，惊以奇怪，人

【译文】

"摄心"就是收服人心。如果碰上爱好学习、富有才艺的人，就为他宣传，使他的名声传到远近各地。一旦他的才

系其心于己²。效之于人，验去，乱其前，吾归诚于己³。遭淫酒色者，为之术；音乐动之，以为必死，生日少之忧⁴。喜以自所不见之事，终可以观漫澜之命，使有后会⁵。

艺得到验证，自己便对他的奇特之处表示惊叹，这个人一定会把心交给自己。又使那人的才艺在众人面前呈献出来，并用古人成功的事实来验证他从前的表现，自己竭诚地对待他。如果碰上沉迷酒色的人，便使用音乐去感动他，使他认识到贪恋酒色必然早死，从而产生担心生命短促的想法。再用他所不知道的高雅事情来诱导他，使他喜悦，最终了解到人生的广阔境界，最后他一定有所领会。

注释

1 好学伎术者：爱好学习、富有才艺的人。为之称远：为他宣扬，使名声传到远方。《道藏》本注："欲将摄取彼心，见其好学伎术，则为作声誉，令远近知之也。"

2 《道藏》本注："既为作声誉，方且以道德验其伎术，又以奇怪从而惊动之。如此，则彼人心系于己。"

3 "效之于人"：一本作"效之于验"。似皆有脱误。效：呈献。去：过去。乱：治理，验证。归诚于己：使自己真诚。《道藏》本注："人既系心于己，又效之于时人，验之于往贤，然后更理其目前所为，谓之曰：吾所以然者，归诚于彼人之己。如此，则贤人之心可得，而摄乱者，理也。"

4 淫酒色者：沉迷酒色的人。《道藏》本注："言将欲摄愚人之心，见淫酒色者，为之术；音乐之可说，又以过于酒色，必之死地，生日减少，以此可忧之事，以感动之也。"

5 喜：使他喜悦。漫澜(lán)：无边无际的样子。《道藏》本注："又以音乐之事，彼所不见者，以喜悦之言，终以可观，何必淫于酒色。若能好此,则性命漫澜而无极,然后终会于永年。愚人非可以道胜说,故惟音乐可以探其心。"

原文

守义者,谓守以人义,探心在内以合也[1]。探心,深得其主也。从外制内,事有系由而随之[2]。故小人比人,则左道而用之,至能败家夺国[3]。非贤智,不能守家以义,不能守国以道。圣人所贵道微妙者,诚以其可以转危为安,救亡使存也[4]。

译文

"守义"是把握住别人的内心倾向,了解他安于什么,注意探讨对方的内心想法,以求彼此相合。深入探讨内心,就可以掌握住那个人的主要思想。自己就可以从外部来控制那个人的内心世界,办事便有了联系和途径,因此会无往不利,得心应手。如果小人紧密勾结,就会干歪门邪道的事。任用他们,就可能导致国破家亡。如果不是贤德和聪明的人,便不能用道义来治理家和国。圣人推崇微妙之道的原因,就是因为它的确可以使得国和家转危为安,可以救亡图存。

注释

1 守以人义:把握住别人的内心倾向。"义"是适宜的意思。"人义",即别人认为适宜的东西,代表其人的思想爱好。探心在内以合也:注意探讨别人的内心想法,以求彼此相合。"在",有注意之义。《道藏》本注:"义,宜也。探其内心,随其人所宜,遂人所欲以合之也。"

2 探心,深得其主也:深入探讨内心,便可以把握那人的主要思想。从外制内:指自己可以从外部来控制那人的内心。事有系由而随之:办事便有了联系和途径,因此无往不利。《道藏》本注:"既探知其心,所以得主深也。得心既深,故能从外制内,内由我制,则何事不行。故事有所属,莫不随之也。"

3 比:勾结。左道:歪门邪道。《道藏》本注:"小人以探心之术来比于君子,必以左道用权。凡事非公正者,皆曰小人反道乱常、害贤伐善,所用者左,所违者公,百庆昏亡,万机旷紊,家败国夺,不亦宜乎!"

4 家:指大夫的领地。国:指诸侯的封国。圣人所贵道微妙者:圣人推崇微妙之道的原因。《道藏》本注:"道,谓中经之道也。"

[评析]

　　本篇是纵横家的心传之经,即如何开动脑筋去揣摩对方心理,然后采用不同的手段去笼络控制对方。本篇共阐述了七条揣摩并笼络对方的秘诀:1."见形为容,象体为貌"。即通过观察对方的表情、行为,把握其内心的思想情感。但是,此法只可用于浅薄而无操守的对象,不可用于有操守的人物。2."闻声和音"。即分析了解对方的话语,再加以应和,达到彼此感情融洽、语言投机。3."解仇斗郄"。一方面是解除弱小者对自己的仇恨,以减少敌对力量;一方面是挑动强大的对手相互斗争,以削弱他们,坐收渔翁之利。4."缀去"。指用语言维系离开者的情感。5."却语"。伺察并抓住对方的把柄,先威胁恐吓,再安抚收服。6."摄心"。即投其所好而使对方归附自己。7."守义"。就是掌握对方的内心世界和特点,然后根据各人的特点,或者任用,或者拒绝。本篇所讲的这些秘诀,往往为某些政治家、外交家们所心领神会。

　　本篇明确地说:《本经》纪事者纪道数,其变要在《持枢》《中经》。"这说明外篇的《本经》《持枢》《中经》三篇是互相有联系的整体。那么,它们的作者与写作时代也应该是一致的。大概,这三篇要晚于上卷、中卷的十四篇(包括亡佚的两篇)。

《鬼谷子》佚文辑要

故曰:"圣人不朽,时变是守。虚者,道之常也;因者,君之纲也。"

—— [汉]司马迁《史记·太史公自序》

[唐]司马贞《索隐》云:"此出《鬼谷子》,迁引之,以成其章,故称'故曰'也。"

鬼谷子曰:"人之不善而能矫之者,难矣! 说之不行,言之不从者,其辩之不明也;既明而不行者,持之不固也;既固而不行者,未中其心之所善也。辩之,明之,持之,固之,又中其人之所善,其言神而珍,白而分,能入于人之心,如此而说不行者,天下未尝闻也。此之谓善说。"

—— [汉]刘向《说苑·善说》

鬼谷子曰:"不放不忘。"

—— [唐]虞世南《北堂书钞》卷二十七

鬼谷子曰:"鲁酒薄而邯郸围。"

—— [唐]虞世南《北堂书钞》卷一百四十八

人动我静,人言我听。能固能去,在我而问。知性则寡累,知命则不忧。忧累去则心平,心平而仁义著矣。

—— [唐]马总《意林》卷二

以德养民,犹草木之得时;以仁化人,犹天生草木以雨润泽之。

——[唐]马总《意林》卷二

事圣君,有听从,无谏诤;事中君,有谏诤,无谄谀;事暴君,有补削,无矫拂。

——[宋]李昉等《太平御览·治道部》引

君得名则群臣恃之,君失名则群臣欺之。

——[宋]李昉等《太平御览·治道部》引

相传《阴符经》中的鬼谷子注五则

[按]

《阴符经》是道教的一部重要著作。《四库全书》本分三篇,上篇名"神仙抱一演道章",中篇名"富国安民演法章",下篇名"强兵战胜演术章"。题黄帝撰。学术界或认为此书出于战国时代,或认为是唐朝道士李筌伪造。注家据说有上百家,其中的姜太公、范蠡、鬼谷子、张良、诸葛亮,都可能是伪托。下篇无鬼谷子注,本书只录上篇、中篇及鬼谷子注。

观天之道,执天之行,尽矣。天有五贼,见之者昌[1]。五贼在心,施行于天,宇宙在乎手,万化生乎身[2]。天性,人也。人心,机也。立天之道,以定人也。天发杀机,移星易宿。地发杀机,龙蛇起陆。

人发杀机,天地反覆。天人合发,万变定基。性有巧拙,可以伏藏。九窍之邪,在乎三要,可以动静。火生于木,祸发必克;奸生于国,时动必溃。知之修炼,谓之圣人。天生天杀,道之理也。

注释

1 鬼谷子曰:"天之五贼,莫若贼神。此大而彼小,以小而取大,天地莫之能神,而况于人乎!"按李筌注"五贼"云:"黄帝得贼命之机,白日飞升;殷周得贼神之验,以小灭大;管仲得贼时之言,九合诸侯;范蠡得贼物之急,而霸南越;张良得贼功之恩,而败强楚。"

2 鬼谷子曰:"贼命,可以长生不死。黄帝以少女精气感之,时物亦然。且经冬之草,覆之即不死,露之即见伤。草木植性尚犹如此,况人万物之灵,其机则少女以时。"

天地,万物之盗;万物,人之盗;人,万物之盗。三盗既宜,三才既安[1]。故曰:食其时,百骸理;动其机,万化安[2]。人知其神而神,不知不神而所以神也。日月有数,大小有定,圣功生焉,神明出焉[3]。其盗,机也。天下莫能见,莫能知。君子得之固躬,小人得之轻命。

注释

1 鬼谷子曰:"三盗者,彼此不觉知,但谓之神。明此三者,况车马金帛,弃之,可以倾河、填海、移山、覆地。非命而动,然后应之。"

2 鬼谷子曰:"不欲令后代人君广敛珍宝、委积金帛。若能弃之,虽倾河、填海,未足难也。食者,所以治百骸,失其时而伤百骸;动者,所以安万物,失其机而伤万物。故曰:时之至,间不容瞬息。先之则太过,后之则不及。是以,贤者守时,不肖者守命也。"

3 鬼谷子曰:"后代伏思之,则明天地不足贵,而况于人乎!"

第二部分

《鬼谷子》研究

《鬼谷子》写作时代与作者考证

研究任何一本著作，首先必须搞清它的真伪、写作时代和作者。有人说，《鬼谷子》是鬼谷子本人所作。有人说，它是苏秦所作。还有人说，它是一部伪书，成于六朝时代的好事者之手。

最早著录此书的《隋书·经籍志》，明确承认此书为周世隐士鬼谷子的著作。它说："《鬼谷子》三卷，皇甫谧注。鬼谷子，周世隐于鬼谷。"萧梁时代注释《鬼谷子》的乐壹，则提出了著作权应归属苏秦。以上两种意见，或认为《鬼谷子》是鬼谷子本人的著作，或认为是苏秦的著作，其共同特点是承认《鬼谷子》是先秦时代的纵横家的著作。

中唐著名散文家柳宗元在《辨鬼谷子》一文中首先对《鬼谷子》一书的真伪提出质疑。他指出："汉时刘向、班固录书，无《鬼谷子》。"后来，清人姚际恒在《古今伪书考》中断定，《鬼谷子》一书是六朝某好事者的伪作。近现代学者认为《鬼谷子》是伪书，就是沿袭了他们的说法，而且与当时的疑古思潮有关。

这些认为《鬼谷子》是伪书的意见，其主要论据是刘向《别录》与班固《汉书·艺文志》没有著录它。但是，这个论据本身存在矛

盾。因为,《别录》的作者刘向,在《说苑·善说》中就曾引用了鬼谷子的话。《善说》云:

> 孙卿曰:"夫谈说之术,齐庄以立之,端诚以处之,坚强以持之,譬称以谕之,分别以明之,欢欣愤满以送之,宝之珍之,贵之神之,如是则说常无不行矣。……"鬼谷子曰:"人之不善而能矫之者,难矣!说之不行、言之不从者,其辩之不明也;既明而不行者,持之不固也;既固而不行者,未中其心之所善也。辩之明之,持之固之,又中其人之所善,其言神而珍,白而分,能入于人之心,如此而说不行者,天下未尝闻也。此之谓善说。"子贡曰:"出言陈辞,身之得失,国之安危也。"《诗》云:"辞之绎矣,民之莫矣。"夫辞者人之所以自通也。主父偃曰:"人而无辞,安所用之?"昔子产修其辞,而赵武致其敬;王孙满明其言,而楚庄以惭;苏秦行其说,而六国以安;蒯通陈说,而身得以全。夫辞者,乃所以尊君、重身、安国、全性者也。故辞不可不修,而说不可不善。

其中荀子的话出自《荀子·非相》,《诗经》的句子出自《大雅·板》,主父偃的话大概出自《汉书·艺文志》所曾著录的"《主父偃》二十八篇"。子产对答赵国诘难而使赵武信服的事见于《左传·襄公二十五年》,王孙满对楚庄王问鼎事见于《左传·宣公三年》,苏秦合六国抗秦事见于《史记·苏秦列传》,蒯通陈辞以保全性命事见于《史记·淮阴侯列传》。只有鬼谷子与子贡的话无法查考。子贡没有著作传世,但子贡是一个真实历史人物毫无疑问。

清代的朴学家们对《鬼谷子》进行了认真的研究。除姚际恒《古今伪书考》承袭"《汉志》无"的理由而认定《鬼谷子》"是六朝所托无疑"外,阮元、秦恩复、周广业等都认为《鬼谷子》是先秦时代的著作。民国学者俞棪的《鬼谷子真伪考》,对前人成果做了总结性的论述。他从五个方面推断《鬼谷子》流行于西汉之前：一是刘向曾经引用，二是《淮南子》中"'忤合'之言四五见"，三是司马迁《太史公自序》引用了"圣人不朽，时变是守"，四是扬雄《法言》提到了鬼谷子及其学术，五是《汉书·杜业传赞》引用了《鬼谷子》中的词语。他还认为刘向曾经著录《鬼谷子》，而刘歆"于古书多窜改，务合己意"，"非复乃父为学之忠实。《鬼谷子》书不见录，或在其时已误指为苏子之作，删并于《苏子》书；否则，为歆所斥为异端而排抑之"。他的结论是："据吾考定，为苏秦述其师学之作。其中有鬼谷传诵于弟子之言，书中凡古韵之文均是也；有为苏秦自撰之篇，如《揣》《摩》及《阴符》说解是也；有为苏子纂集吕尚《周书》之言，如《符言》之录自齐太公《阴符》是也。"

清儒的研究本来基本可以肯定《鬼谷子》是先秦著作，他们的不足之处是把此书完全认作一个整体，认为其中的各篇都是先秦著作，这就给怀疑者留下了漏洞。

我们主张，对《鬼谷子》各篇的写作时代应该分别研究。《鬼谷子》最流行的版本有：《道藏》本、《四库全书》本、秦恩复校订的乾隆刊本与嘉庆刊本等。今《道藏》本《鬼谷子》分上中下三卷。上卷含《捭阖》《反应》《内揵》《抵巇》等四篇。中卷含《飞钳》《忤合》《揣》《摩》《权》《谋》《决》《符言》等八篇，另有《转丸》《胠乱》二篇，亡佚已久。下卷含《本经阴符七术》《持枢》《中经》等九篇。我们认为：今《道藏》本《鬼谷子》可分三类情况。第一类，上、中卷的《捭阖》至《决》等十一篇，是先秦《鬼谷子》原著；第二类，中卷的《符言》篇是从《管子》混入《鬼谷子》的；下卷的各篇（外篇）可能是唐人著作。

一、《捭阖》至《决》等十一篇是鬼谷子原著

理由有五点：

第一，司马迁《史记》明确记载苏秦、张仪师事鬼谷先生；而且，《太史公自序》还引用了《鬼谷子》的话语"圣人不朽，时变是守"。因此，鬼谷子就可能有著作传世。在《史记》之前问世的《淮南子》中也多次出现"忤合"一词，这个词代表了《鬼谷子》的重要主张。

第二，刘向引用鬼谷子的话有一定长度，不像子贡的话仅仅是只言片语，肯定出于某本书的记载，这本书可能就是《鬼谷子》。那么，刘向为什么作《别录》时，没有著录《鬼谷子》呢？第一个可能是，当时《鬼谷子》也许已经残缺不全了，故没有著录。这个可能性不大，因为刘向引用了那么完整的一段文章。第二个可能是，刘向曾经著录了《鬼谷子》，但是，刘歆、班固或者后代人在传抄过程中有意或无意地脱漏了。班固在《艺文志序》中明确地申述，他不是完全照抄刘向的《别录》与刘歆的《七略》，而是"今删其要，以备篇籍"。俞樾则指出，刘歆可能把《鬼谷子》"斥为异端而排抑之"。所以，我们倾向于第二种推测。

第三，《鬼谷子》书中反映的是战国时代的思想。《鬼谷子·抵巇》说："世可以治，则抵而塞之；不可治，则抵而得之。"公开宣称，如果国家政权已经腐败不堪，不可挽救，就推翻它，取而代之。这种观点，只可能在春秋战国时代有产生的土壤，有宣传的空间。因为，春秋战国时代还没有出现高度中央集权的君主专制制度，有作为的臣下取代无能的君主的事件经常发生。董仲舒《春秋繁露·王

道》统计是，"弑君三十二，亡国五十一"。《汉书·楚元王传》的统计是，"弑君三十六，亡国五十二"。例如：晋国的三个大夫，就取代晋国，建立了韩、赵、魏三个新的政权；齐国的大臣田成子就取代了原来的姜姓国君而建立了田姓政权。上古时代，汤伐桀、武王伐纣的故事，也为社会大多数人所赞扬。在战国时代，其他著作也有与《鬼谷子》相类似的思想。如：《六韬》云："天下非一人之天下，乃天下之天下也。同天下之利者，则得天下；擅天下之利者，则失天下。"（《文韬·文师》）"天下者，非一人之天下，乃天下之天下也。取天下者，若逐野兽，而天下皆有分肉之心。"（《武韬·发启》）"天下者，非一人之天下，惟有道者处之。"（《武韬·顺启》）《吕氏春秋·贵公》也说："天下非一人之天下也，天下之天下也。"活动在战国前期的儒家大师孟子，在这个问题上也与《鬼谷子》的主张有相似之处。孟子不理会空有其名的周天子，到处游说诸侯。齐宣王对商汤取代夏桀、周武王伐纣这类事件有怀疑，向孟子求教说："汤放桀，武王伐纣，真有这样的事情吗？"孟子说："历史记载有这样的事情。"宣王说："难道臣子可以弑君吗？"孟子说："破坏仁爱的人叫作'贼'，破坏道义的人叫作'残'。残贼一类的人，就是'独夫'。武王杀的是独夫纣王，不是什么君主。"（《孟子·梁惠王下》）孟子还对齐宣王说："如果君主发生过错，贵戚大臣就劝阻；如果反复劝阻而君主不听，贵戚大臣就可以取而代之。"（《孟子·万章下》）当然，孟子认为只有贵戚大臣才能取代君主，而《抵巇》篇认为出身平民的游说之士也可以取代君主的位置。总之，这种"可抵而得"的思想是春秋战国之交比较活跃的一种思想。到了战国后期，法家对这种原始的民本思想进行批判，主张绝对尊君。秦始皇采用法家思想,建立了极端专制的君主制度,钳制其他思想,企图子孙永远统治天下,可惜历史无情,二世而亡。汉朝统治者鉴于秦王朝二世而亡的历史教训,不敢公开地毫无保留地赞扬法家,而是打着儒家的牌子而实际上施行法家的制度,这就是所谓"阳儒阴法""儒表法里"。用汉宣帝的话说就是"王霸杂用"。以后的专制王朝都是如此。在这种专制制度下,"可抵而得"的思想,当然会被看成是洪水猛兽,受到批判或歪曲。我还猜想,如果班固明知有《鬼谷子》而没有收录的话,思想忌讳也可能是一个原因。

第四,《鬼谷子》书中反映的现实,是战国时代的现实。《鬼谷子·抵巇》说:"天下分错,上无明主,公侯无道德。"这就是战国时代的现实,也是鬼谷子宣传"可抵而得"的社会基础。《鬼谷子·忤合》又说:"古之善背向者,乃协四海,包诸侯,忤合之地而化转之,然后以之求合。"战国时代的现实就是如此:"士"阶层(不仅是游说之士),在各个诸侯国活动,宣传自己的主张,寻找能够采用自己主张的君主。在中央集权的秦汉时代就不可能如此;魏晋南北朝时代也没有这样的活动舞台,当时只有战乱,没有养士的诸侯与贵族。如果没有了现实的土壤,崇尚空谈的魏晋时代要伪造一本体系完整的纵横家著作,几乎是没有任何可能性的。

第五,《鬼谷子》的文风与语言,具有战国时代的特点。清代大考据家阮元在跋文中已经从古音等方面做了论证,他说:

> 元读《鬼谷子》,中多韵语。又其《抵巇》篇曰:"巇者,罅也。"读巇如呼,合古声训字之义,非后人所能依托。其篇名有《飞钳》,按《周礼·春官·典同》:"微声韽。"后郑读为"飞钻涅韽之韽","钳""钻"同字,贾疏即引《鬼谷子》证之。

阮元论证《鬼谷子》是先秦著作,举了两个论据。第一个论据是《鬼谷子》中的声训符合古音。"巇"在《广韵》中是"许羁切","罅"在《广韵》中是"呼讶切",韵部相距甚远。而声训之字必须音同或音近。在上古音中,"巇"是晓母歌韵,"罅"是晓母鱼韵,正好声同韵近。所以阮元认为它是先秦著作。第二个论据是从《周礼注疏》分析,东汉经学大师郑玄看到过《鬼谷子》。郑玄注解《周礼》时使用了"飞钻"这个词;唐朝贾公彦为《周礼》作疏,认为"飞钻"就是《鬼谷子》中的"飞钳"。这说明汉朝的郑玄曾经看到过《鬼谷子》书中的《飞钳(钻)》篇。根据以上两点,阮元认为,《鬼谷子》一书"非后人所能依托","为纵横家独存之子书"。

阮元提出了《鬼谷子》"中多韵语",却没有展开论证。但是,跟阮元同时代的音韵学家江有诰,曾经对《鬼谷子》的《捭阖》《反应》《内揵》《抵巇》《忤合》及《本经阴符》等六篇的韵语用韵进行分析,收入《先秦韵读》(江氏《音学十书》之一)。民国时代的俞棪,也在《鬼谷子新注》中提出:"《鬼谷》文中错简,类多可以古韵校正。"

个人以为,《鬼谷子》有许多自然押韵的语句,可以用来证明《鬼谷子》是先秦著作。第一,《鬼谷子》具有先秦散文自然押韵的特点。上古时代,没有纸张,学问往往口耳相传,必须讲究押韵,讲究朗朗上口。《洪范》篇自始至终押韵,《周易》《老子》《庄子》等书经常出现自然押韵的语句。《鬼谷子》跟它们一样,这说明《鬼谷子》的行文暗合上古著作的特点。第二,《鬼谷子》有很多韵语,符合先秦时代的韵部。如《抵巇》篇云:"巇始有朕,可抵而塞,可抵而却,可抵而息,可抵而匿,可抵而得。"其中的

"塞""息""匿""得"属于古职部,"却"属于古铎部。职、铎可以合韵。到魏晋南北朝时代,职部就分化成职与德两部了,"息""匿"属于职部;"塞""得"属于德部。《反应》篇云:"其伺言也,若声之与响;其见形也,若光之与影也。"其中的"响""影"属于古阳部,到汉朝,"景(影)"就转入耕部了。

《鬼谷子》不仅具有先秦文章自然用韵的文风,而且,用词与句式也与战国时代的作品接近。我们编成《鬼谷子词典》,并统计了《鬼谷子》十一篇中的所有字词,全书共有5000多字,篇幅跟《老子》接近。全书共使用单词757个,其含义都是先秦时代的义项。如《说文解字》云:"反,覆也。""反"的本义是"翻转",引申为"返回""反复"等义项,《鬼谷子》中的"反"字都符合本义,而且与"覆"字连用。《鬼谷子》中的"覆"(反覆)字与"复"(恢复)字,"阖"(关闭)与"合"(结合),彼此不混用,句式也一样。如《权》篇云:"说者,说之也;说之者,资之也。"其句式就颇与《墨子》的《经》《经说》相似。

此外,还想谈两点。第一点是,《汉书·艺文志》没有著录的作品,也不能一概判断是伪书。如:《竹书纪年》《穆天子传》皆不见于《汉志》,却在晋朝太康年间于汲郡魏襄王墓中发现。《战国纵横家书》不见于《汉志》记载,却于20世纪在长沙马王堆汉墓发现。第二点,明朝文学家杨慎还提出了一个推测:"《汉书·艺文志》:'《鬼容区》三篇。'注:'即鬼臾区也。'《郊祀志》:'黄帝得宝鼎,冕侯问于鬼臾区'云云,注:'即鬼容区。容、臾声相近。'今案:'鬼谷'即'鬼容'者,又字相似而误也。高似孙《子略》便谓《艺文志》无《鬼谷子》,何其轻于立论乎?"不过,杨慎的推测颇难站住脚。《汉书·艺文志》明白地注解说:鬼容区是"黄帝臣",不是春秋战国时代的人。而且,即使"容""谷"可能因形近而误;那个"区"字却与"子"字实在相差太远了。

二、《捭阖》等十一篇的作者主要是鬼谷子本人

最早著录《鬼谷子》的《隋书·经籍志》,明确承认此书为周世隐士鬼谷子的著作。它说:"《鬼谷子》三卷,皇甫谧注。鬼谷子,周世隐于鬼谷。"唐武后当政时,尹知章为《鬼谷子》作新注。宋王应麟《汉书艺文志考证》曾经引用尹知章的叙言:"此书即与苏秦、张仪者,计有《捭阖》之术十三章,《本经》《持枢》《中经》三篇。""秦、仪复往见,先生乃正席而坐,严颜而言,告二子以全身之道。"尹知章进一步肯定了鬼谷子的著作权。

萧梁时代注释《鬼谷子》的乐壹,提出此书著作权应归属苏秦。唐朝开元年间,司马贞著《史记索隐》。他在《苏秦列传》索隐中说:"乐壹注鬼谷子书云:苏秦欲神秘其道,故假名鬼谷。"《旧唐书·经籍志》沿用此说,在纵横家类列出:"《鬼谷子》二卷,苏秦撰。""又三卷,乐臺注。""又三卷,尹知章注。"乐臺应为乐壹之误。

苏秦著《鬼谷子》的说法虽然后出,却影响颇大。陈国庆编《汉书艺文志注释汇编》(中华书局1983年版),在诸子略纵横家类的"苏子三十一篇"下面,写按语说:"诸家皆以《鬼谷子》即苏秦书。盖刘向《别录》原题《鬼谷子》,《班志》本《七略》,从其核实,题名《苏子》。"

然而,把《鬼谷子》的著作权完全归于苏秦的说法,也颇难经得起推敲。第一,刘向在《说苑·善说》中曾经大段引用鬼谷子的话。有人说:《汉志》不载《鬼谷子》,此疑出苏、张书中。但是,刘向这段论述,明确地将鬼谷子与苏秦分开,对鬼谷子引用其学说,对苏秦引用其事功。他既然明确地引用了《鬼谷子》,为什么要把《鬼谷子》叫作《苏子》呢? 第二,直到萧梁时代,《鬼谷子》与《苏子》同时存在。当时,阮孝绪《七录》著录了苏秦书,而乐壹注了《鬼谷子》。阮孝绪与乐壹是同时代人,一个著录《苏子》,一个为《鬼谷子》作注解,可见这是两本并存的书。那么,"苏秦欲神秘其道,故假名鬼谷",仅仅是乐壹个人的见解。大概乐壹认为,《鬼谷子》和当时还存在的《苏子》都是苏秦的作品。第三,马王堆所发现的《战国纵横家书》,主要是苏秦著作,却跟《鬼谷子》完全不同。

俞棪《鬼谷子真伪考》提出了一个新观点,他说:"据吾考定,为苏秦述其师学之作。其中有为鬼谷传诵于弟子之言,书中凡古韵之文均是也;有为苏秦自撰之篇,如《揣》《摩》及《阴符》说解是也;有为苏子纂集吕尚《周书》之言,如《符言》之录自齐太公《阴符》,是也。"俞氏认为不是苏秦托名鬼谷子,而是苏秦记述其老师鬼谷子的学说。俞氏的说法有一定的道理,但也仅仅是一种猜测,而且不符合先秦著作的惯例。先秦著书有三种情况:一是弟子后学们追述老师的思想言行,如《论语》;二是本人为主要作者,而有弟子们参与,如《墨子》《孟子》;三是本人独立写作,如《荀子》《韩非子》。弟子追述老师思想言行的著作,一定会标明"某某曰",或标明思想言行的当事者。《鬼谷子》从来没有出现"鬼谷子曰",不像是追述之作。所以,我们认为俞氏的说法不符合惯例。因此,我们的看法是:《鬼谷子》与《墨子》《孟子》时代相近,主要是鬼谷子本人所作,也可能有弟子们的参与,弟子中参与最力的可能是苏秦。而且,我们也不否定今本《鬼谷子》书中有苏秦的个别作品,因为当《鬼谷子》一书残缺之后,后人辑录编纂成书,有可能掺入苏秦的个别著作。《汉书·杜周传》的服虔注,曾经透露出一些蛛丝马迹。《杜周传》赞语中有"抵陒"一词,服虔注云:"抵,音纸;陒,音羲。谓罪败而复抨弹之。苏秦之书有此法。"今《鬼谷子》中有《抵巇》篇,"抵巇"即"抵陒"。但是,应该指出的是:即使苏秦可能参与编撰《鬼谷子》,或者《鬼谷子》中掺入了苏秦的个别作品,但是《鬼谷子》和苏秦的作品《苏子》也决不是一本书。理由已经申述于上。

也许有人说:《鬼谷子》有完整的理论体系,不可能出现在《战国策》之前。因为应该是先有策士们的具体活动,然后才有理论的概括。我们的回答是:1. 鬼谷子时代是可以产生系统理论著作的时代。鬼谷子大概与墨子同时代。《墨子》不就是有系统的理论吗?而且不是还指导了墨家的活动吗?《鬼谷子》为什么不可能产生呢?这个时代,不是还产生了其他有系统理论的著作吗?2.《鬼谷子》产生之前,已经积累了大量游说的经验,出现了零星的游说理论,可以为《鬼谷子》的理论概括提供基础。《汉书·艺文志》说:"从横家者流,盖出于行人之官。"行人就是外交使节。《周礼·秋官》中就有"大行人""小行人"。春秋时代,外交游说活动更加频繁,《左传》记录了许多出色的外交辞令。春秋末年,孔子周游列国,宣传自己的主张;他教育学生,也非常重视外交辞令。孔子说,如果学习《诗》《书》之后,却不能在外交场合灵活应对,那么就是白学了。孔门四科中有"言语"一科,子贡就是言语科中的巨擘。《论语》《韩诗外传》《史记·仲尼弟子列传》都记载了子贡出色的外交活动与辞令。他曾经担任鲁国、卫国的相,曾劝阻齐国的田常伐鲁,保存了鲁国;又游说吴国、越国、晋国,所至之处,与王侯分庭抗礼。《韩非子·五蠹》从否定的角度也提到了"子贡辩智"。所以,郭预衡先生曾经提出《儒家流为纵横说》(见北京《经世日报》之"读书周刊",1947 年 7 月 30 日至 8 月 6 日)。可见,古代的行人与儒家,实际上是纵横家的先驱。3.《鬼谷子》是适应时代需要的产物。《淮南子·要略》分析战国时代产生纵横家的原因说:"晚世之时,六国诸侯……各自治其境内,守其分地,握其权柄,擅其政令。下无方伯,上无天子,力征争权,胜者为右,恃连与国,约重致,剖信符,结远援,以守其国家,持其社稷,故纵横修短生焉。"所以,战国各家都要从事游说,跟鬼谷子同时代的墨子,略后于鬼谷子的孟子都是如此。即使是反对游说活动的法家,本身也要游说诸侯,商鞅游说秦孝公就是例子。社会需要促进人才的培养,培养人才需要理论概括,需要有教本。孔子用六经为教本,鬼谷子也就可能编写《鬼谷子》作为教本。

三、《符言》篇是从《管子》混入《鬼谷子》的

学术界对《符言》篇的看法历来有分歧,有两种对立的观点:一种观点认为本篇不是《鬼谷子》著作,一种观点认为是《鬼谷子》著作。

学术界大多数研究者认为《符言》不是《鬼谷子》著作。他们的主要理由是:1.本篇讲述为君之道,跟前面十一篇讲纵横游说之术,似乎脱节。2.文章的结构与语言风格,跟前面各篇不同。前面各篇都围绕一个中心展开论述,本篇则并列九个方面的论点,论述十分简单。3.本篇与先秦其他著作大同小异。不仅与《管子·九守》大同小异,其中"主位""主德""主明"三段,又与《六韬·文韬·大礼》大同小异;"主名""主因"二段,则与《邓析子·转辞》大同小异;还有些语句见于《韩非子》之中。因此,他们认为本篇完全是抄袭拼凑而成的,最大可能是抄袭《管子》。何如璋《管子析疑》谈到《九守》篇时就肯定了这样的观点:"《鬼谷子》有《符言》篇,乃剿袭此文而易其标目者,所异不过数字。"

学术界也有人不同意上述观点,他们认为本篇是先秦时代的著作,是《鬼谷子》的原作,而不是抄袭《管子》。其主要论据有三个方面:一是《鬼谷子》与出土的竹简、帛书文字有共同之处。二是与先秦的黄老思想相通。三是《符言》与《鬼谷子》其他篇有内在联系,如"先定"即与《反应》一致。李学勤《〈鬼谷子·符言篇〉研究》是这种观点的主要代表。

以上两种观点虽然分歧对立,但是有一个共同点:都认为《鬼谷子》是先秦著作。我们认为,第一种观点有力地论证了《鬼谷子》是先秦时代的作品,然而却很难证明《符言》是《鬼谷子》的篇章,因为个别词语(不是《鬼谷子》独有的个别词语)是无法作为依据的。

我们的看法是:《符言》虽然是先秦著作,但可能是在后代混入《鬼谷子》中的,当然不一定是故意抄袭。我们同意第一种观点所列举的几条理由,即本篇从内容与风格诸方面看,跟《鬼谷子》前面的十一篇不同。

我们还要补充三条论证:第一条论证是:《鬼谷子》内篇,原来可能是十三篇,而不是十四篇。宋朝王应麟《汉书·艺文志考证》引唐朝尹知章《鬼谷子叙》云:"此书即授秦、仪者,《捭阖》之术十三章,《本经》《持枢》《中经》三篇。"尹知章说《鬼谷子》内篇只有十三章。有些民间传说也讲《鬼谷子》是十三篇,如河南省淇县云梦山关于"无字天书"的传说。今本《鬼谷子》内篇却是十四篇。十四篇与十三篇,如何统一呢?关键在于《符言》。《鬼谷子》内篇在《符言》之前的十一篇是:《捭阖》《反应》《内揵》《抵巇》《飞钳》《忤合》《揣》《摩》《权》《谋》《决》,加上已经亡佚的《转丸》《胠乱》二篇,恰好十三篇。《符言》不在十三篇之数。第二条论证是:如果王应麟和尹知章的说法可靠,那么,只可能是《管子》的《九守》混入《鬼谷子》,而不可能是《鬼谷子》的《符言》混入《管子》。因为,《符言》与《鬼谷子》全书的内容风格不一致,而《九守》与《管子》全书风格基本一致。那可不可能是从《六韬》或《邓析子》混入的呢?我们认为,《符言》与《管子》的《九守》基本相同,而与《六韬》《邓析子》只有部分相同,那么最大的可能当然是《九守》混入《鬼谷子》书中。第三条论证是:《符言》与《九守》有共同的注者,他就是尹知章。这就是《符言》为什么会混入《鬼谷子》的一个重要因素。我们考证认为,现在保存在《道藏》本中的《鬼谷子》注,不是陶弘景注,而是尹知章注(考证另见本书)。尹知章既注释过《鬼谷子》,又注释过《管子》,因此后代人把《管子》的《符言》连同注释一起混入《鬼谷子》,是有可能的。这是后代编撰者的失误,不一定是故意抄袭。

四、《鬼谷子》外篇可能是唐人著作

今本《鬼谷子》外篇应该是后代窜入的作品,其作者与编撰者可能是唐朝爱好纵横之术的人。

今《道藏》本《鬼谷子》下卷含《本经阴符七术》《持枢》《中经》等九篇。《四库全书》本不分卷,所收篇目相同。但是,《四库全书总目》云:"原本十四篇,今佚其二。旧有乐壹等四家注,今并不传。"这说明,总目的撰写者认为,下卷的《本经阴符七术》《持枢》《中经》等三篇,值得怀疑。这种怀疑是柳宗元《辨鬼谷子》首先提出来的。该文说:"尤者,晚乃益出七术,怪谬异甚,不可考校。"柳宗元言之凿凿,一定看到过没有外篇的早期版本。他所说的晚出的"七术",就是今本下卷的《本经阴符七术》,而《本经阴符七术》与《持枢》《中经》又彼此有联系,《中经》篇说:"《本经》纪事者,纪道数,其变要在《持枢》《中经》。"故柳宗元用"七术"代表下卷的九篇。

我们为什么认为《鬼谷子》外篇的作者与编撰者可能是唐朝爱好纵横之术的人呢? 理由有四点:

第一,如果这几篇早已经编进《鬼谷子》书中,柳宗元不会说是"晚乃益出七术"。其作者与编撰者只可能是从初唐到中唐的爱好纵横之术的人。《昭明文选注》六次引用《鬼谷子》的语句,都在内篇,而不在外篇,也可以作为柳宗元说法的旁证。《文选注》的六次引用是,一是注应德琏《侍五官中郎将建章台集诗》时引用:"鬼谷子曰:以识细微。"二是注卢子谅《赠刘琨一首并书》时引用:"鬼谷子曰:'物有自然。'乐氏曰:'自然,继本名也。'"以上皆引用自《抵巇》篇。三是注刘孝标《辨命论》时引用:"鬼谷子曰:即欲阖之,贵密;密之,贵微。"引自《捭阖》篇。四是注陆士衡《汉高祖功臣颂》时引用:"鬼谷子曰:测深揣情。"五是注陆士衡《演连珠五十首》时引用:"鬼谷子曰:藏形,其有欲也,不能隐其情。"以上两次引自《揣》篇。六是注左思《吴都赋》时引用:"鬼谷子曰:郑人取玉,必载司南之车,为其不惑也。"引自《谋》篇。以上没有一处出自外篇,应该不是偶然的。都可以作为柳宗元说法的旁证。

第二,初唐到中唐时代,有许多人学习过鬼谷子的纵横之术。如名臣魏徵早年有大志,"见天下渐乱,尤属意纵横之说"(《旧唐书·魏徵传》)。开一代文风的陈子昂在诗中公开宣称:"少学纵横术,游楚复游燕。"(《赠严仓曹乞推命录》)"吾爱鬼谷子。"(《感遇》十一)又如:赵蕤专门写了发扬纵横术的《长短经》;而诗仙李白,仰慕赵蕤,曾经跟随赵蕤学习一年多。与柳宗元同时代的元冀,研究《鬼谷子》,还写了《鬼谷子指要》。

第三,外篇的内容与行文风格,也跟内篇有明显区别。内篇的论述是层层推进的,外篇的论述是多项并列的。《本经阴符七术》分为"盛神""养志"等七项并列论述,《中经》分"见形为容"等论述,都跟内篇的结构与风格不同。它们自命为"本",为"枢",为"中",也有欲盖弥彰的嫌疑。

第四,外篇所使用的词语也值得研究。如:内篇数次出现"民"字和"治"字,外篇不用这两个字,就可能是为了避唐太宗李世民、唐高宗李治的名讳。唐朝人的文章都是如此。又如:《鬼谷子》内篇反复使用"圣人"一词,以"圣人"为理想人物,没有出现"真人"这个词;外篇则出现了"真人"一词,而且是高于"圣人"的。《盛神》说:"内修炼而知之,谓之圣人。""归于身,谓之真人。""真人者,同天而合道。"在先秦时代,"圣人"这个词比"真人"一词出现得要早,而且为道家、儒家等各家共同使用;"真人"出现比较迟,在《鬼谷子》之后的《庄子》中才出现这个词,而且主要是道家使用。道教兴盛之后,"真人"这个词特指道行仅次于教主老子的仙人。唐朝信奉道教,封庄子、列子、文子、亢仓子为四大真人。外篇使用"真人",明显有受道教影响的因素。道教是把《鬼谷子》收入《道藏》的。

　　此外,《盛神》中出现的"十二舍"更是值得研究。该篇说:"九窍十二舍者,气之门户,心之总摄也。"《道藏》本注解说:"十二舍者,谓目见色、耳闻声、鼻臭香、口知味、身觉触、意思事、根境互相停舍。舍有十二,故曰:十二舍也。"如果"十二舍"即移用佛经中的"十二处"(眼、耳、鼻、舌、身、意等六根和色、声、香、味、触、法等六境),那么这篇著作就借用了佛教学说,足以证明它不可能是先秦的著作,只能是佛教盛行以后六朝时代的作品。所以,"十二舍"这个词,更加深了人们对外篇的怀疑。当然,"十二舍"是否就是佛教讲的"十二处",还可以研究。其中的六根与"九窍"重复,六境又很难说是"门户",所以,这"十二舍"也许有另外的解释。

《道藏》本《鬼谷子》注非陶注，乃尹注考

　　《道藏》本保留了一种珍贵的《鬼谷子》旧注，但是，《道藏》本不刊注者姓名。后代学术界大多断定是梁代陶弘景注。

　　最早的证据可能是唐朝初年的大臣长孙无忌的《鬼谷子序》，该序言前面有一段话："《隋书·经籍志》:《鬼谷子》三卷，皇甫谧注。鬼谷子，楚人也，周世隐于鬼谷。梁有陶弘景注三卷，又有乐壹注三卷。"这里首次提出了陶弘景注。长孙无忌这篇序影响很大，后来的学者都说有陶弘景注。南宋官修的《中兴书目》云:"《鬼谷子》三卷。……一本始末皆东晋陶弘景注;一本《捭阖》《反应》《内揵》《抵巇》四篇，不详何人训释。中下二卷，与弘景所注同。"郑樵《通志·艺文略》:"《鬼谷子》三卷，皇甫谧注，鬼谷先生，楚人也，生于周世，隐居鬼谷;又三卷，乐壹注。又三卷，唐尹知章注。又三卷，梁陶弘景注。"晁公武《郡斋读书志》:"《鬼谷子》三卷，鬼谷先生撰。……梁陶弘景注。《隋志》以为苏秦书，《唐志》以为尹知章注，未知孰是。"

　　但是，长孙无忌序言中的这段话值得怀疑。主要是它跟《隋书·经籍志》矛盾。《隋书·经籍志》没有提到陶弘景注。长孙无忌，

是唐太宗最信任的大臣,曾经监修《隋书》。他的序言,为什么明显跟《隋书·经籍志》不同呢? 那么,这段话很可能是后人收录这篇序言时所加上的对《鬼谷子》版本的介绍。清代学者秦恩复力主《道藏》本注释为陶弘景所作,但是他在嘉庆十年刊本的序言中明确地说:"注《鬼谷》者,旧有乐壹、皇甫谧、尹知章三家。乐注一见于《文选注》中;《太平御览》数条,亦不著注者名氏。《中兴书目》始列陶弘景注,晁、陈二家继之。"可见,加在长孙无忌《鬼谷子序》前面的"梁有陶弘景注三卷"这段话,秦恩复也认为不是序言本身的文字。

清代孙星衍、秦恩复论证《道藏》本注解的作者是陶弘景,举了两条理由:一、南宋时代的《中兴书目》《郡斋读书志》《直斋书录解题》,明朝的《读书敏求记》等皆称有陶弘景注;二、《道藏》本《持枢》篇注中有"元亮曰"云云,元亮为陶渊明之字,是陶弘景的同姓长辈,故去姓称字,因此断定《道藏》本的注解为陶注。《四库全书》本的编撰者也认为作注者是陶弘景。该书《持枢》篇的题解,前一部分与《道藏》本相同,后一部分说:"陶弘景曰:此持枢之术,恨太简促,畅理不尽,或编篇既烂,本不能全也。"后面的这段话恰好是《道藏》本中的注解。该书还引用《道藏》本对《转丸》《胠乱》的注解,也加上了"陶弘景曰"。

然而,笔者认为《道藏》本保留的这一种旧注,绝非陶注。第一,《鬼谷子》这本书的古老注解,据历代正史记载只有三种:晋代有皇甫谧注,梁代有乐壹注,唐代有尹知章注。1. 最早著录此书的《隋书·经籍志》在子部纵横家类总共只列出两部注本:"《鬼谷子》三卷,皇甫谧注。鬼谷子,周世隐于鬼谷。"又:"《鬼谷子》三卷,乐壹注。"皇甫谧是西晋初年人，是第一个为此书作注的学者。乐壹是南朝梁代人。2.《旧唐书·经籍志》子部纵横家类记载为："《鬼谷子》二卷。苏秦撰。""又三卷，乐壹注。""又三卷，尹知章注。"除了三部《鬼谷子》，还有一部书是梁元帝的《补阙子》。3.《新唐书·艺文志》子部纵横家类录书仅四部："《鬼谷子》二卷，苏秦。""乐壹注《鬼谷子》三卷。""尹知章注《鬼谷子》三卷。""梁元帝《补阙子》十卷。"跟《旧唐书·经籍志》基本相同。4.《五代史》没有《经籍志》。《宋史·艺文志》子部纵横家类录书三部："《鬼谷子》三卷。""高诱注《战国策》三卷。""鲍彪注《战国策》三卷。"以上正史都没有提到陶弘景注。

第二，《旧唐书·经籍志》和《新唐书·艺文志》这两本史书，著录了陶弘景的其他著作，却没有提到陶弘景为《鬼谷子》作注；与此相反，它们都提到了唐代尹知章为《鬼谷子》作的新注。陶弘景，字通明，自号华阳隐居。生前被称为"山中宰相"，死后谥号贞白先生。他有多种著作。《梁书》和《南史》有他的本传，列入"处士"或"隐逸"类；但是，本传介绍他的活动与著作，都没有提到为《鬼谷子》作注。《隋志》《唐志》《宋志》都在道家类介绍了陶弘景的各种著作，而根本不提他有《鬼谷子》注。这说明陶弘景没有这本著作。《中兴书目》在南宋时代才出现，既然跟《隋志》《唐志》矛盾，是难站住脚的。其很可能是受了加在长孙无忌序前面的"梁有陶弘景注三卷"这句话的影响而这样说的。

第三，《道藏》本收录这种注解却不署注解者的姓名，也可证明它不是陶弘景注。陶弘景是著名的道教理论家，曾经隐居茅山修道，著有《真灵位业图》《真诰》《登真隐诀》等著作，在道教中声望很高。《道藏》编者如果不否认注解的作者是陶弘景,是一定会署上他的大名的。

第四,《鬼谷子》晚出的各篇(外篇),陶不可能作注。清朝学者周广业在《鬼谷子跋》中已经提出了这一点。他说:"至《盛神》《养志》诸篇,正柳子厚所讥'晚乃益出七术,怪谬不可考校'之言。梁世宁遽有此?纵有之,隐居抗志华阳,安用险诡之谈?《梁史》及邵陵王碑铭,亦绝不言其注《鬼谷》,而伪托焉可乎?"我们已经考证,《鬼谷子》外篇应该是唐朝人所作,应该在陶弘景之后,陶当然不可能作注。

《鬼谷子》现存的这种注解,既然不可能是陶注,那么,只可能是正史所著录的皇甫谧、乐壹、尹知章三家中的一家。它是三家中的哪一家呢?

它不是皇甫谧注。《旧唐书·经籍志》和《新唐书·艺文志》都没有著录皇甫谧注,大概它至迟在五代战乱之际遗失不传了。《太平御览》所引的注文,也跟《道藏》本的注不同。

它不是乐壹注。李善《昭明文选注》,注卢子谅《赠刘琨一首并书》云:"鬼谷子曰:'物有自然。'乐氏曰:'自然,继本名也。'"《鬼谷子·抵巇》云:"物有自然,事有合离。"《道藏》本注是:"此言合离,若乃自然之理。"这两条注解明显不同。

清朝乾隆年间的周广业考证,《道藏》本的注解应该是唐朝尹知章注。周广业《鬼谷子跋》说:

> 《困学纪闻》载,尹知章序《鬼谷子》,有云:"苏秦、张仪事之,受《捭阖》之术十三章,复受《转丸》《胠箧》三章。"晁氏则但言序谓此书,即授秦、仪者。虽详略不同,可证其皆为尹序。序出于尹,安见注不出于

尹？观其注文，往往避唐讳，如：以"民"为"人"，"世"为"代"，"治"为"理"，"缧绁"作"缧绁"之类。而笔法又绝似《管子注》。是为尹注无疑。尹生中宗、睿宗之世，卒于开元六年，故于"隆基"字不复避也。

其注亡篇云："或有取庄周《胠箧》充次第者，以非此书之意，不取。"注《持枢》云："恨太简促。或简篇脱烂，本不能全故也。"盖自底柱漂没之后，五部残缺，不能复睹文德旧本，故注家以为憾事。若果系陶注，则同时刘勰作《文心雕龙》，明言"《转丸》骋其巧辞，《飞钳》伏其精术"矣，此岂不见原文者，可遽云《转丸》已亡乎？庾仲容亦梁人，其所钞《子》今在《意林》"人动我静"及"以德养民"二条，显有完书可据。何是本独以脱烂为恨？此亦是尹非陶之明征矣。

乃其讹尹为陶，莫解其由。以意揣之：尹注在旧史，虽云颇行于时；而新志却自注云"尹知章不著录"。意其本在宋初，原无标识。而《持枢》篇注中尝一称"元亮曰"，元亮系东晋陶渊明字，或错认陶渊明为陶通明，遂妄立主名，而读者不察，致成久假耳。抑或诡道之徒，即诡鬼谷子为王诩，强名为玄微子；复以贞白寓情仙术，矫托以注，未可知也。

然是注，世已罕传，大可宝贵。似宜改题曰"唐国子博士尹知章注"。与赵蕤《长短经》合梓以行，其裨益人神智，正不少也。

尹知章，绛州翼城人，唐朝经学家。他生活在武则天、唐中宗时期，卒于开元六年。《旧唐书·儒学下》《新唐书·儒学中》有他的传记。他爱好注释古书，注释过《孝经》《老子》《庄子》《管子》《韩非子》以及《鬼谷子》。

周广业证明旧注是尹注，所讲的理由是充分可信的，特别是避讳与《转丸》在南朝尚存在两条理由，是无法驳倒的铁证。经我们查对：《鬼谷子》原文出现"世""民""治"的地方，注解为了避唐太宗李世民、唐高宗李治的名讳,都避免使用这几个字,或者用别的字代替。如《抵巇》篇云:"世可以治,则抵而塞之;不可治,则抵而得之。或抵如此,或抵如彼;或抵反之,或抵覆之。"注解说:"如此谓抵而塞之,如彼谓抵而得之;反之谓助之为理,覆之谓自取其国。"注解使用"理"字代替《鬼谷子》原文使用的"治"字。又如《摩》篇云:"积德也,而民安之,不知其所以利;积善也,而民道之,不知其所以然。"注解说:"圣人者,体神道而设教,参天地而施化,韬光晦迹,藏用显仁。故人安德而不知其所以利,从道而不知其所以然。"注解使用"人"字代替《鬼谷子》原文使用的"民"字。使用"理"字代替"治"字,使用"人"字代替"民"字,这都是唐人避讳的惯例。除了尹知章,生活于唐朝以前的皇甫谧、乐壹、陶弘景都不必如此避讳。再者,刘勰与陶弘景是同时代的人,既然刘勰明显赞扬《转丸》,就肯定看到了《转丸》。那么,陶弘景既然博览群书,他要注释《鬼谷子》的话,就不可能不寻找《鬼谷子》全本,不可能看不到《转丸》,不可能说《转丸》已经亡佚。我们推测,《转丸》可能是在隋末大乱中散失的,故尹知章没有见到它。我们还认为,《管子·九守》与《鬼谷子·符言》相同,也可以作为尹知章注释《鬼谷子》的旁证。因为尹知章既注释了《管子》,又注释了《鬼谷子》,所以后代的编撰者把它们混淆在一起。这当然只是一个推测。

　　秦恩复本来认为旧注是陶注,看到周广业的论述后,就动摇了自己原来的看法。他在嘉庆十年刊本的序言中说:"《中兴书目》始列陶弘景注,晁、陈二家继之。贞白生于萧梁,书乃晚出,读者不无然疑。同年海宁周耕崖孝廉,以注中多避唐讳,断为是尹非陶,词颇博辩。然亦凭虚臆言,绝无佐证。惟马贵与《文献通考》于陶注下云:'《唐志》以为尹知章注,未知孰是。'则在宋时已两存其说。幸赖华阳真逸之名,得借收于《道藏》,无论为陶为尹,皆可决其非宋以后之书矣。"秦恩复未免有些遮掩,才说周广业"绝无佐证",其实周的证明是可靠的。

附带谈谈《鬼谷子》的旧题解。《道藏》与《四库全书》所录的《鬼谷子》,都有题解,而且大同小异。这"题解"与注解是否为一人所作呢?个人以为不是一人所作。首先,《四库全书》本《持枢》篇题解是这样说的:"枢者,居中以运外,处近而制远,主于转动者也。故天之北辰,谓之天枢;门之运转者,谓之户枢。然则持枢者,执运动之柄以制物者也。陶弘景曰:'此持枢之术,恨太简促,畅理不尽,或编篇既烂,本不能全也。'"这个题解,前部分与《道藏》本题解一致,后部分是《道藏》本的注。《四库全书》本引用《道藏》本对《转丸》《胠乱》的注解,也加上了"陶弘景曰"。这说明,它明显地将题解与所谓陶注分开,认为注是陶弘景所作,而题解乃另外的人所作。再者,《四库全书》本的《符言》篇的题解,与《道藏》本的题解有不同之处:《揣》《摩》《权》三篇,《四库全书》本有题解,而《道藏》本没有题解。这也说明"题解"与"注"不是同一个人所作。总之,题解的作者是谁,尚待考证。

鬼谷可能在淇县云梦山考

鬼谷子应该是一个真实人物，是一位研习谈说之术的隐姓埋名的学者。因为，汉人的一系列著作都可以证实这个人物的存在。司马迁的《史记》是一部严肃的历史著作，他所记载的往往都是经过实地考察的史事。《史记·苏秦列传》说："苏秦者，东周洛阳人也。东事师于齐，而习之于鬼谷先生。"《张仪列传》又说："张仪者，魏人也。始尝与苏秦俱事鬼谷先生，学术苏秦自以不及张仪。"西汉末年哲学家扬雄、东汉哲学家王充，也都承认鬼谷子是苏秦、张仪的老师。他们还可能见过《鬼谷子》一书。他们分别在《法言》与《论衡》中对鬼谷子及苏秦、张仪进行了批评。更有力的证据是西汉末年著名学者刘向在《说苑·善说》中大段引用了鬼谷子的话语。刘向推崇谈说之术："夫辞者，乃所以尊君、重身、安国、全性者也。故辞不可不修而说不可不善。"他开宗明义便引用了荀子、鬼谷子、子贡等人的话来确立自己的论点，然后罗列了大量故事作为例证。荀子、子贡是确定无疑的历史人物，鬼谷子也不能例外。鬼谷子具体活动时代，可以根据苏秦、张仪的活动时代确定，大概是与墨子同时代人。

这个人物为什么叫鬼谷子,本来也毫无神秘可言《史记集解》引用了东晋学者徐广的说法:"颍川阳城有鬼谷,盖是其人所居,因为号。"隐士们不说自己的姓名正是情理中的事,因为正如介子推所说的:"身将隐,焉用文之?"大哲学家老子的真实姓名便是一桩疑案。故李善《文选注》说:"《鬼谷子序》曰:周时有豪士,隐于鬼谷者,自号鬼谷子。言其自远也。然鬼谷之名,隐者通号也。"然而,大概由于他的名字中有一个"鬼"字,容易诱发人们的神秘联想,到了鬼神之说昌盛的魏晋南北朝时代,鬼谷子这个人物就逐渐被涂上了神秘色彩,并与道教发生了联系。

鬼谷子可能是一个真实的人物,那么,他隐居的鬼谷也可能是实有其地。鬼谷子隐居的鬼谷在什么地方,有不同的说法。

古代的主要说法有:(1)在齐国境内。司马迁《苏秦列传》说,苏秦"东事师于齐,而习之于鬼谷先生"。这是最早的说法,鬼谷应该在齐国境内。(2)在阳城(河南登封)。唐朝裴骃作《史记集解》,他引用了东晋学者徐广的说法:"颍川阳城有鬼谷,盖是其人所居,因为号。"张守节所作的《正义》云:"鬼谷在洛州阳城县北五里。"颍川郡的阳城县,故治在今河南省登封市东南。唐朝李吉甫《元和郡县志》云:"鬼谷在县北五里,即六国时鬼谷先生所居也。"(3)在临沮(湖北当阳)。《昭明文选》所选的郭璞《游仙诗》说,鬼谷子是在"青溪千余仞"中隐居的道士。唐朝李善注解此诗时引用《荆州记》:"临沮县有清溪山,山东有泉,泉侧有道士精舍。"(4)在关内云阳(即"扶风池阳",在陕西三原县北)。司马迁《甘茂列传》提到甘茂熟悉"自殽塞及至鬼谷"的地理形势。这个鬼谷,徐广认为还是阳城。张守节认为徐广错了,他在《史记正义》中说:

"刘伯庄云：'此鬼谷,关内云阳,非阳城者也.' 案：阳城鬼谷,时属韩,秦不得言置之。" 唐朝司马贞所作的《史记索隐》云："按：鬼谷,地名也。扶风池阳、颍川阳成并有鬼谷墟,盖是其人所居,因为号。" 又云："徐广云：'在阳城'。刘氏云：'此鬼谷,在关内云阳'。是也。" (5)在汉江之滨。五代后蜀杜光庭《录异记》说："鬼谷先生者,古之真仙也。……居汉滨鬼谷山。" (6)在壶山。托名李虚中的《命书序》说："昔司马季主居壶山之阳,一夕雨余,风清月朗,有叟踵门,自谓鬼谷子。" 河南鲁山县、山东莒县,都有壶山;有人认为是湖南大庸(张家界)的壶头山。

我们如果对鬼谷的具体位置不加讨论,也是可以的。如果要讨论考证,最恰当的办法是古今结合。按照古今结合的办法,河南省两处鬼谷最有可能是鬼谷子的隐居地。这两处鬼谷,一在河南省淇县的云梦山,一在河南省汝阳县的云梦山。淇县云梦山是太行山的余脉,位于黄土高原与华北大平原的交界处,距淇县朝歌镇大约十五公里,群峰秀丽雄伟。云梦山有个五里长的山谷叫作"鬼谷",山顶的"鬼谷洞"传说是鬼谷子的诞生地,还有鬼谷子弟子们居住的"孙膑洞""庞涓洞""毛遂洞"。"天书崖"则是壁立数丈、约一千平方米的悬崖,远看依稀有字迹,传说鬼谷子把华元真人传授的"天书"(即《鬼谷子》)刻在天书崖上。"南桃园"与"演兵岭"则传说是鬼谷子教导弟子们练习游说之术与排兵布阵的地方。汝阳县的云梦山,在汝阳县城东南约四公里。山中有"鬼谷洞""孙膑洞""鬼谷墓""孙膑墓""说泪井"(苏秦将鬼谷子说流泪的地方)"石头阵",山下还有"鬼谷村"。

汝阳县的云梦山,可以与《史记》注释中所提出的"阳城说"

相互印证。阳城就是今登封告城,然而告城百余里内并没有关于鬼谷子的遗迹与传说。而汝阳古属于阳城地界,那么阳城鬼谷就应该是在汝阳县的云梦山。淇县的云梦山,则可以与《史记》"东事师于齐,而习之于鬼谷先生"的记载相互印证。淇县在西周时期是卫国都城,但是在东周惠王十七年,赤狄进攻卫国,卫懿公被杀,都城被毁灭。卫人南逃,在齐桓公援助下在楚丘(今河南滑县)建立新的都城。淇县本与齐国接壤,齐桓公赶走赤狄之后,这块地方可能并入了齐国的版图。那么,洛阳(当时属于西周君)人苏秦,魏(国都在大梁)人张仪,进入淇县的云梦山求学是完全可能的,这就是苏秦的"东事师于齐"。除这两处鬼谷外,其他地方的鬼谷,都不符合战国时代的形势与史书的记载,有的是古代传说,有的则是今人附会。

这两处云梦山的鬼谷,谁更加权威呢?我们认为是淇县的鬼谷。因为,《史记》的记载,肯定要比后人为《史记》作的注释更可靠。

《鬼谷子》价值论

一、评价《鬼谷子》褒贬悬殊的三大派

关于《鬼谷子》这部著作,历来有两大争议,除了真伪争议,主要就是褒贬争议。中国历代对鬼谷子与纵横家的评价分歧很大。大体有三大派。

第一派是持肯定态度的。有司马迁、刘勰、陈子昂、高似孙等。司马迁《史记》为先秦诸子写列传,其中儒家除《孔子世家》外还有《仲尼弟子列传》《孟子荀卿列传》二篇,而《孟子荀卿列传》还兼及阴阳家邹衍、名家公孙龙、墨家墨翟等;道家与法家共有《老庄申韩列传》《商君列传》二篇;纵横家占的比例最大,有《苏秦列传》(包括其弟苏代、苏厉)、《张仪列传》(包括著名纵横家而跟张仪有政治矛盾的陈轸、公孙衍)、《范雎蔡泽列传》、《鲁仲连列传》等,战国四公子列传中也大量记载了纵横游说之士的活动,而且司马迁肯定苏秦是鬼谷子的学生,认为"其智有过人者",要为苏秦洗雪罪名。刘勰《文心雕龙·诸子》把鬼谷子与孟轲、庄周、墨翟、尹文、

野老、邹子、申、商等相提并论，还说："鬼谷渺渺，每环奥义。"《文心雕龙·论说》更是高度评价纵横家，还具体评价了《鬼谷子》的《转丸》与《飞钳》两篇："暨战国争雄，辨士云涌；从横参谋，长短角势。《转丸》骋其巧辞，《飞钳》伏其精术。一人之辨，重于九鼎之宝；三寸之舌，强于百万之师。六印磊落以佩，五都隐赈而封。"陈子昂《感遇》（十一）诗云："吾爱鬼谷子，青溪无垢氛。囊括经世道，遗身在白云。七雄方龙斗，天下久无君。浮荣不足贵，遵养晦时文。舒可弥宇宙，卷之不盈分。岂徒山木寿，空与麋鹿群。"高似孙《鬼谷子略》云：《鬼谷子》书，其智谋、其数术、其变谲、其辞谈，盖出于战国诸人之表。夫一辟一阖，《易》之神也；一翕一张，老氏之幾也。鬼谷之术，往往有得于阖辟翕张之外，神而明之，益至于自放溃裂而不可御。予尝观诸《阴符》矣，穷天之用，贼人之私，而阴谋诡秘，有《金匮》《韬略》之所不可该者，而《鬼谷》尽得而泄之，其亦一代之雄乎！"

第二派是持否定态度的。有扬雄、柳宗元、宋濂等。扬雄在《法言》中认为纵横家是"诈人"。柳宗元《辨鬼谷子》说："《鬼谷子》要为无取，汉时刘向、班固录书无《鬼谷子》。《鬼谷子》后出，而险鷔峭薄，恐其妄言乱世，难信，学者宜其不道。"宋濂《鬼谷子辨》云："是皆小夫蛇鼠之智，家用之则家亡，国用之则国债，天下用之则失天下，学士大夫宜唾去不道。"

第三派是持慎重的褒贬态度。有长孙无忌、纪昀、阮元等。长孙无忌《鬼谷子序》："纵横者，所以明辩说、善辞令，以通上下之志者也。《汉志》以为本出行人之官，受命出疆，临事而制。""佞人为之，则便辞利口，倾危变诈，至于贼害忠信，覆邦乱国。"纪昀《四库全书总目提要》中对《鬼谷子》一书的提要说："高似孙《子略》，称其'一阖一辟，为《易》之神。一翕一张，为老氏之术。出于战国诸人之表'，诚为过当。宋濂《潜溪集》诋为'蛇鼠之智'，又谓其文浅近，不类战国时人，又抑之太甚。"秦恩复《鬼谷子序》（乾隆刊本）云："柳子厚尝讥其'险蓺峭薄，妄言乱世'。今观其书，词峭义奥，反复变幻，苏秦得其绪余，即掉舌为约长，真纵横家之祖也！"阮元《鬼谷子跋》云："窃谓书苟为隋、唐《志》所著录而今仅存者，无不当精校传世。况是编为纵横家独存之子书，陶氏注又世所久佚，诚网罗古籍者所乐睹也！"

以上三派在评价《鬼谷子》时立场有两大分野：一是从传统道德或从实际功利着眼。一是从思想学术价值着眼。否定《鬼谷子》者，基本上是从传统道德或从实际功利着眼。扬雄之所以认为纵横家是"诈人"，主要是继承了儒家的正统立场。当景春向孟子说："公孙衍、张仪岂不诚大丈夫哉！一怒而诸侯惧，安居而天下熄。"孟子为了维护儒家的道德与政治信仰，马上否定了景春的说法，而认为张仪等实行的是"妾妇之道"（《孟子·滕文公下》）。荀子则把离开儒家思想而修饰言辞的人叫作"奸人之雄"（《荀子·非相》）。鬼谷子是纵横家之师，当然要被扬雄否定。柳宗元之所以否定《鬼谷子》，主要是"恐其妄言乱世"，不利于中央集权，他大概是为了反对唐朝末年藩镇割据的局面而否定《鬼谷子》。宋濂否定《鬼谷子》，大概兼有维护儒家道统与明王朝中央集权的双重立场。对《鬼谷子》持肯定或慎重褒贬态度者，虽然有的也是从个人感情与实际功利出发，如长孙无忌、陈子昂；但是，大多数人已经是从思想学术价值着眼。如：阮元肯定《鬼谷子》，主要是看到了《鬼谷子》在思想学术史上的价值,刘勰肯定《鬼谷子》,也是由于初步看到了《鬼谷子》在思想与修辞方面的创造性。今天,我们评价《鬼谷子》,主要是从思想学术着眼。古代学者在这方面往往语焉不详。我们想从以下四个方面对《鬼谷子》进行评价。

二、纵横家独存之子书

阮元《鬼谷子跋》云:"是编为纵横家独存之子书。"这可谓抓住了评价《鬼谷子》的关键。"子",本为商朝王族的姓氏,后来发展为尊称,又发展为特指有独到思想见解的学者。"子书",就是成一家之言的著作。《鬼谷子》是唯一奠定纵横家思想体系而且保存至今的理论著作。

《汉书·艺文志·诸子略》著录先秦纵横家著作五种、秦汉纵横家著作七种。先秦纵横家五种著作是《苏子》《张子》《庞煖》《阙子》《国筮子》;秦汉纵横家七种著作是《秦零陵令信》《蒯子》《邹阳》《主父偃》《徐乐》《庄安》《待诏金马聊苍》。这十二种著作,当时就注明,除苏秦的《苏子》残缺外,其他各种都已经亡佚。六朝末年战乱,《苏子》也散亡了。虽然《战国策》是记录纵横家游说活动的著作,而且保存下来了,但是《战国策》却不是理论著作而是历史著作,所以,它被著录在《六艺略》的"春秋家"中。长沙马王堆发现的《战国纵横家书》,也主要是记载苏秦等人的游说活动,不是理论著作。这就是说,除了没有被《汉书·艺文志·诸子略》著录的《鬼谷子》以外,在历史上曾经轰轰烈烈的纵横家就没有理论著作传世了。

战国时代，是我国学术的黄金时代，后代的各种学术大都渊源于这个时代，而且由于农业社会发展缓慢停滞，后代学术的进展十分有限。战国诸子百家，分为九大流派，儒家、道家、墨家、法家、名家、杂家都流传下理论著作，阴阳家也有片断作品被保留，而如果我们轻视《鬼谷子》，那就给研究战国时代的学术思想留下了巨大的空白。这不是太遗憾了吗？因此，《鬼谷子》是弥足珍贵的。

学术界除了因疑古思潮而怀疑《鬼谷子》之外，还有一种偏见，就是认为纵横家没有系统的理论，没有学术构建。如：近代学者蒋伯潜的《诸子通考》就说："纵横，特战国时政客之策略，更与学术无关。""纵横本策略，不足以言学术。"难道代表纵横家的《鬼谷子》，其理论果真没有系统、没有独特之处吗？否。《鬼谷子》的重要价值正是建立了总结纵横游说之术的理论体系。

我们已经考证，《鬼谷子》从《捭阖》到《决》，即《鬼谷子》上卷、中卷的十一篇作品是先秦时代鬼谷子及其门徒的原著。这十一篇作品，相互紧密联系，建立了一个完整的理论体系。《捭阖》是各篇的总纲；《反应》《内揵》《抵巇》《飞钳》《忤合》等五篇是讲游说之士的处世之道；《揣》《摩》《权》《谋》《决》等五篇，是讲游说的具体程序。

《捭阖》以阴阳学说作为游说之术的哲学基础，统领以下各篇。以下的《反应》《内揵》《抵巇》《飞钳》《忤合》等五篇，都体现出阴阳捭阖的原则。《鬼谷子》以《捭阖》为纲领，为开宗明义的第一篇，而人们也把纵横家叫作"纵横捭阖"之士，正好相互一致，而不是偶合。

　　《反应》等五篇是讲游说之士的处世之道,又可以分为两组。《反应》《内揵》《飞钳》是一组,研究的内容是如何了解对方并控制对方。《反应》讲游说首先通过"反覆"手段,了解对方的反应,以探求真伪、辨明同异、掌握虚实;同时强调"知之始己""皆以先定,为之法则",即首先要了解自己,自己有坚定的主张,才能控制对方,进退自如。《内揵》以《反应》篇为基础,讲如何完全取得对方的信任,特别是君主的信任,建立密切无间的关系。《飞钳》与《内揵》密切相关,讲如何运用恰当的言辞,紧紧抓住对方,控制对方。《抵巇》与《忤合》是一组,研究的内容是如何对待政治形势与当权者。《抵巇》讲从政的原则,天下太平则隐居以等待时机,天下有矛盾而可以治理就帮助当权者治理,天下大乱而当权者无法治理就取而代之;《忤合》讲要以整个天下为舞台,善于选择君主,以施展自己的才能谋略。

　　《揣》《摩》《权》《谋》《决》等五篇是层层递进的关系。《揣》篇包括"量权"与"揣情",讲通过揣测以了解对方的客观条件与主观想法,这是游说程序的第一步;《摩》篇讲"摩"是揣测的手段之一,即通过进一步对游说对象的接触试探,更深入地了解对方;《权》篇讲在了解对方的基础上,反复权衡游说对方的谋略与言辞;《谋》篇讲谋略应该注意的事项,讲了"得其所因,以求其情""相益则亲,相损则疏""因事而裁""公不如私""正不如奇""阴道阳取""事贵制人"等观点;《决》篇又在谋略的基础上讲如何决断有疑虑的问题,提出了"度之往事,验之来事,参之平素"的决断原则。

　　这些篇不仅内容上构成一个系统,而且文字上也往往互相照应。《摩》篇开宗明义就说:"摩者,揣之术也。"其他各篇之间,也往往有草蛇灰线。如：《捭阖》说反覆、反忤，实际上关联到了《反应》篇与《忤合》篇。《内揵》篇说："内自得而外不留说，而飞之。""飞"指"飞钳"，关联《飞钳》篇。《抵巇》篇说："察之以捭阖，能用此道，圣人也。""远而可知者，反往以验来也。"联系到了《捭阖》《反应》二篇。《飞钳》篇说："或量能立势以钩之，或伺候见巇而钳之，其事用抵巇。"联系到了《权》篇、《抵巇》篇。《忤合》篇说："用之天下，必量天下而与之；用之于国，必量国而与之；用之于家，必量家而与之；用之于身，必量身材能气势而与之。大小进退，其用一也。必先谋虑计定，而后行之以飞钳之术。"联系到了《权》《谋》《飞钳》等篇。

《鬼谷子》所建立的纵横游说理论体系，实际上相当于西方的政治谋略学。近现代学者俞棪，在 20 世纪 30 年代著有《中国政略学史》。此书定稿于抗日战争胜利之后，由于特殊原因，只有油印本托上海的图书馆保藏，直到 2009 年才由上海社会科学出版社出版。俞棪从政治学的角度，把游说之术叫作"政略学"，而且认为中国先秦著作中只有《鬼谷子》与《孙子兵法》是纯理哲学的巨著。此书第三篇专门论述《鬼谷子》，认为《鬼谷子》标志中国政略思想的成熟。蔡元培、叶恭绰都为此书作序，肯定此书的学术贡献。

总之，《鬼谷子》灵活运用古老的阴阳学说，解释并驾驭战国时代的激烈的社会矛盾，制定出一整套了解社会并干预社会的计谋权术，构建了纵横游说之术的系统理论。这个理论培养了苏秦、张仪、陈轸、公孙衍等杰出的游说之士，他们在历史舞台上演出了"合纵""连横"的一幕幕风云变幻的戏剧，操纵战国政治斗争形势约百年之久。鬼谷子构建的纵横游说的系统理论，不仅左右了战国时代的政治形势,而且影响深远,在中国古代政治思想领域独树一帜,在中国修辞史上具有开创意义,还被宗教家、军事家从不同角度解读与运用。

三、独树一帜的哲学政治思想体系

《鬼谷子》独树一帜的哲学政治思想体系,首先表现在:继承古老的阴阳学说,作为游说之术的哲学基础,并扩大了阴阳学说的应用领域。"阴阳"是我国古代重要的哲学概念,它反映了世界万事万物之间的对立统一关系与运行规律。春秋战国时代的诸子百家都应用阴阳这个概念为自己的思想体系服务。道家的《老子》说:"道常无为而无不为。侯王若能守之,万物将自化。""万物负阴而抱阳。"儒家的《周易·系辞上》说:"一阴一阳之谓道。"纵横家的《鬼谷子》也不例外。《鬼谷子》的《捭阖》篇开宗明义就引进阴阳学说:"圣人之在天地间也,为众生之先,观阴阳之开阖以命物。""阳动而行,阴止而藏,阳动而出,阴随而入;阳还终始,阴极反阳。"《鬼谷子》引进阴阳学说之后,就进一步把阴阳与捭阖之术结合起来,说:"捭之者,开也,言也,阳也;阖之者,闭也,默也,阴也。"又说:"故言长生、安乐、富贵、尊荣、显名、爱好、财利、得意、喜欲,为阳,曰始。故言死亡、忧患、贫贱、苦辱、弃损、亡利、失意、有害、刑戮、诛罚,为阴,曰终。"它把一切阳刚的进取的举动和事物,积极开口游说的行为,都称为"捭",即哲学上的"阳";把一切阴柔的退让的举动和事物,游说中的暂时消极沉默,都称为"阖",即哲学上的

"阴"。由此可见,《鬼谷子》一方面为纵横游说之术寻找到了哲学根据,把游说实践提到了哲学的高度;从另一方面来说,就是把阴阳学说的应用范畴推广到了具体的政治人事活动领域。鬼谷子的高足、战国纵横家的代表人物苏秦,在游说中也明确运用了"阴阳"的概念。如《战国策·赵策二》记载,他游说赵肃侯时说:"愿大王慎无出于口也。请屏左右,白言所以异,阴阳而已矣。"

《鬼谷子》独树一帜的哲学政治思想体系,其次表现在吸收其他各家的思想而加以改造,提出了一些独特的见解。

《鬼谷子》借鉴道家的理论最突出。道家的核心思想是"道""无为""反",并且强调"静"与"柔弱",强调事物从相反的方面变化。《鬼谷子》吸收了道家的这些观念。如:《捭阖》篇说:"捭阖者,道之大化,说之变也。""无为以牧之。"《反应》篇说:"己欲平静,以听其辞。""欲闻其声,反默;欲张,反睑;欲高,反下;欲取,反与。"《内揵》篇说:"退为大仪。"而且《鬼谷子》还吸收了道家学说的神秘性。《反应》篇说:"故善反听者,乃变鬼神以得其情。""莫见其门,是谓天神。"正因为《鬼谷子》突出地吸收了道家学说并包括其神秘面,所以后来道教把《鬼谷子》收入《道藏》,把鬼谷子尊为"真人",就毫不奇怪了。但是,《鬼谷子》对道家学说是进行了改造的。它强调"有为",推崇智谋,讲究言辞,积极从事政治活动,这跟道家有明显差别。

《鬼谷子》也借鉴了儒家的思想,但是崇尚功利。《鬼谷子》多次提出"仁义""先王"。《内揵》篇说:"由夫道德、仁义、礼乐、忠信、计谋。先取《诗》《书》,混说损益,议去论就。"《忤合》篇赞扬伊尹辅佐商汤、吕尚辅佐周文王。《抵巇》篇以"五帝""三王"为范例。这都是儒家的思想资料。但是,儒家鄙视功利,把道德信念放在个人的名利追求之上;而《鬼谷子》则主张追求个人的名利富贵,主张可以择主而事,朝秦暮楚。《鬼谷子·忤合》篇说:"是以圣人居天地之间,立身、御世、施教、扬声、明名也。""古之善背向者,乃协四海,包诸侯,忤合之地而化转之,然后以之求合。""合于彼而离于此,计谋不两忠。"《鬼谷子》明确地把利害关系当作人际关系的基础。《谋》篇说:"故同情而俱相亲者,其俱成者也;同欲而相疏者,其偏成者也。同恶而相亲者,其俱害者也;同恶而相疏者,偏害者也。故相益则亲,相损则疏。""公不如私,私不如结。""说人臣者,必与之言私。"《鬼谷子》所说的"先王"与"圣人",也不完全等同于儒家的"先王"与"圣人"。

《鬼谷子》像法家一样崇尚权谋,但是又不同于法家的使权谋专一为帝王服务。《鬼谷子》崇尚权谋是历史条件决定的。正如班固《汉书·艺文志》所说的:"言其当权事制宜,受命而不受辞,此其所长也。"刘向《战国策叙录》也说:"战国之时,君德浅薄,为之谋策者,不得不因势而为资,据时而为画,故其谋扶急持倾,为一切之权。虽不可以临国教化,兵革救急之势也。皆高才秀士,度时君之所能行,出奇策异智,转危为安,运亡为存,亦可喜,皆可观。"当然,某些纵横家因为崇尚权谋而背信弃义,是应该受到道德谴责的。所以班固在《汉书·艺文志》中说:"及邪人为之,则上诈谖而弃其信。"某些人物的背信弃义行为,似乎既与鬼谷子崇尚个人功利有关,而又不应该完全由《鬼谷子》这本书负责。而且,在评价历史人物的功过时,往往不能用道德评价来代替历史评价。在历史上,有时"恶"也成为历史的推动力。在中国古代思想界,只有法家与鬼谷子公开宣传权术。但是,两者又有差别。法家只主张君主运用权术去驾驭臣子与百姓,把"法""术""势"都当作君主驾驭天下的手段。而鬼谷子却主张,上下之间相互都可以运用权术,甚至主张下级可以取代君主。之所以鬼谷子受到强烈的非难与谴责,而法家顶多被批评为"刻薄寡恩",主要是因为法家思想有利于君主专制,而鬼谷子思想具有破坏性。所以,批判鬼谷子的人物,大多数是受正统思想(儒表法里思想)影响的文人。鬼谷子在民间受到欢迎,也透露出此中的信息。

《鬼谷子》崇尚权谋,与兵家也有一定的联系。所以,有人把《孙子》叫作"武兵法",而把《鬼谷子》叫作"文兵法"。

《鬼谷子》独树一帜的哲学政治思想体系,最突出的表现是:宣称在一定条件下,可以取现有统治者的地位而代之。《鬼谷子·抵巇》公开宣布:"世可以治,则抵而塞之;不可治,则抵而得之。"意思是说,如果国家形势还可以挽救的话,就协助当权者挽救;如果国家已经腐败不堪,不可挽救,就推翻它,取而代之。《抵巇》篇描述战国时代的情况说:"天下分错,上无明主,公侯无道德。"这就是战国时代的现实,也是鬼谷子宣传"则抵而得之"的现实基础。春秋战国时代还没有高度中央集权的君主专制制度,有作为的臣下取代无能的君主的事件经常发生。晋国的三个大夫,就取代晋国,建立了韩、赵、魏三个新的政权;齐国的大臣田成子就取代了原来的姜姓齐国而建立了田姓的齐国。《抵巇》篇还举出上古时代的传说与历史,作为"则抵而得之"的重要根据,它说:"五帝之政,抵而塞之;三王之事,抵而得之。"赞扬了夏启伐有扈氏、汤伐桀、武王伐纣的事。这就是说,《鬼谷子》的作者,不是站在最高统治者的立场来看待并处理社会矛盾，而是站在一种比较公正的立场来看待并处理社会矛盾。

　　活动在战国前期的儒家大师孟子，在这个问题上与鬼谷子有相同的地方。孟子不理会空有其名的周天子，到处游说诸侯。齐宣王对商汤取代夏桀、周武王伐纣这类事件有怀疑，向孟子求教说："汤放桀，武王伐纣，真有这样的事情吗？"孟子说："历史记载有这样的事情。"宣王说："难道臣子可以弑君吗？"孟子说："破坏仁爱的人叫作'贼'，破坏道义的人叫作'残'。残贼一类的人，就是'独夫'。武王杀的是独夫纣王，不是什么君主。"（《孟子·梁惠王下》）孟子还对齐宣王说："如果君主发生过错，贵戚大臣就要劝阻；如果反复劝阻不听，贵戚大臣就可以取代君主。"（《孟子·万章下》）但是，孟子认为可以取代君主的应该是有道德的贵族大臣，《鬼谷子》则认为出身于平民的游说之士也可以取代君主，把春秋战国之交产生的原始的民本思想发展到了民主思想的边缘。后来，法家主张绝对尊君。秦始皇采用法家思想，建立了极端专制的君主制度，钳制其他思想，企图子孙永远是统治君主。汉朝统治者鉴于秦王朝二世而亡的历史教训，不敢公开地毫无保留地赞扬法家，而是打着儒家的牌子而实际上施行法家制度，这就是所谓"阳儒阴法""儒表法里"。用汉宣帝的话说就是"王霸杂用"。以后的专制王朝都是如此。在这种专制制度下，提出"则抵而得之"思想的《鬼谷子》，当然会被看成是洪水猛兽。《鬼谷子》在专制集权时代受到批判或歪曲，之所以没有被《艺文志》著录，研究者非常少，其原因之一大概是这种独特而富有爆炸性的思想倾向。

四、具有开创意义的游说修辞术

《鬼谷子》是中国修辞学的开山著作。《鬼谷子》有丰富的修辞理论与实践，而且在当时与后代都产生了深远的影响。

高圣林先生认为，先秦是我国修辞学的萌芽时期，各家各派有关修辞的论述都只是只言片语，唯独《鬼谷子》中有成段乃至成篇的修辞论述，并且内容相当完备。先秦的《鬼谷子》是中国第一部口语修辞著作，宋代陈骙的《文则》是中国第一部书面语修辞专著；而梁代刘勰的《文心雕龙》则是一部文学理论著作，但其中夹杂着大量的修辞学内容。将《鬼谷子》视为中国修辞学著作的源头，比把《文心雕龙》或《文则》当作中国修辞学的源头，在时间上向前推移了几百年乃至一千年。

我赞成上述观点。中国对修辞进行系统论述的最早的著作是《鬼谷子》，《鬼谷子》的确有许多可以跟亚里士多德的《修辞学》相媲美的地方。

中国先秦各家都注意修辞，但是，对修辞进行系统论述的只有《鬼谷子》。我们今天使用的"修辞"这个词，来源于《周易·乾卦·文言》："修辞立其诚，所以居业也。"孔子说的"辞达而已矣"（《论语·卫灵公》），也经常为大家引用。但是，不管是《周易》还是《论语》，都没有对修辞进行任何明晰的界定。而《鬼谷子》则对修辞有比较系统的论述。《鬼谷子》的《权》篇就集中讨论了修辞的定义、内容、作用、目的，还讨论了如何应对、如何说理、如何诘难、如何识别对方言辞、如何针对不同的对象进行游说等问题。

《权》篇开宗明义就说:"说者,说之也;说之者,资之也。""说"是游说,"说之"是说服对方,"资之"是借助对方的力量。这句话阐述了游说的目的,也就是修辞的目的,是为了说服对方,借助对方的力量。它继续说:"饰言者,假之也;假之者,益损也。""饰言"就是修饰语言,《鬼谷子》把"修辞"叫作"饰言"。这个名称是非常贴切的,不比"修辞"差,只是由于儒家的巨大影响而人们采用了"修辞"。"假之"两字是讲"饰言"(修辞)的作用。所谓"假之"就是为了借助语言的力量,即使语言更好地发挥效力。"益损"两字是讲修辞的内容,"益"是增加,"损"是减少,即对语言进行调整和修饰。这不仅是对修辞内容的高度概括,实际上也是给修辞下了一个比较简明扼要的定义。

《鬼谷子》与亚里士多德《修辞学》有许多可资比较的地方。首先这两部书对修辞理论的探讨都比较全面,而且颇有吻合之处。亚里士多德《修辞学》三卷分别讨论了演说的分类、听众的性格情感、修辞术的说服方法与题材、演说的风格与安排等问题,条分缕析,建立了比较系统的理论体系,对欧洲修辞学产生了巨大的影响。《鬼谷子》的理论也是比较系统的,仅仅是我们在上文提到的《权》篇就集中讨论了修辞的定义、内容、作用、目的,讨论了如何针对不同的对象进行游说等问题。

其次,这两部书研究的对象都是散文的修辞艺术,而且主要是口语艺术。这两部书都强调说话者要密切关注听话者,即十分关注修辞的可接受性。亚里士多德《修辞学》认为,演说者必须懂得听众的心理、感情、性格。《鬼谷子》也是一样。我们且看看《鬼谷子》中出色的分析与谈说之术。

夫仁人轻货,不可诱以利,可使出费;勇士轻难,不可惧以患,可使据危;智者达于数,明于理,不可欺以诚,可示以道理,可使立功,是三才也。故愚者易蔽也,不肖者易惧也,贪者易诱也。……其身内,其言外者疏;其身外,其言深者危。(《谋》篇)

故与智者言,依于博;与拙者言,依于辩;与辩者言,依于要;与贵者言,依于势;与富者言,依于高;与贫者言,依于利;与贱者言,依于谦;与勇者言,依于敢;与过者言,依于锐。(《权》篇)

揣情者,必以其甚喜之时,往而极其欲也;其有欲也,不能隐其情。必以其甚惧之时,往而极其恶也;其有恶也,不能隐其情。情欲必知其变。感动而不知其变者,乃且错其人勿与语而更问所亲,知其所安。(《揣》篇)

这里讲了如何掌握对方的心理、性格、感情特点,把握时机,因人制宜,灵活变化等问题。这都是接受修辞应该研究的内容。在接受修辞方面,《鬼谷子》全书有许多系统精彩的论述。

第三,《修辞学》和《鬼谷子》对修辞表达方法都有比较全面的论述。如:《鬼谷子》的《反应》篇,就提出了"反复斟酌""以静制动""由反导正""知之始己"等说服对方的原则。在讲如何诱导对方时,还提出了"象""比""钓语"等专业术语。所谓"象",就是运用象征、比喻的修辞手段,"象其事"就是用具体的形象去象征抽象的事理,或通过具体的形象去探寻其中的抽象事理。所谓"比""比其辞"就是通过类比的方法使对方信服。运用"象""比",就可以借助形象而有力的语言表达出幽微无形的事理,从而说服对方。所谓"钓语",就是运用语言启发诱导对方说出自己的意见。

总之,《鬼谷子》与《修辞学》这两部著作在不同的社会环境下,分别开创了东方与西方的修辞传统。古希腊的城邦民主制度,决定了演说辩论术的重要地位。议论城邦大事、商业与财产诉讼都需要演说,演说所面对的对象是公众。亚里士多德的《修辞学》就是在前人研究的基础上进一步总结如何说服公众的演说辩论术。中国的家长式君主制度与春秋战国时代诸侯割据的形势,决定了游说活动的重要地位。游说的对象是君主或其他当权者。《鬼谷子》在前代行人(外交使者)辞令的基础上对游说辩论之术进行了理论总结。亚里士多德《修辞学》从演说辩论的角度研究修辞,奠定了西方修辞学的传统;《鬼谷子》则从游说辩论的角度研究修辞,奠定了中国古代修辞术的传统。当然,《鬼谷子》像中国其他理论著作一样,论述比较简单含蓄,不像《修辞学》那样在逻辑分析上充分开展。

可贵的是,《鬼谷子》的文本不仅实践了自己的修辞理论,而且为后代留下了宝贵的修辞范例。《鬼谷子》虽然像《老子》一样,只是提纲挈领地讲述自己的想法,全书只有几千字,但是它很讲究修辞。一是很注意语言的形象性。如《反应》云:"其钓语合事,得人实也。若犹张置网而取兽也。""如腾蛇之所指,若羿之引矢。""其相知也,若比目之鱼。其伺言也,若声之与响;其见形也,若光之与影也。""其察言也不失,若磁石之取针,如舌之取燔骨。"这里运用了多个比喻,张网取售、腾蛇指物、后羿射日、比目之鱼、响之随声、影之随光、磁石吸针等,都独特而新颖。这就是所谓"象"的表现。二是特别注意语言的铿锵有力。如《捭阖》篇云:"以阳动者,德相生也;以阴静者,形相成也。以阳求阴,苞以德也;以阴结阳,施以力也。"第一、二句与第三、四句,第五、六句与第七、八句,形成"对偶"句;整个八句,又形成"排比"关系;句式与重点词语,则是使用"反复"手法。《忤合》篇说:"用之天下,必量天下而与之;用之于国,必量国而与之;用之于家,必量家而与之;用之于身,必量身材能气势而与之。大小进退,其用一也。"接连使用四个反复排比句,其中"必量身材"句则加多四字,以适合内容的需要,并求得变化灵活。然后用"大小进退,其用一也"这个非排比句收束,显得舒卷自如。亚里士多德《修辞学》认为,散文应该采用紧凑的句式,而不应该采用松弛的句式。《鬼谷子》使用排比、对偶等整齐句式,注意语言的铿锵有力,与亚里士多德的主张不谋而合。

《鬼谷子》不仅运用对偶、排比使句式紧凑,而且还使用了押韵、顶真的方法。清代大考据家阮元在《鬼谷子跋》中已经揭示了《鬼谷子》用韵的特点。他说:"中元读《鬼谷子》,中多韵语。"先秦散文往往有自然押韵的特点,《老子》《庄子》等都是如此,《鬼谷子》跟它们一样,通过押韵使文章朗朗上口,使对方易于接受,并且加深印象。

《鬼谷子》中的顶真句式是非常典型独特的,在中国古代具有领先地位。《权》篇云:"说者,说之也;说之者,资之也。饰言者,假之也;假之者,益损也。应对者,利辞也;利辞者,轻论也。成义者,明之也;明之者,符验也。难言者,却论也;却论者,钓幾也。"接连使用了五个顶真句,论述层层推进,是顶真、层递、反复的巧妙结合。《谋》篇云:"故变生事,事生谋,谋生计,计生议,议生说,说生进,进生退,退生制,因以制于事。""计谋之用,公不如私,私不如结,结而无隙者也。正不如奇,奇流而不止者也。"陈望道《修辞学发凡》认为:顶真是用前一句的结尾来做后一句的起头,使邻接的句子头尾蝉联而有上递下接趣味的一种措辞法,多见于歌曲。他举的例句都是诗歌,而且认为后代才有完整的顶真格,如马致远《汉宫秋》第三折中的"梅花酒"曲子。《鬼谷子》在散文中使用顶真句,而且运用自如,比马致远要早一千七百多年。

《鬼谷子》的修辞理论与实践,不仅在当时培养了像苏秦等一大批游说之士,促进了战国时代"纵横捭阖"文风的形成,而且培养了后代许多政治家与外交家,对后世的文章写作有深远的影响。

刘勰的巨著《文心雕龙》对《鬼谷子》修辞理论有很高的评价。刘勰是非常服膺《鬼谷子》的,他在《文心雕龙》的《诸子》与《论说》中都高度评价了《鬼谷子》的成就。《文心雕龙·诸子》,把鬼谷子与孟轲、庄周、墨翟、尹文、野老、邹子、申、商等相提并论,而且说:"鬼谷渺渺,每环奥义。"《论说》不仅高度评价纵横家和鬼谷子,还具体评价了《鬼谷子》的《转丸》与《飞钳》两篇:"暨战国争雄,辨士云涌;从横参谋,长短角势。《转丸》骋其巧辞,《飞钳》伏其精术。一人之辨,重于九鼎之宝;三寸之舌,强于百万之师。六印磊落以佩,五都隐赈而封。"

刘师培的观点则代表了近现代学者对《鬼谷子》修辞理论的评价。他在《文章学史序》中说:"试究其指归,或以捭阖、转丸为名,或以摩意、揣情为说,非惟应变之良谋,抑亦修辞之要指。虽抵巇、飞钳,说邻险谲,然立说之意,首重论文。故苏秦、张仪得其绪论,并为纵横之雄;而战国之文,犹得古代行人之遗意(原注:如《战国策》所载是也)。西汉初兴,若蒯通、邹阳、主父偃之伦,咸习纵横

之术，虽遗文莫考，然列传所载文笔，犹可想见其大凡。此纵横家
必工文词之证也。盖周秦以前，应对最繁，而简牍亦具；汉魏以后，
应对较省，而简牍亦增。故工文之士，学术或近于纵横（原注：如房
玄龄深识机宜，马周长于机变，魏徵少学纵横，然房长于书檄，马长
于敷奏，魏长于谏议）；奉使之臣，词翰见珍于绝域。雍容华国，不
愧德音。然应对简牍之词，莫不导源于周末；则纵横之学，亦周末
文体之一大派矣。"

《鬼谷子》是散文著作，后世明显受到其散文修辞艺术影响的
散文作家，可以文章大师司马迁、苏洵、苏轼为代表。《汉书·宣元
六王传》记载，大将军王凤对汉成帝说："《太史公书》有战国纵横
权谲之谋。"朱熹说："司马迁文雄健，意思不帖帖，有战国文气象。"
章学诚《文史通义·宗刘》云："今即世俗所谓唐宋大家之集论之，
如韩愈之儒家，柳宗元之名家，苏洵之兵家，苏轼之纵横家，王安石
之法家，皆以生平所得，见于文字，旨无旁出，即古人之所以自成一
子者也。"刘师培《论文杂记》说："子瞻之文，以粲花之舌，运捭阖之
词，往复卷舒，一如意中所欲出，而属词比事，翻空易奇，纵横家之文
也。"苏洵自己在《谏论上》中说："苏秦、张仪，吾取其术，不取其心。"

《鬼谷子》的修辞艺术对诗歌的影响，可以大诗人李白的作品
为代表。赵翼《瓯北诗话》云："青莲本学纵横术，以功名自许。"据
史料记载，李白曾经师事赵蕤一年多，赵蕤是研究纵横术而且写了
《长短经》的人。刘师培《论文杂记》说："太白之诗，超然飞腾，不
愧仙才，是为纵横家之诗。"李白的代表作《蜀道难》《梦游天姥吟
留别》等，实际上都充满纵横之气。

总之，《鬼谷子》堪称中国古代修辞学的开山著作。

五、一部被多角度解读的著作

《鬼谷子》在历史上是一部被多角度解读的著作,解读《鬼谷子》的人,除了纵横家,还有宗教家、军事家和术数之士。产生于明朝的《东周列国志》,有好几个章回讲述鬼谷子及其门徒的故事。该书第87回说鬼谷子通天彻地,有各家学问:一是象数学,占往察来,言无不验;二是兵学,布阵行兵,鬼神不测;三是游说学,出词吐辩,万口莫当;四是出世学,修真养性,长生成仙。河南淇县云梦山则流传着《鬼谷子》是一部"天书"的传说。鬼谷子从老师那儿得到这部天书。这部天书属于阴性,白天看没有一个字,晚上就金光闪闪,内容变化万千。鬼谷子第一晚读它时,看到的是十三篇纵横游说之术;第二晚读它时,看到的是十三篇军事用兵之法;第三晚看到了货殖致富的方法;第四晚看到了养性修真的大法;第五晚看到了推命相面的方术。如此等等,每晚都看到不同的内容。这些传说有荒诞不经的地方,但也反映了《鬼谷子》被多角度解读的情况。

道教从宗教的角度解读并运用了《鬼谷子》。道教形成后不久,就把《鬼谷子》列入自家的经典。晋代著名道教理论家葛洪,在其著作《抱朴子·遐览》中罗列道教经典137种,其中就有《鬼谷经》。《道藏目录详注》介绍鬼谷子说:"鬼谷先生,晋平公时人。姓王,名诩。不知何许人,受道于老君。"晋平公是春秋时代的晋国国君,在位的时间是公元前557年至前532年。这个传说不仅把鬼谷子活动的时代从战国提前到了春秋,而且把鬼谷子与太上老君挂上了关系。南朝梁代,梁元帝萧绎作《金楼子》,书中说:"秦始皇闻鬼谷先生言,因遣徐福入海,求金菜玉蔬。"《史记·秦始皇本纪》记载,二十八年(前219)遣徐市入海求仙与长生之药,徐市即徐福。鬼谷子到这时已是几百岁的人了,当然是一个得道的神仙。后来的道教书籍进一步把鬼谷子神化。《仙传拾遗》把鬼谷子列为道教的洞府真仙,号称"玄微真人"。唐末五代道士杜光庭所著的《录异记》甚至说,鬼谷子出生于黄帝轩辕氏时代,历夏朝、商朝、周朝三代,随老子西出函谷关;东周时代,重返中国,隐居鬼谷,培养弟子数百人,在人间数百岁,后来不知所终。还有的书说他带领徒弟范蠡帮助越王勾践复国,又说九天玄女是他的师妹,如此等等。

鬼谷子与道教发生关系,学术界一般认为大概有两点原因。一是《鬼谷子》吸收了道家的"道""无为""柔弱""守静"等观念,还吸收了道家学说的神秘性。道教正是以道家哲学为基础,并把道家学说神秘化,奉老子为道教的祖师。所以,道教把《鬼谷子》收入《道藏》,把鬼谷子尊为"真人",就毫不奇怪了。二是后世道教为了与佛教抗衡,大量扩充经籍,把各家著述中带有神秘色彩的东西都搜罗进《道藏》,把各种有名而且有传奇色彩的人物作为道教的神仙。《四库全书总目提要》说得好:"后世神怪之迹,多附于道家;道家亦自矜其异,如《神仙传》《道教灵验记》是也。要其本始,则主于清净自持,而济以坚忍之力,以柔制刚,以退为进。……而《阴符经》可通于兵。其后长生之说与神仙家合为一,而服饵、导引入之;房中一家,近于神仙者亦入之;鸿宝有书,烧炼入之;张鲁立教,符箓入之;北魏寇谦之等又以斋醮章咒入之。"按此种情形,《鬼谷子》当然是首选的作品,鬼谷子也当然是首选的人物。

中国历史上的术数家,往往与道教关系密切。所以,术数家利用《鬼谷子》也是情理中的事。中唐时代出现了一位星命学家,名叫李虚中。他曾担任唐宪宗的殿中侍御史,善于用五行干支学说给人算命。大文学家韩愈在《殿中侍御史李君墓志铭》中说他算命"百不失一二"。后世流传的《李虚中命书》原序,又造出了一段关于鬼谷子的传说:

> 昔司马季主居壶山之阳,一夕雨余,风清月朗,有叟踵门,自谓鬼谷子。季主因与谈天地之始,论河洛之书,箕子九畴,文王八卦,探赜幽微造化。至晓,出遗文九篇,包括三才,指陈万物。季主得而明之,每言人之祸福时数吉凶,应如神察,为当时所贵。

司马季主是汉文帝时著名的占卜家,曾与贾谊有所交往。这篇托名李虚中所写的序言,把占卜家司马季主、星命家李虚中跟鬼谷子联系在了一起。所以,后来占卜家和算命先生都把鬼谷子作为祖师爷。

军事家与《鬼谷子》也有不解之缘。一是历史记载的瓜葛。《战国策·秦策一》早已经记载,苏秦在游说秦国失败之后,回家发奋读书,"乃夜发书,陈箧数十,得太公《阴符》之谋"。《史记·苏秦列传》也有苏秦发奋读书得《周书阴符》的记载。因此,后人(大概是唐朝人)为《鬼谷子》一书增补了《本经阴符七术》;又伪托鬼谷子为《阴符经》作注。《四库全书总目提要》说得好:"而《阴符经》可通于兵。"二是《鬼谷子》崇尚权谋。《鬼谷子》的《谋》篇说:"正不如奇,奇流而不止者也。"军事家用兵,正是讲究谋略奇巧,"对敌贵诈"。《鬼谷子》的《摩》篇,还直接讲了军事:"主兵日胜,而人不畏也。""主兵日胜者,常战于不争不费,而民不知所以服,不知所以畏,而天下比之神明。"三是民间传说的推波助澜。相传晋人王嘉所作的《拾遗记》记载了鬼谷子向苏秦传授秘籍的故事,情节非常近似于黄石公向张良传授兵书的传说。这个故事有把鬼谷子由纵横家向兵家改造的痕迹,使鬼谷子与兵家有了一丝瓜葛。接着,这样的民间传说就产生了:鬼谷子收徒讲学,孙膑和庞涓都成了他的学生。

河南淇县云梦山的民间传说,颇能反映《鬼谷子》与军事的关系。据说:鬼谷子的老师传给他一部"天书",那就是后来的《鬼谷子》。这部天书内容变化万千。鬼谷子第一晚读它时,看到了十三篇纵横游说之术;第二晚读它时,就看到了十三篇军事用兵之法。第一篇(即《捭阖》)讲纵横捭阖是军事方略出入的门户,治世安民,以"交言而弭兵,不战而屈人之兵"为上策;第二篇(即《反应》)讲兵机大事必须审情定基,掌握敌情要全面迅速,信息暴露给敌人的要少,使敌人无可乘之机;第三篇(即《内揵》)讲将帅必须了解君主的心理,取得信任,彼此计谋相合,才能建功立业;第四篇(即《抵巇》)说,发现世事有了裂痕,或者设法堵塞,或者参与争霸,用武力夺取天下;第五篇(即《飞钳》)说,发动征伐,必须权衡力量的优劣,考虑敌我双方财力、外交、内政的情况;第六篇(即《忤合》)讲用兵要具有智慧,正确决定联合谁、打击谁,才能进退自如;第七篇(即《揣》)讲争霸天下的人,必须了解各国的力量,了解各国的土地、人口、财富、地形、民心、人才等,善于揣测敌方是计谋的根本;第八篇(即《摩》)讲用兵不战而胜的关键是谋略的周密;第九篇(即《权》)讲用兵的反复进退要恰当,要认真斟酌;第十篇(即

《谋》)讲兵谋的规律;第十一篇(即《决》)讲决断的重要,并说可采用卜筮的方法决疑;第十二篇讲赏罚要严明公正;第十三篇讲要善于运用长处,避免短处。这十三篇兵法与《孙子兵法》十三篇,相辅相成,《鬼谷子》是文兵法,侧重于圆,《孙子兵法》是武兵法,侧重于方,两部兵法都主张不战而屈人之兵。所以有人说,《孙子兵法》侧重于总体战略,而《鬼谷子》则专于具体技巧,两者可说是相辅相成。彭永捷著《中国纵横家》还记载了鬼谷子"用兵十谋"的民间传说——纵横捭阖、反复周旋、抵巇用间、飞钳破敌、忤合深谋、量权天下、随机决断、出奇制胜、以实击虚、千仞转圆。这也是从《鬼谷子》中引申出的军事内容。

总之,《鬼谷子》曾经被人们从不同的角度解读。《鬼谷子》之所以能够被人们从不同的角度去理解或运用,是因为有一个超越具体领域的哲学体系——阴阳之道。读者可以见仁见智,产生不同的体会。日本政治家大桥武夫著《鬼谷子与经营谋略》一书,用军事、外交、政治、商业等多方面事实来印证鬼谷子的理论。大桥武夫颇能中为日用、古为今用。这可以帮助我们认识《鬼谷子》在今日的价值。有一点是确定无疑的,即我们应该在各种场合提高自己的分析能力与修辞能力。这种能力,在外交场合关系到国家的安危得失;在商业谈判与竞争的场合,关系到经济上的成败盈亏;在日常生活中也关系到处世为人是否顺利得体。

附录 得其术而弃其道

——论游说之士与《鬼谷子》的关系

游说之士与《鬼谷子》的关系，值得研究。

为什么有人，比如汉朝的扬雄、唐朝的柳宗元、明朝的宋濂，对《鬼谷子》持否定态度呢？个人以为，关键在于《鬼谷子》与战国时代游说之士的关系。且以否定《鬼谷子》的扬雄为例。扬雄《法言》的第十一篇《渊骞》说：

> 或问："仪、秦学乎鬼谷术，而习乎纵横言，安中国者各十余年。是夫？"曰："诈人也，圣人恶诸。"
>
> 曰："孔子读，而仪、秦行，何如也？"曰："甚矣！凤鸣而鸷翰也。"
>
> "然则子贡不为欤？"曰："乱而不解，子贡耻诸；说而不富贵，仪、秦耻诸。"
>
> 或曰："仪、秦其才矣乎！迹不蹈已。"曰："昔在任人，帝曰难之，亦才矣。才乎才，非吾徒之才也。"

扬雄认为鬼谷子的门徒苏秦、张仪是"诈人"，进而否定鬼谷子。扬雄的批评，主要是继承了儒家的正统立场，并且他是针对战国游说之士讲的。《孟子·滕文公下》记载，景春问孟子说："公孙衍、张仪岂不诚大丈夫哉？一怒而诸侯惧，安居而天下熄。"孟子从儒家的道德与政治信仰出发，马上否定了景春的说法，而认为张仪等朝秦暮楚，迎合君主，实行的是"妾妇之道"。孟子所针对的是纵横游说之士，扬雄开始牵连纵横游说之士的老师鬼谷子。后来,柳宗元、宋濂又变本加厉,称《鬼谷子》"妄言乱世""小夫蛇鼠之智"。

战国游说之士是历史的产物,完全否定他们也是不恰当的。司马迁《史记》为先秦诸子写列传,儒家除《孔子世家》外有《仲尼弟子列传》《孟子荀卿列传》二篇,《孟子荀卿列传》还兼及阴阳家邹衍、名家公孙龙、墨家墨翟等等;道家与法家共有《老庄申韩列传》《商君列传》二篇;纵横家占的比例最大,有《苏秦列传》(包括其弟苏代、苏厉)、《张仪列传》(包括陈轸、公孙衍)、《范雎蔡泽列传》《鲁仲连列传》等,战国四公子列传中也大量记载了纵横游说之士的活动。而且,司马迁为苏秦洗雪罪名说:"夫苏秦起闾阎,连六国从亲,此其智有过人者。吾故列其行事,次其时序,毋令独蒙恶声焉。"司马迁评价人物,颇有历史眼光。

但是,纵横游说之士苏秦、张仪等,他们的弱点是非常明显的。他们不能坚守一贯之道,迎合君主而不能做君主之师;他们无高尚操守,彼此倾轧甚至同室操戈。据《战国策》与《史记》的记载,苏秦先是到秦国宣传连横的主张,碰壁之后才到燕、赵、韩、魏、齐、楚,宣传合纵的主张,从而得志。那么,苏秦到底是主张什么呢?其实他没有坚定的主张,主要是为了追求个人的富贵而已。他佩带了六国的相印之后,仍然耍小权术。最后,为了燕国而在齐国担任客卿,"身在齐而心在燕",终于被跟他争宠的齐国大夫派人刺死。张仪,先是宣传合纵,后来成为连横的代表,同样没有坚定的主张,也主要是为了追求个人的富贵。他在秦国得志之后,挑拨六国关系,耍尽了下三烂的手段。如:他离间楚国与齐国的关系,诱惑楚怀王说:"大王诚能听臣,闭关绝约于齐,臣请献商於之地六百里。"等到达到目的以后,却改口说:"臣有奉邑六里,愿以献大王左右。"他跟公孙衍、犀首之间,也是钩心斗角,相互倾轧,声名狼藉。

我们认为,纵横游说之士跟鬼谷子及其著作有密切关系,这是毫无疑问的。《鬼谷子》虽然有多个层面,但是,它的第一个层面是游说之术。鬼谷子培养了苏秦、张仪、陈轸、公孙衍等杰出的游说之士,他们把《鬼谷子》的阴阳学说用于纵横游说之术,演出了一幕幕风云变幻的"合纵""连横"戏剧,操纵战国政治斗争约百年之久。

然而,苏秦、张仪等纵横游说之士的思想与品德,并不能跟鬼谷子及其著作之间画上等号。唐末五代著名道士杜光庭的《录异记》,记录了一个传说:

> 鬼谷先生者,古之真仙也。云姓王氏,自轩辕之代,历于商、周。随老君西化流沙,洎周末,复还中国。居汉滨鬼谷山,受道弟子百余人,惟张仪、苏秦不慕神仙,好纵横之术。时王纲颓弛,诸侯相征,陵弱暴寡,干戈云扰。二子得志,肆唇吻于战国之中,或遇或否,或迍或泰,以辩谲相高,争名贪禄,无复云林之志。

> 先生遗仪、秦书曰:"二君足下,功名赫赫,但春到秋,不得久茂。日既将尽,时既将老。君不见河边之树乎?仆驭折其枝,波浪激其根,此木非与天下人有仇怨,所居者然也。子不见嵩岱松柏,华霍之树,上叶凌青云,下根通三泉;上有玄狐黑猿,下有豹隐龙潜;千秋万岁,不逢斤斧之患。此木非与天下人有骨血,盖所居者然也。今二子好云路之荣,慕长久之功,轻乔松之永延,贵一夕之浮爵。痛焉悲夫,二君! 痛焉悲夫,二君!"

仪、秦答书曰："先生秉德含弘，饥必啖芝英，渴必饮玉浆。德与神灵齐，明与三光同。不忘赐书，戒以贪味。仪以不敏，名闻不昭，入秦匡霸，欲翼时君。刺以河边，喻以深山，虽素空暗，诚衔斯旨。"仪等曰："伟哉先生！玄览退鉴，兴亡皎然。"二子不能抑志退身，甘蓼虫之乐，栖竹苇之巢，自摄泯灭，悲夫，痛哉！

这虽然是传说，但是也反映了苏秦、张仪等纵横游说之士的言行不能跟鬼谷子及其著作之间画上等号。我们只要对照《鬼谷子》就可以发现，其中不仅有游说之术，还有阴阳学说，更有悲天悯人的救世情怀。而且鬼谷子本人，隐居在鬼谷研究救世之策，不求闻达，高风亮节，连姓名都隐瞒了，所以人们只能在地名后加上"子"表示尊称，或者称他为"智圣"。苏秦、张仪等纵横游说之士只是运用了《鬼谷子》之术，而抛弃了《鬼谷子》之道，抛弃了悲天悯人的情怀，甚至抛弃了修身自保的方法。因此，纵横游说之士只能得志于一时，而不能留下千秋的功业或学术。所以，我说他们是"得其术而弃其道"。

且成《咏纵横家与鬼谷子》七绝一首结束本文："干戈攘攘七雄鸥，智圣隐居铸伟辞。弃道终难成大器，苏张空有纵横时。"

（2010年10月于河南鹤壁市海峡两岸鬼谷子研讨会的发言）

鬼谷子词典

　　《鬼谷子》今本三卷,上卷、中卷的十二篇(除去《转丸》《胠乱》二篇),都是先秦时代的著作,其中的《符言》可能是从《管子》混入的;下卷的九篇可能是唐朝人的著作。故,本词典只收录可以基本肯定的是《鬼谷子》原著的十一篇中的字词。

　　《鬼谷子》的字词皆使用先秦时代的古义。如:"家"字跟"国"字对举,专指诸侯国的大夫的封地。"反"字主要使用其本义,与"覆"字相互配搭,跟《说文解字》的"反,覆也",不谋而合。"阖"字是"关闭"意义,"合"字是"结合"意义,使用完全不相混淆。

A

　　爱(1次):喜爱。《飞钳》:"孰爱孰憎?"

　　爱好(1次):喜爱与嗜好。《捭阖》:"故言长生、安乐、富贵、尊荣、显名、爱好、财利、得意、喜欲,为阳。"

　　安(5次):安全,安定。《揣》:"孰安,孰危?"

　　安乐(1次):安全与快乐。《捭阖》:"故言长生、安乐、富贵、尊荣、显名、爱好、财利、得意、喜欲,为阳。"

暗(1次):昏暗,黑暗。《内揵》:"上暗不治。"

翱翔(1次):展翅飞翔。《权》:"翱翔而不迷。"

奥(1次):奥妙,奥妙的道理。《忤合》:"非至圣达奥,不能御世。"

B

百(2次):数词,又泛指多。《谋》:"故百事一道,而百度一数也。"

百姓(1次):普通民众。《揣》"百姓之心,去就变化。"

捭(9次):打开,发动。《捭阖》:"即欲捭之,贵周。"

捭阖(7次):开合,引申为游说之术,即运用语言技巧,或从积极方面启发对方行动,或从消极方面阻止对方行动。《捭阖》:"捭阖者,道之大化,说之变也。……捭之者,开也,言也,阳也;阖之者,闭也,默也,阴也。"

败(2次):失败。《揣》:"乃可败。"

包(1次):包括,包容。《忤合》:"乃协四海,包诸侯。"

苞(1次):包容。《捭阖》:"以阳求阴,苞以德也。"

保(1次):保持,具有。《抵巇》:"独保其用。"

报(1次):回报,回应,符合。《反应》:"以象动之,以报其心。"

抱(2次):[1]怀抱,据有。《摩》:"成而不抱。"[2]抛。《摩》:"抱薪趋火。"

卑(2次)：低下。《摩》："有以卑。"

卑小(1次)：低下渺小。《捭阖》："与阴言者，依卑小。"

北(1次)：北方。《飞钳》："可引而北。"

背(1次)：背离。《忤合》："古之善背向者，乃协四海，包诸侯。"

倍(2次)：背离。《忤合》："凡趋合倍反，计有适合。"

本(2次)：根本，引申为山脚。《抵巇》："挥之于太山之本。"

本始(1次)：开始，开端。《内揵》："素结本始。"

比(10次)：[1]比例，可供类比的先例。《反应》："比者，比其辞也。"[2]接近，回应。《反应》："其言无比，乃为之变。"

比目(1次)：比目鱼。《反应》："其相知也，若比目之鱼。"

彼(9次)：[1]远指代词，那，那些。《抵巇》："或抵如彼。"[2]与"己"相对，对方。《反应》："反以知彼。"

必(37次)：必定。《捭阖》："必由此矣。"

闭(7次)：闭合。《捭阖》："或开或闭。"

蔽(2次)：蒙蔽，欺骗。《谋》："故愚者易蔽也。"

避(2次)：避开。《权》："避其所短也。"

璧白(1次)：玉璧与丝绸。《飞钳》："或称财货、琦玮、珠玉、璧白、采色以事之。"

便(1次)：便利，轻便。《揣》："反侧，孰便？"

变(13次)：变化。《捭阖》："捭阖者，道之大化，说之变也。"

变动(1次)：发生改变与运动。《捭阖》："捭阖者，以变动阴阳。"

变化(5次)：事物的性质或状态发生更改。《捭阖》："见变化之朕焉。"

变易(1次)：改变。《权》："变易而不危者，观要得理。"

辨(3次)：辨析，分辨。《权》："与拙者言，依于辨。"

别(2次)：区别。《反应》："别雄雌。"

宾客(1次)：诸侯、贵族所养的门客。《揣》："与宾客之知睿，孰少、孰多？"

兵(3次)：军队。《忤合》："材质不惠，不能用兵。"

病(2次)：病态。《权》："病者，感衰气而不神也。"

博(3次)：渊博。《权》："谀言者，博而于智。"

不(132次)：否定副词。《反应》："己不先定，牧人不正。"

不肖(3次)：没有才能。《捭阖》："夫贤不肖，智愚，勇怯，仁义，有差。"

不足(3次)：不充分，有缺失。《权》："先分不足而窒非者，反也。"

C

才(1次)：才质，人才。《谋》："是三才也。"

材(2次)：才能。《谋》："夫度材、量能、揣情者。"

材能(2次)：才能。《忤后》："必量身材能、气势，而与之。"

材质(1次)：才能、气质。《忤合》："材质不惠，不能用兵。"

财(2次)：财物，财产。《飞钳》："人民、货材之多少。"

财货(2次)：财物与货币。《内揵》："或结以财货。"

财利(1次)：财物与利益。《捭阖》："故言长生、安乐、富贵、尊荣、显名、爱好、财利、得意、喜欲,为阳。"

裁(1次):裁断。《谋》:"是因事而裁之。"

采色(2次):颜色美丽的物品;或说指美女。《飞钳》:"或称财货、琦玮、珠玉、璧白、采色以事之。"

参(3次):三。《权》:"故曰参调而应,利道而动。"三,指耳、目、心。

藏(1次):隐藏。《捭阖》:"阴止而藏。"

操(1次):持,拿着。《摩》:"如操钩而临深渊。"

测(2次):测量。《揣》:"此所谓测深揣情。"

策(6次):策划,策略。《反应》:"策而无形容,莫见其门。"

察(9次):观察。《抵巇》:"察之以捭阖。"

差(1次):差别。《捭阖》:"夫贤不肖,智愚,勇怯,仁义,有差。"

谗贼(1次):用恶劣手段伤害善良的人。《捭阖》:"公侯无道德,则小人谗贼。"

产业(1次):财产,财富。《内揵》:"治名入产业。"

谄(3次):谄媚讨好。《权》:"佞言者,谄而于忠。"

长(6次):优长,长处。《权》:"言其有利者,从其所长也。"

长生(1次):长寿。《捭阖》:"故言长生、安乐、富贵、尊荣、显名、爱好、财利、得意、喜欲,为阳。"

肠(1次):消化器官。《权》:"肠绝而无主也。"肠绝,即肠断,形容极度悲伤。

常(8次):[1]经常。《反应》:"常持其网驱之。"[2]经常保持。《忤合》:"世无常贵,事无常师。"

车(1次)：运载工具。《谋》："载司南之车。"

臣(4次)：臣下。《内揵》："君臣上下之事。"

称(4次)：称举，运用。《飞钳》："或称财货、琦玮、珠玉、璧白、采色以事之。"［2］衡量。《揣》："称货财之有无。"

成(25次)：［1］成功。《揣》："乃可成。"［2］成为。《抵巇》："涧者，成大隙也。"

诚(4次)：真诚。《捭阖》："阖之者，结其诚也。"

乘(1次)：驾驭。《谋》："纵之者，乘之。"

弛(1次)：松弛。《捭阖》："或弛或张。"

持(1次)：拿。《反应》："常持其网驱之。"

斥(1次)：排斥，排除。《谋》："因其患以斥之。"

崇高(1次)：高大。《捭阖》："故与阳言者，依崇高。"

筹策(1次)：计算，洞察。《捭阖》："筹策万类之终始。"

出(14次)：出现，实行。《捭阖》："或捭而出之。"

出入(3次)：出来或进入，周旋，变化。《反应》："动作言默，与此出入。"

揣(13次)：揣测。《揣》："必量天下之权而揣诸侯之情。"

辞(18次)：［1］言辞。《权》："利辞者，轻论也。"［2］言辞的内容。《反应》："因其言，听其辞。"

辞言(1次)：游说的言辞。《权》："辞言有五。"

磁石(1次)：吸铁石。《反应》："若磁石之取针。"

此(41次)：近指代词，这，这里，这些。《权》："将以此明之。"

次(1次)：排列在下一个、下一步。《反应》："以观其次。"

从(8次)：［1］跟从。《内揵》："若蚨母之从其子也。"［2］纵，与横相对。《飞钳》:"可钳而从。"

聪(1次):听得清楚。《权》:"听贵聪。"

窜匿(1次):流窜逃亡。《抵巇》:"圣人窜匿。"

存(1次):存在,生存。《谋》:"亡不可以为存。"

存亡(1次):生存与灭亡。《捭阖》:"知存亡之门户。"

错(2次):[1]错乱。《抵巇》:"天下分错。"[2]放置下来。《揣》:"乃且错其人勿与语。"

D

达(5次):通达。《捭阖》:"达人心之理。"

大(7次):与"小"相对。《揣》:"度于大小。"

大化(2次):伟大的化育。《捭阖》:"捭阖者,道之大化。"

大人(1次):指当权者。《决》:"王公大人之事也。"

待(2次):等待,期待。《内揵》:"遥闻声而相思者,合于谋以待决事也。"

当(4次):[1]恰当,合理。《反应》:"其变当也。"[2]遇上。《抵巇》:"当此之时,能抵为右。"

党友(1次):朋党,朋友。《内揵》:"或结以党友。"

道(25次):道路,途径,所信奉的主张。《捭阖》:"自古至今,其道一也。"

道德(3次):人们共同的生活准则。《抵巇》:"公侯无道德。"

道理(2次):正当的事理,理由。《谋》:"可示以道理。"

道术(2次):合符大道的方法。《抵巇》:"抵巇隙,为道术用。"

道数(1次):规律。《内揵》:"外内者必明道数。"

得(20次):[1]得到,获得。《捭阖》:"贵得其指。"[2]能够。《反应》:"事有反而得覆者。"[3]得意,满足。《内揵》:"内自得而外不留说,而飞之。"

得意(1次):心愿得到满足。《捭阖》:"故言长生、安乐、富贵、尊荣、显名、爱好、财利、得意、喜欲,为阳。"

德(6次):[1]道德。《内揵》:"策无失计,立功建德。"[2]引申为"感激""感化"。《决》:"有以阳德之者。"

抵(18次):堵塞,治理。《抵巇》:"可抵而塞。"

抵巇(4次):堵塞缝隙,治理社会矛盾。《抵巇》:"此谓抵巇之理也。"

地(10次):大地,领域。《忤合》:"忤合之地而化转之。"

地形(2次):地理形势。《揣》:"辨地形之险易。"

钓(2次):用钓钩取鱼,引申为诱取。《反应》:"此钓人之网也。"

钓语(1次):像钓饵一样的语言。《反应》:"其钓语合事,得人实也。"

定(9次):安定,确定。《反应》:"己不先定,牧人不正。"

东(1次):东方。《飞钳》:"可引而东。"

动(14次):[1]活动,改变。《捭阖》:"以变动阴阳。"[2]打动。《反应》:"以象动之。"

动静(2次):活动的情况。《揣》:"不知隐匿变化之动静。"

毒(1次):毒液。《权》:"螫虫之动也,必以毒螫。"

独(6次):[1]独自。《抵巇》:"独保其用。"[2]仅。《谋》:"非独忠信仁义也。"

度(11次):[1]节度,节制。《飞钳》:"虽覆能复,不失其度。"[2]揣度。《飞钳》:"将欲用之于天下,必度权量能。"[3]法度。《谋》:"而百度一数也。"

端(1次):开端,头绪。《摩》:"是谓塞窌、匿端。"

短(5次):短处,缺欠。《权》:"是故智者不用其所短,而用愚人之所长。"

多(7次):与"少"相对。《飞钳》:"人民货财之多少。"

E

恶(11次):[1]与"善"相对,坏。《捭阖》:"言恶以终其谋。"[2]与"美"相对,丑。《谋》:"貌者不美又不恶。"[3]读 wù,厌恶,厌恶的东西。《揣》:"其有恶也,不能隐其情。"《谋》:"因其恶以权之。"

而(171次):连词。《抵巇》:"可抵而塞,可抵而却,可抵而息,可抵而匿,可抵而得。"

而已(1次):表示限止语气。《谋》:"非独忠信仁义也,中正而已矣。"

耳(2次):耳朵。《权》:"无耳者,不可告之以五音。"

饵(1次):诱饵。《摩》:"饵而投之。"

二(1次):数词,引申为不一致。《决》:"阴励于二言。"

F

发（1 次）：激发。《摩》："名者，发也。"

乏（1 次）：缺乏。《揣》："料人民多少、饶乏。"

伐射（1 次）：攻击。《抵巇》："君臣相惑，土崩瓦解，而相伐射。"

法（5 次）：方法。《捭阖》："此天地阴阳之道，而说人之法也。"

法则（1 次）：应该遵守的原则。《反应》："皆以先定，为之法则。"

凡（4 次）：表示概括，凡是。《飞钳》："凡度权量能，所以征远来近。"

燔骨（1 次）：烤熟了的骨肉。《反应》："如舌之取燔骨。"

繁（2 次）：繁多。《权》："繁称文辞者，博也。"

反（30 次）：［1］本义为"翻转来"，引申为"反复"。《反应》："反以观往，覆以验来。"《说文解字》云："反，覆也。"［2］又引申为"返回""反面"等。《捭阖》："阴极反阳。"［3］反而。《内揵》："就之不用，去之反求。"

反侧（1 次）：转动，活动。《揣》："反侧，孰便？"

反出（1 次）：转化到反面。《捭阖》："纵横反出。"

反覆（2 次）：重复，翻来覆去。《忤合》："反覆相求，因事为制。"

反目（1 次）：由和好变成不和。《抵巇》："乖乱反目。"

反听（1 次）：反复听取，从正反各方面听取；一说收视闭听，用心神来领会。《反应》:"古善反听者,乃变鬼神以得其情。"

反忤(2次):互相抵触。《捭阖》:"反覆反忤。"

反应(1次):篇名,一种游说策略。指使用反复试探的方法来了解对方。

犯(1次):忍受。《决》:"用力犯勤苦。"

方(4次):与"圆"相对,方形,引申为"方正"。《反应》:"如圆与方,如方与圆。未见形,圆以道之;既见形,方以事之。"

飞(3次):[1]飞语。《飞钳》:"飞而钳之。"[2]飞翔。《揣》:"故观蜎飞蠕动。"

飞钳(4次):用"飞语"钳制对方。《飞钳》:"以飞钳之辞,钩其所好。"

非(8次):[1]错误,与"是"相对。《飞钳》:"别是非之语。"[2]非难,否定。《内揵》:"不得其情而说之者,见非。"[3]不。《谋》:"非独忠信仁义也。"

费(3次):[1]费用,财物。《谋》:"可使出费。"[2]花费,消耗。《摩》:"主兵日胜者,常战于不争不费。"

分(4次):[1]分裂。《抵巇》:"天下分错。"[2]区别。《谋》:"此所以察同异之分,其类一也。"[3]分界的地方。《谋》:"斯盖其分也。"

夫(8次):发语词。《谋》:"夫仁人轻货,不可诱以利。"

服(1次):服从,信服。《摩》:"而民不知所以服。"

蚨母(1次):昆虫名。《内揵》:"若蚨母之从其子也。"

符(6次):符合。《摩》:"摩之在此,符之在彼。"

符应(1次):反应出来的征兆。《反应》:"符应不失。"

福（3 次）：与"祸"相对，幸福。《揣》："观天时之祸福。"

父（1 次）：父亲。《抵巇》："父子离散。"

复（1 次）：恢复。《飞钳》："虽覆能复。"

富（1 次）：富有，有钱。《权》："与富者言，依于高。"

富贵（1 次）：有财产和有地位。《捭阖》："故言长生、安乐、富贵、尊荣、显名、爱好、财利、得意、喜欲，为阳。"

覆（12 次）：翻转、反复。《反应》："反以知彼，覆以知己。"

G

盖（1 次）：表示推测语气。《谋》："斯盖其分也。"

敢（1 次）：果敢。《权》："与勇者言，依于敢。"

感（1 次）：感受，接受影响。《权》："病者，感衰气而不神也。"

感动（1 次）：触动。《揣》："感动而不知其变者，乃且错其人勿与语。"

刚（1 次）：刚强。《捭阖》："或柔或刚。"

高（6 次）：[1]与"低"相对。《反应》："欲高，反下。"[2]清高，高洁。《权》："与富者言，依于高。"

告（1 次）：告诉。《权》："无耳者，不可告以五音。"

各（2 次）：各自。《捭阖》："各有所归。"

更（1 次）：更改，转而。《揣》："而更问所亲。"

工（1 次）：擅长。《权》："而用愚人之所工。"

公（1 次）：公开，与"私"相对。《谋》："公不如私。"

公侯(1次):诸侯国的统治者,"公""侯"都是爵位。《抵巇》:"公侯无道德。"

王公(1次):统治者。《决》:"王公大人之事也。"

功(3次):功劳,功勋。《内揵》:"策无失计,立功建德。"

钩(3次):[1]钓钩。《摩》:"如操钩而临深渊。"[2]用钩状物探取,引申为用语言引诱。《飞钳》:"或量能立势以钩之。"

钩钳(2次):引诱而后加以钳制。《飞钳》:"引钩钳之辞,飞而钳之。"

古(10次):古代。《捭阖》:"粤若稽古。"

穀(1次):善,引申为商讨、处理。《谋》:"可与穀远近之义。"

故(74次):[1]连词,所以。《摩》:"圣人谋之于阴,故曰神。"[2]用于句子开端,起连接作用。《摩》:"故微而去之,是谓塞窌、匿端、隐貌、逃情。"

寡(1次):与"众"相对,少。《揣》:"谋于众寡。"

乖乱(1次):错乱破裂。《抵巇》:"乖乱反目。"

关(2次):[1]关闭,控制。《捭阖》:"故关之以捭阖。"[2]门闩。《权》:"故口者,幾关也。"

观(9次):观察。《捭阖》:"观阴阳之开阖以命物。"

光(1次):光线,亮光。《反应》:"若光之于影也。"

广(1次):宽广。《飞钳》:"制地形之广狭。"

归(4次):[1]归属。《捭阖》:"各有所归。"[2]趋向。《忤合》:此知天命之钳,故归之不疑也。"

龟(1次):乌龟,古代使用它的甲板进行占卜。《决》:"故先王乃用龟蓍者,以自决也。"

鬼神(1次):鬼与神灵,形容变化不测。《反应》:"故善反听者,乃变鬼神以得其情。"

贵(16次):[1]尊贵,有地位。《权》:"与贵者言,依于势。"[2]崇尚,看重。《捭阖》:"以求其实,贵得其指。"

国(3次):中央王朝分封的诸侯国。《捭阖》:"可以说人,可以说家,可以说国,可以说天下。"

国事(1次):一国的大事。《揣》:"故计国事者,则当审量权。"

过(1次):错误。《权》:"与过者言,依于锐。"

H

害(9次):祸害,危害。《揣》:"乃可利,乃可害。"

捍(1次):捍卫。《权》:"故介虫之捍也,必以坚厚。"

好(5次):[1]好处。《谋》:"人之有好也,学而顺之。"[2]爱好。《飞钳》:"以飞钳之辞,钩其所好。"

合(25次):会合,结合,遇合。《抵巇》:"可以上合。"

何(2次):什么。《揣》:"何谓量权。"

和(2次):和谐,调和。《捭阖》:"阴阳其和。"

阖(11次):闭合。《捭阖》:"阖而闭之者,异其诚也。"

横(3次):与"从(纵)"相对,东西方向。《飞钳》:"可钳而横。"

后(11次):后来,接着。《忤合》:"而后行之以飞钳之术。"

厚(1次):与"薄"相对。《权》:"故介虫之捍也,必以坚厚。"

呼(1次):呼应。《反应》:"同声相呼。"

化(8次):生长,化育。《捭阖》:"四时开闭,以化万物。"

坏(1次):毁坏。《谋》:"故墙坏于其隙。"

还(2次):回还;或认为通"旋",循环。《捭阖》:"阳还终始。"

环(2次):圆圈。《忤合》:"化转环属,各有形势。"

患(5次):祸患,担心。《谋》:"因其患以斥之。"

挥(1次):散开,发挥。《抵巇》:"挥之于太山之本。"

会(2次):会合处,关键。《忤合》:"必因事物之会,观天时之宜。"

讳(1次):隐讳。《谋》:"人之有恶也,避而讳之。"

讳忌(1次):不能说而应该避免说的话语。《权》:"言者,有讳忌也。"

惠(1次):聪明。《忤合》:"材质不惠,不能用兵。"

毁(4次):毁坏。《谋》:"木毁于其节。"

混(1次):同,结合在一块。《内揵》:"先取《诗》《书》,混说损益。"

火(1次):物体燃烧所发的光焰。《摩》:"抱薪趋火。"

或(34次):虚指代词。《捭阖》:"或阴或阳,或柔或刚,或开或闭,或弛或张。"

货(3次):财物。《谋》:"夫仁人轻货,不可诱以利。"

货财(2次):货物与钱财。《飞钳》:"人民货财之多少。"

祸(1次):与"福"相对,灾祸。《揣》:"观天时之祸福。"

惑(4次):迷惑,蛊惑。《抵巇》:"君臣相惑,土崩瓦解。"

J

机(3次):关键。《决》:"故夫决情定疑,万事之机。"

积(5次):积累。《谋》:"故为强者,积于弱也。"

基(2次):基础。《反应》:"言有象比,因而定基。"

稽(1次):考察。《捭阖》:"粤若稽古。"

吉(1次):吉利,与"凶"相对。《揣》:"孰吉、孰凶?"

极(3次):[1]极点,发展到极点。《捭阖》:"阴极反阳。"
[2]使之发展到极端。《揣》:"必以其甚喜之时,往而极其欲也。"

即(2次):若,如果。《捭阖》:"即欲捭之,贵周。"

疾(1次):迅速。《反应》:"其与人也微,其见情也疾。"

幾(4次):隐微的东西。《揣》:"生事者,幾之势也。"

几何(1次):多少。《揣》:"有余不足几何?"

己(9次):自己。《反应》:"人言者,动也;己默者,静也。"

计(7次):计谋。《内揵》:"策无失计,立功建德。"

计谋(7次):谋略。《捭阖》:"审明其计谋。"

伎巧(1次):才艺。《捭阖》:"校其伎巧短长。"

既(2次):已经。《反应》:"既见形,方以事之。"

家(3次):诸侯国中的大夫的封地。《捭阖》:"可以说人,可以说家,可以说国,可以说天下。"

假(2次):借助。《权》:"饰言者,假之也。"

奸邪(1次):奸猾不正的人或事情。《权》:"所以窥间见奸邪。"

坚(1次):坚固。《权》:"故介虫之捍也,必以坚厚。"

间(4次):[1]中间。《捭阖》:"圣人之在天地间也,为众生之先。"[2]间隙。《权》:"所以窥间见奸邪。"

检(1次):约束,考察。《抵巇》:"可以上合,可以检下。"

睑(1次):收敛。《反应》:"欲张,反睑。"

见(30次):[1]观察,发现。《捭阖》:"见变化之朕焉。"[2]表示被动。《内揵》:"不得其情而说之者,见非。"[3]古"现"字,显现。《反应》:"见形也,若光之于影也。"

建(1次):建立。《内揵》:"策无失计,立功建德。"

贱(4次):地位低下。《权》:"与贱者言,依于谦。"

巇(3次):山谷,大裂缝。《抵巇》:"巇者,成大隙也。"

将(3次):做。《飞钳》:"将欲用之于天下,必度权量能。"

交(1次):结交,交往。《飞钳》:"诸侯之交孰亲孰疏。"

窍(1次):漏洞。《摩》:"是谓塞窍、匿端、隐貌、逃情。"

校(1次):比较,考察。《捭阖》:"校其伎巧短长。"

教(3次):教育,传授。《权》:"无以人之所不知而教之于人。"

皆(10次):全,都。《捭阖》:"皆见其权衡轻重。"

节(1次):竹木的分枝长叶之处。《谋》:"木毁于其节。"

洁(1次):廉洁。《摩》:"廉者,洁也。"

结(10次):结交,结合。《谋》:"私不如结,结而无隙者也。"

桀(1次):夏朝的亡国之君。《忤合》:"故伊尹五就汤,五就桀,而不能有所明,然后合于汤也。"

介虫(1次):有甲壳的动物。《权》:"故介虫之捍也,必以坚厚。"

今(3次):现在,当今。《捭阖》:"自古之今,其道一也。"

近（7次）：距离近，亲近。《内揵》："近而疏者，志不合也。"

进（10次）：[1]前进。《忤合》："大小进退，其用一也。"
[2]进献。《内揵》："内者，进说辞也。"

经（1次）：经常。《抵巇》："经起秋毫之末。"

精（1次）：精通。《权》："此五者精则用之，利则行之。"

静（7次）：[1]静止。《捭阖》："以阴静者，形相成也。"
[2]平静。《摩》："平者，静也。"

究（1次）：探究，研究。《飞钳》："缀而不失，以究其辞。"

久（1次）：长久。《摩》："久而化成。"

就（11次）：接近，归向。《忤合》："故伊尹五就汤，五就桀，而不能有所明，然后合于汤。"

居（2次）：居住。《反应》："若探人而居其内。"

置（1次）：捕野兽的网。《反应》："若张置网而取兽也。"

举（1次）：发动，动作。《权》："人之情，出言则欲听，举事则欲成。"

俱（4次）：都，共同。《谋》："故同情而俱相亲者，其俱成者也。"

惧（3次）：恐惧。《谋》："不肖者易惧也。"

据（1次）：据守。《谋》："可使据危。"

决（16次）：决断。《决》："为人凡决物，必托于疑者。"

绝（1次）：断绝。《权》："肠绝而无主也。"

君（3次）：君主。《内揵》："君臣上下之事，有远而亲，近而疏。"

K

开(8次)：打开。《捭阖》："或开而示之。"

开阖(1次)：开放与闭合。《捭阖》："观阴阳之开阖以命物。"

可(68次)：[1]表示能够。《抵巇》："可抵而得。"[2]表示准许。《抵巇》："不可不察也。"

可以(19次)：表示能够。《抵巇》："可以上合，可以检下。"

空(1次)：空虚，不实在。《飞钳》："用于人，则空往而实来。"

恐(1次)：恐吓。《谋》："摩而恐之，高而动之。"

口(4次)：嘴巴。《捭阖》："口者，心之门户也。"

苦(2次)：困苦。《决》："可则决之，用力犯勤苦。"

苦辱(1次)：受困苦与侮辱。《捭阖》："故言死亡、忧患、贫贱、苦辱、弃损、亡利、失意、有害、刑戮、诛罚，为阴。"

窥(1次)：窥视，侦察。《权》："所以窥间见奸邪。"

揆(1次)：揆度，揣测。《揣》："揆君臣之亲疏，孰贤、孰不肖？"

困(1次)：困境，困窘。《权》："不用其所拙，而用愚人之所工，故不困也。"

L

来(12次)：[1]未来。《反应》："反以观往，覆以验来。"

[2]前来,使其前来。《飞钳》:"凡度权量能,所以征远来近。"

劳(1次):劳动,辛苦。《忤合》:"不劳心苦思,不能原事。"

类(11次):类别,类型。《捭阖》:"诸言法阴之类者,皆曰终。"

离(5次):离开。《抵巇》:"事有合离。"

离散(1次):分开而不能相聚。《抵巇》:"父子离散。"

礼乐(1次):作为教化手段的礼仪与音乐。《内揵》:"由夫道德、仁义、礼乐、忠信、计谋。"

理(8次):道理。《抵巇》:"此谓抵巇之理也。"

力(4次):力量。《捭阖》:"以阴结阳,施以力也。"

立(7次):建立,确立。《内揵》:"策无失计,立功建德。"《飞钳》:"立势而制事。"

立身(1次):在社会上立足,有地位。《忤合》:"是以圣人居天地之间,立身、御世、施教、扬声、明名也。"

利(20次):[1]利益,获得利益。《揣》:"乃可利,乃可害。"[2]有利。《权》:"利则行之。"

利害(1次):利益与危害。《揣》:"无不有利害。"

励(2次):勉励,致力于。《决》:"阳励于一言,阴励于二言。"

廉(2次):廉洁。《摩》:"有以廉,有以信。"

两(1次):双方。《忤合》:"计谋不两忠。"

量(18次):衡量。《飞钳》:"用之于人,则量智能、权材力、料气势。"

料(3次):估量。《揣》:"料人民多少、饶乏。"

临(1次):来到,站在上面向下看。《摩》:"如操钩而临深渊。"

流(1次):流动,变化。《谋》:"正不如奇,奇流而不止者也。"

留(1 次):停留,引申为接纳。《内揵》:"内自得而外不留说,而飞之。"

乱(6 次):混乱,动乱。《内揵》:"上暗不治,下乱不寤。"

论(6 次):评论,议论。《反应》:"论万物。"

吕尚(1 次):周初谋臣,俗称姜太公。《忤合》:"吕尚三就文王,三入殷。"

虑(7 次):考虑,打算。《捭阖》:"圣人因而自为之虑。"

虑怀(1 次):心里的打算。《飞钳》:"心意之虑怀。"

M

貌(2 次):[1]相貌。《谋》:"貌者不美又不恶。"[2]表情。《摩》:"是谓塞窌、匿端、隐貌、逃情。"

美(2 次):美丽,与"丑"相对。《谋》:"貌者不美又不恶。"

门(1 次):途径,诀窍。《反应》:"莫见其门。"

门户(6 次):门与窗户,引申为出入的通道。《捭阖》:"口者,心之门户也。"

萌牙(3 次):即"萌芽",指事物开始发生。《抵巇》:"是谓萌牙巇罅。"

迷(1 次):迷失。《权》:"翱翔而不迷。"

密(4 次):隐秘。《捭阖》:"即欲阖之,贵密。"

民(5 次):百姓。《摩》:"而民安之。"

名(7 次):[1]名望。《忤合》:"不悉心见情,不能成名。"

［2］分名。《内揵》："治名入产业。"

明(16次)：［1］明白,清楚。《捭阖》："审明其计谋。"［2］辨说清楚。《权》："成义者,明之也。"［3］贤明,英明。《抵巇》："上无明主。"

明名(1次)：阐明名分。《忤合》："是以圣人居天地之间,立身、御世、施教、扬声、明名也。"

命(4次)：［1］给予,命名。《捭阖》："观阴阳之开阖以命物。"［2］命令。《内揵》："若命自来,己迎而御之。"［3］命运。《谋》："见制于人者,制命也。"

摩(10次)：反复接触。《摩》："摩者,揣之术也。"

末(1次)：末梢,尖端。《抵巇》："经起秋毫之末。"

莫(7次)：无指代词,没有谁。《反应》："莫见其门。"

默(4次)：沉默。《反应》："己默者,静也。"

谋(24次)：谋划,计谋。《谋》："凡为人谋有道,必得其所因。"

谋虑(4次)：谋划,计谋。《揣》："谋虑,孰长、孰短？"

木(1次)：树木,木材。《谋》："木毁于其节。"

目(4次)：眼睛。《权》："故无目者,不可示以五色。"

牧(8次)：管理,控制。《反应》："己先审定以牧人。"

N

内(15次)：［1］内心;或内部。《反应》："若探人而居其内。"［2］进入内心世界。《内揵》："内者,内说辞也;揵者,揵所谋也。"

内揵(2次)：篇名。取得内心的信任而紧密结合。

纳(1次)：收藏。《捭阖》："或捭而纳之。"

乃(33次)：副词，表示紧接。《捭阖》："皆见其权衡轻重，乃为之度数。"

南(1次)：南方。《飞钳》："可引而南。"

难(11次)：[1]艰难。《飞钳》："岨险之难易。"[2]诘难。《权》："难言者，却论也。"

能(31次)：[1]才能,能力。《谋》："夫度材、量能、揣情者,亦事之司南也。"[2]能够。《抵巇》："能用此道,圣人也。"

逆(1次)：拒绝。《内揵》："不见其类而为之者,见逆。"

匿(7次)：躲藏,掩饰。《谋》："圣人之制道,在隐与匿。"

佞(1次)：奸巧。《权》："佞言者,谄而于忠。"

怒(5次)：发怒。《摩》："怒者,动也。"

O

偶(1次)：偶合,互相配合。《摩》："故曰：道、数与时相偶者也。"

P

排(1次)：排斥,驳斥。《捭阖》："微排其所言,而捭反之,以求其实。"

譬犹（1次）：好像。《摩》："于势譬犹是也。"

偏（3次）：不正，某一方。《谋》："同欲而相疏者，其偏成者也。"

贫（1次）：贫穷，没有钱财。《权》："与贫者言，依于利。"

贫贱（1次）：没有财产而地位低下。《捭阖》："故言死亡、忧患、贫贱、苦辱、弃损、亡利、失意、有害、刑戮、诛罚，为阴。"

平（5次）：［1］平坦。《摩》："平地注水。"［2］平常。《决》："有以平素之者。"［3］平静、平正、平实。《权》："平言者，决而于勇。"

平素（3次）：平常，向来。《决》："于是度之往事，验之来事，参之平素。"

Q

戚（1次）：忧愁。《权》："戚言者，权而于信。"

欺（1次）：欺骗，蒙蔽。《谋》："智者达于数，明于理，不可欺以诚。"

其（151次）：［1］第三人称代词。《谋》："微排其所言。"［2］远指代词。《决》："圣人所以能成其事者，有五。"

奇（7次）：奇特，不同于一般。《谋》："正不如奇，奇流而不止者也。"

琦玮（1次）：美玉。玉璧与丝绸。《飞钳》："或称财货、琦玮、珠玉、璧白、采色以事之。"

起(1次)：开始。《抵巇》："经起秋毫之末。"

气(1次)：古代哲学概念，构成各种事物的精微物质。《权》："病者，感衰气而不神也。"

气势(2次)：气概，气魄。《飞钳》："用之于人，则量智能、权材力、料气势。"

弃损(1次)：抛弃。《捭阖》："故言死亡、忧患、贫贱、苦辱、弃损、亡利、失意、有害、刑戮、诛罚，为阴。"

谦(1次)：谦虚。《权》："与贱者言，依于谦。"

前(2次)：前面，眼前。《内揵》："日进前而不御者，施不合也。"

钳(12次)：钳制。《飞钳》："引钩钳之辞，飞而钳之。"

揵(7次)：同"键"，引申为紧密结合。《内揵》："揵者，揵所谋也。"

强(3次)：[1]与"弱"相对，健壮有力。《揣》："不知强弱轻重之称。"[2]勉强，强迫。《谋》："无以人之所不欲而强之于人。"

墙(1次)：墙壁。《谋》："故墙坏于其隙。"

巧(2次)：巧妙，有成效。[1]《反应》："己不先定，牧人不正；事用不巧。"[2]技巧，技艺。《捭阖》："极其技巧长短。"

且(1次)：姑且，暂且。《揣》："乃且错其人勿与语而更问所亲。"

怯(1次)：怯弱，与"勇"相对。《捭阖》："夫贤不肖，智愚，勇怯，仁义，有差。"

亲(14次)：亲近。《揣》："乃且错其人勿与语而更问所亲。"

禽兽(1次):飞禽走兽,泛指各种动物。《权》:"故禽兽知用其长。"

勤(1次):辛勤。《决》:"用力犯勤苦,然不得已而为之者,可则决之。"

轻(6次):与"重"相对。《揣》:"不知强弱轻重之称。"

情(35次):[1]感情,思想。《捭阖》:"开而示之者,同其情也。"[2]真实的情况或思想。《揣》:"古之善用天下者,必量天下之权,而揣诸侯之情。"

情欲(2次):感情,欲望。《揣》:"情欲必知其变。"

穷(1次):穷尽。《捭阖》:"变化无穷,各有所归。"

秋毫(1次):鸟类在秋天新长的细微羽毛,比喻微小。《抵巇》:"经起秋毫之末。"

求(20次):[1]探求。《捭阖》:"以求其实,贵得其指。"[2]寻找,设法得到,恳请。《内揵》:"就之不用,去之反求。"[3]适应。《捭阖》:"以下求小,以高求大。"

曲故(1次):曲折复杂的因素。《权》:"众口烁金,言有曲故也。"

驱(1次):驱赶。《反应》:"常持其网驱之。"

趋(2次):奔赴,归附,结合。《忤合》:"凡趋合倍反,计有适合。"

取(8次):[1]捕获,取得。《反应》:"若犹张罝网而取兽也。"[2]采取。《内揵》:"先取《诗》《书》。"[3]采纳,争取。《捭阖》:"或阖而取之,或阖而去之。"

去(14次):[1]离开。《捭阖》:"或阖而取之,或阖而去之。"

［2］除去。《谋》:"故去之者,纵之;纵之者,乘之。"

权(15 次):［1］衡量。《飞钳》:"然后乃权量之。"［2］权势与实力。《揣》:"必量天下之权而揣诸侯之情。"［3］权变。《权》:"策选进谋者,权也。"

权衡(2 次):称量,比较。《捭阖》:"皆见其权衡轻重。"

却(3 次):退却,消退。《抵巇》:"可抵而却。"

R

然(4 次):［1］认为对,肯定。《谋》:"因其见以然之。"［2］代词,这样。《摩》:"不知其所以然。"［3］连词,表示转折,然而。《摩》:"故圣人所独用者,众人皆有之;然无成功者,其用之非也。"

然而(1 次):连词,表示顺承。《谋》:"亡不可以为存,而危不可以为安,然而无为而贵智矣。"

然后(5 次):连词,表示动作的相连接。《忤合》:"然后乃权量之。"

燃(1 次):燃烧。《摩》:"燥者先燃。"

饶(1 次):富饶,充足。《揣》:"料人民多少、饶乏。"

人(44 次):［1］人类,人们。《权》:"人之情,出言则欲听。"［2］别人。《谋》:"无以人之所不欲,而强之于人。"

人臣(1 次):为君主服务的官吏。《谋》:"说人臣者,必与之言私。"

人民(2 次):百姓、民众。《飞钳》:"人民货财之多少。"

人心（1次）：人民的思想状况。《捭阖》："达人心之理。"

人主（2次）：君主。《谋》："故说人主者，必与之言奇。"

仁（2次）：仁爱。《谋》："非独忠信仁义也。"

仁义（2次）：仁爱与正义。《内揵》："由夫道德、仁义、礼乐、计谋。"

任（1次）：担任，担负。《摩》："此三者，唯圣人然后能任之。"

日（8次）：每天。《内揵》："日进前而不御者，施不合也。"

柔（1次）：柔弱，柔软。《捭阖》："或柔或刚。"

如（14次）：[1]好像。《反应》："如阴与阳，如阳与阴。"[2]及，能够赶上。《忤合》："量长短远近孰不如。"

濡（1次）：浸湿。《摩》："平地注水，湿者先濡。"

蠕动（1次）：虫类慢慢爬行的样子。《揣》："故观蜎飞蠕动，无不有利害。"

入（11次）：进入。《忤合》："吕尚三就文王，三入殷。"

锐（1次）：锐利，尖锐。《权》："与过者言，依于锐。"

若（11次）：好像。《反应》："其相知也，若比目之鱼。"

若犹（1次）：好像。《反应》："若犹张罝网而取兽也。"

弱（2次）：与"强"相对，力量小。《揣》："不知强弱轻重之称。"

S

塞（6次）：堵塞，修复。《抵巇》："可抵而塞。"

三(6次)：数词。《谋》："是三才也。"

三王(1次)：指夏、商、周三代开国的君主。《抵巇》："三王之事,抵而得之。"

善(9次)：与"恶"相对,好。《捭阖》："言善以始其事。"[2]善于。《反应》："故善反听者。"

上(6次)：上级,君主。《内揵》："君臣上下之事。"

少(4次)：与"多"相对。《揣》："料人民多少、饶乏。"

舌(1次)：舌头。《反应》："如舌之取燔骨。"

舍(1次)：舍弃。《权》："纵舍不疑者,决也。"

射(2次)：射箭,引申为猜测。《反应》："量其能,射其意。"

身(5次)：身体,身份。《谋》："其身内,其言外者疏。"

深(5次)：[1]与"浅"相对。《摩》："如操钓而临深渊。"[2]深入。《谋》："其身外,其言深者危。"

神(6次)：[1]精神、思想。《捭阖》："心者,神之主也。"[2]神奇。《摩》："圣人谋之于阴,故曰神。"[3]神气。《权》："感衰气而不神也。"

神明(2次)：神灵,像神灵一样的神奇的人。《摩》："而天下比之神明。"

审(13次)：[1]审核,考察。《捭阖》："必豫审其变化。"[2]详明,周密。《揣》："量权不审。"

审察(1次)：审核,考察。《捭阖》："审察其所先后。"

甚(3次)：非常,很。《揣》："必以其甚喜之时,往而极其欲也。"

生(15次)：产生,生成。《谋》："故变生于事,事生谋,谋生计。"

声(7次)：[1]声音。《反应》："以无形求有声。"[2]声誉，消息。《内揵》："遥闻声而相思。"

胜(4次)：[1]胜利。《摩》："主兵日胜者，常战于不争不费。"[2]尽。《抵巇》："诸侯相抵，不可胜数。"

圣(1次)：圣明，具有高智慧。《忤合》："非至圣达奥，不能御世。"

圣人(21次)：具有最高智慧的理想人物。《捭阖》："圣人之在天地之间也，为众生之先。"

圣智(1次)：非凡的智慧。《揣》："故虽有先王之道、圣智之谋，非揣情隐匿无所索之。"

盛(1次)：与"衰"相对，旺盛。《飞钳》："见天时之盛衰。"

诗(1次)：《诗经》。《内揵》："先取《诗》《书》，混说损益。"

失(11次)：丢失，发生失误。《反应》："万事不失其辞。"

失意(1次)：愿望不能实现。《捭阖》："故言死亡、忧患、贫贱、苦辱、弃损、亡利、失意、有害、刑戮、诛罚，为阴。"

师(1次)：老师。《忤合》："世无常贵，事无常师。"

施(4次)：施行，施展。《捭阖》："以阴结阳，施以力也。"

施教(1次)：实施教育。《忤合》："是以圣人居天地之间，立身、御世、施教、扬声、明名也。"

湿(1次)：潮湿。《摩》："平地注水，湿者先濡。"

蓍(1次)：蓍草，古代使用它的茎进行占卜。《决》："故先王乃用龟蓍者，以自决也。"

时(11次)：[1]时间。《抵巇》："当此之时，能抵为右。"[2]时机。《抵巇》："世无可抵，则深隐以待时。"[3]侦侯，观察。

《揣》:"言必时其谋虑。"

识(1次):认识。《抵巇》:"以识细微。"

实(7次):[1]实际,真实情况。《反应》:"其钓语合事,得人实也。"[2]与"虚"相对,实在,充实。《捭阖》:"审定有无,以其虚实。"

食(1次):吃。《权》:"口可以食,不可以言。"

矢(1次):箭。《反应》:"若羿之引矢。"

使(6次):[1]使者。《抵巇》:"圣人者,天地之使也。"[2]使得,让。《谋》:"夫仁人轻货,不可诱以利,可使出费。"

始(11次):开始。《捭阖》:"言善以始其事。"

士(1次):人士,人。《谋》:"勇士轻难,不可惧以患,可使据危。"

世(5次):世界、天下、人世间。《忤合》:"世无常贵。"

示(4次):展示,给人看。《权》:"故无目者,不可示以五色。"

式(1次):模式,规格。《反应》:"喜怒由此,以见其式。"

事(62次):[1]事物。《抵巇》:"事有合离。"[2]事理。《抵巇》:"因化说事。"[3]事情、事件。《捭阖》:"言善以始其事。"[4]事业。《抵巇》:"三王之事,抵而得之。"[5]从事。《权》:"物有不通者,故不事也。"[6]侍奉。《反应》:"或以事上,或以牧下。"

事物(1次):客观存在的物体或现象。《忤合》:"必因事物之会。"

势(9次):[1]形势。《飞钳》:"立势而制事。"[2]气势。《权》:"与贵者言,依于势。"

试(1次):试验,考核。《捭阖》:"以阴阳试之。"

饰(2次)：修饰。《权》："饰言者，假之也。"

是(15次)：[1]指示代词。《摩》："于势譬犹是也。"[2]与"非"相对，正确。《飞钳》："别是非之语。"

是故(3次)：因此。《捭阖》："是故圣人一守司其门户。"

是以(1次)：因此。《忤合》："是以圣人居天地之间，立身，御世，施教，扬声、明名也。"

适合(1次)：符合。《忤合》："凡趋合倍反，计有适合。"

嗜欲(1次)：爱好、欲望。《捭阖》："随其嗜欲，以见其志意。"

螫(1次)：毒虫用毒刺人。《权》："螫虫之动也，必以毒螫。"

螫虫(1次)：毒虫。《权》："螫虫之动也，必以毒螫。"

守(2次)：[1]遵守。《捭阖》："离合有守。"[2]防护。《抵巇》："为天地守神。"

守司(3次)：管理。《捭阖》："是故圣人一守司其门户。"

受(3次)：接受。《权》："无所受之也。"

兽(2次)：野兽。《反应》："若犹置网而取兽也。"

枢机(2次)：机巧。《决》："平素、枢机以用。"

书(1次)：《尚书》。《内揵》："先取《诗》《书》，混说损益。"

疏(13次)：疏远。《内揵》："有远而亲，近而疏。"

疏远(1次)：彼此间产生距离。《决》："隐托于恶，则不受矣，致疏远。"

孰(22次)：谁，哪个。《揣》："辨地形之险易，孰利，孰害？"

术(7次)：方法。《摩》："摩者，揣之术也。"

数(11次)：术数，方法，谋略，规律。《飞钳》："知有无之数。"《揣》："乃可成，乃可败。其数一也。"

衰(2 次)：衰弱。《权》："病者，感衰气而不神也。"

水(1 次)：无色、无臭、透明的液体。《摩》："平地注水，湿者先濡。"

顺(1 次)：顺应，顺从。《谋》："人之有好也，学而顺之。"

说(28 次)：游说。《权》："说者，说之也。"

司(5 次)：[1]主管。《反应》："进退左右，以是司之。"[2]侦察，等候。《反应》："多张其会而司之。"

司南(2 次)：指南车。《谋》："故郑人之取玉也，载司南之车。"

私(3 次)：与"公"相对。《谋》："公不如私，私不如结。"

思(5 次)：思想，思念。《内揵》："遥闻声而相思。"

思虑(1 次)：思考，想法。《捭阖》："志意、喜欲、思虑、智谋，此皆由门户出入。"

斯(1 次)：此，这。《谋》："斯盖其分也。"

死亡(1 次)：丧失生命。《捭阖》："故言死亡、忧患、贫贱、苦辱、弃损、亡利、失意、有害、刑戮、诛罚为阴。"

四(1 次)：数词。《决》："四者微而施之。"

四海(1 次)：天下，全中国。《忤合》："乃协四海。"

四时(1 次)：四季。《捭阖》："四时开闭，以化万物。"

伺(1 次)：伺察。《反应》："其伺言也，若声之与响。"

伺候(1 次)：等候时机。《飞钳》："或伺候见㵎而钳之。"

素(2 次)：素来。《内揵》："素结本始。"

虽(3 次)：即使。《反应》："虽非其事，见微知类。"

随(4 次)：追随，依据。《捭阖》："随其嗜欲，以见其志意。"

损(5 次)：[1]减少。《内揵》："混说损益，议去论就。"

[2]损害。《谋》:"相损则疏。"

所(39次):助词,放在动词、形容词等词语的前面,组成"所字结构",相当一个名词,表示人、事、物、地。测量。《揣》:"而更问其所亲,知其所安。"

所谓(2次):所说的。《揣》:"此所谓测深揣情。"

所以(11次):助词"所"与介词"以"结合而成,跟后面的词语组成"所以结构",表示工具、手段、原因、目的。《权》:"故口者,幾关也,所以闭情意也。"《摩》:"而民不知所以服,不知所以畏。"

索(1次):搜索,寻找。《揣》:"非揣情隐匿无所索之。"

T

太山(1次):即泰山,五岳之首。《抵巇》:"挥之于太山之本。"

贪(2次):贪图。《抵巇》:"贪利诈伪者作。"

谈(1次):说话,游说。《权》:"而谈者亦知用其而用也。"

探(2次):探求,侦察。《反应》:"若探人而居其内。"

汤(2次):商朝的开国君主。《忤合》:"故伊尹五就汤。"

逃(1次):逃避,掩蔽。《摩》:"是谓塞窬、匿端、隐貌、逃情。"

螣蛇(1次):传说中的灵异蛇类。《反应》:"如螣蛇之所指。"

天地(8次):天空与大地,代表宇宙空间。《捭阖》:"圣人之在天地间也,为众生之先。"

天命(1次):上天决定的命运。《忤合》:"此知天命之钳。"

天神（1次）：天上的神灵。《反应》："是谓天神。"

天时（3次）：上天赐予的自然条件。《揣》："观天时之祸福。"

天下（10次）：世界，指全中国。《捭阖》："故圣人之在天下也，自古之今，其道一也。"

调（1次）：协调。《权》："故曰参调而应，利道而动。"

听（13次）：听取，听从。《权》："人之情，出言则欲听。"

通（2次）：通达。《权》："物有不通者，故不事也。"

通达（1次）：通晓。《抵巇》："通达计谋，以识细微。"

同（12次）：［1］相同。《反应》："同声相呼，实理同归。"［2］取得一致。《捭阖》："开而示之者，同其情也。"

投（1次）：投放。《摩》："铒而投之，必得鱼焉。"

土崩瓦解（1次）：房屋倒塌后土墙崩溃、瓦片毁坏，形容事物解体。《抵巇》："君臣相惑，土崩瓦解。"

退（7次）：退却。《内揵》："莫知所为，退为大仪。"

托（5次）：寄托，依托，具有。《谋》："貌者不美又不恶，故至情托焉。"

W

外（13次）：［1］外面。《内揵》："内自得而外不留说。"［2］保持距离。《内揵》："欲合者用内，欲去者用外。

晚（1次）：落后，迟误。《摩》："夫幾者不晚。"

万类（1次）：各类事物。《捭阖》："筹策万类之终始。"

万事(3次):各种事务。《决》:"万事之机。"

万物(3次):各种事物。《捭阖》:"四时开闭,以化万物。"

亡(2次):与"存"相对,灭亡。《捭阖》:"知存亡之门户。"

亡利(1次):损失利益。《捭阖》:"故言死亡、忧患、贫贱、苦辱、弃损、亡利、失意、有害、刑戮、诛罚为阴。"

网(3次):渔网。《反应》:"此钓人之网也。"

往(9次):[1]前往。《内揵》:"独往独来。"[2]过去。《反应》:"反以观往,覆以验来。"

妄(2次):胡乱行事。《权》:"故智贵不妄。"

忘(1次):忘记,丧失。《反应》:"是谓忘情失道。"

危(9次):[1]危惧。《内揵》:"若欲去之,因危与之。"[2]危险;或解释为"高"。《决》:"危而美名者,可则决之。"

微(9次):[1]微妙。《捭阖》:"周密之贵微,而与道相追。"[2]隐秘。《摩》:"故微而去之。"[3]稍微。《捭阖》:"微排其所言,而捭反之。"

为(41次):[1]行为,作为。《决》:"然不得已而为之者,可则决之。"[2]成为,是。《捭阖》:"为众生之先。"[3]充当,担任。《忤合》:"与之为主。"[4]当作。《飞钳》:"或以重累为毁,或以毁为重累。"[5]介词。《捭阖》:"圣人因而自为之虑。"

唯(1次):仅,只有。《摩》:"此三者,唯圣人然后能任之。"

伪(2次):假的,做作出来的。《反应》:"此听真伪,知同异,得其情诈也。"

未(1次):没有。《反应》:"未见形,圆以道之。"

畏(2次):畏惧,害怕。《摩》:"而民不知所以服,不知所以畏。"

谓(9次):称谓,叫作。《捭阖》:"是谓圆方之门户。"

文辞(1次):辞令,辞藻。《权》:"繁称文辞者,博也。"

文王(2次):周文王姬昌。《忤合》:"吕尚三就文王。"

文章(1次):具有文采的言辞。《揣》:"此揣情饰言成文章,而后论之也。"

闻(3次):听到。《反应》:"欲闻其声,反默。"

问(1次):询问。《揣》:"乃且错其人勿与语而更问所亲。"

握(1次):掌握。《谋》:"制人者,握权也。"

无(38次):与"有"相对。《忤合》:"世无常贵,事无常师。"

无为(2次):哲学名词,清静而顺其自然。《捭阖》:"无为以牧之。"

无形(3次):没有形体的东西,指"道"。《反应》:"古之大化者,乃与无形俱生。"

五(5次):数词。《决》:"圣人所以能成其事者有五。"

五帝(1次):上古的五个英明帝王。司马迁《史记》作黄帝、颛顼、帝喾、帝尧、帝舜。《抵巇》:"五帝之政,抵而塞之。"

五色(1次):专指青、赤、白、黑、黄,泛指各种颜色。《权》:"故无目者,不可示以五色。"

五音(1次):专指宫、商、角、徵、羽,泛指各种乐音。《权》:"无耳者,不可告以五音。"

忤(4次):抵触,不相合。《忤合》:"反于是,忤于彼。"

忤合(2次):篇名。讨论游说之士的归宿问题。

勿(1次):不要。《揣》:"乃且错其人勿与语而更问所亲。"

物(6次):事物。《抵巇》:"物有自然。"

寤(1次):醒悟。《内揵》:"上暗不治,下乱不寤。"

X

西(1次):西方。《飞钳》:"可引而西。"

息(1次):平息。《抵巇》:"可抵而息。"

悉(2次):全部。《摩》:"说莫难于悉听。"

巇(2次):裂缝,危机。《抵巇》:"巇者,罅也。"

巇隙(2次):裂缝,危机。《抵巇》:"抵巇隙,为道术用。"

巇罅(2次):裂缝,危机。《抵巇》:"是谓萌牙巇罅。"

袭(1次):重复。《反应》:"重之、袭之、反之、覆之。"

喜(6次):喜悦。《权》:"喜者,宣散而无要也。"

喜欲(2次):美好的欲望。《捭阖》:"故言长生、安乐、富贵、尊荣、显名、爱好、财利、得意、喜欲,为阳。"

细微(1次):细小的事物。《抵巇》:"以识细微。"

隙(4次):裂缝。《抵巇》:"峒者,成大隙也。"

狭(1次):狭窄。《飞钳》:"制地形之广狭。"

下(7次):下级,臣民。《内揵》:"君臣上下之事。"

罅(2次):裂缝,漏洞。《抵巇》:"巇者,罅也。"

先(17次):[1]站在前面,带头人。《捭阖》:"圣人之在天地间也,为众生之先。"[2]预先。《捭阖》:"先从其志。"

先定(2次):预先确定好的主意。《反应》:"皆以先定为之法则。"

先分(1次):预先的计划。《权》:"先分不足而窒非者,反也。"

先王(3次):理想的古代君主。《决》:"故先王乃用蓍龟者,以自决也。"

贤(2次):有才能、品德。《揣》:"孰贤、孰不肖?"

贤人(1次):有才能的人。《抵巇》:"贤人不用。"

显名(1次):出名。《捭阖》:"故言长生、安乐、富贵、尊荣、显名、爱好、财利、得意、喜欲为阳。"

险(1次):险阻。《揣》:"辨地形之险易。"

相(21次):互相。《抵巇》:"而相伐射。"

响(1次):回声。《反应》:"其伺言也,若声之与响。"

向(1次):与"背"相对,面向,结合。《忤合》:"古之善向背者,乃协四海,包诸侯。"

象(8次):象征意义。《反应》:"言有象,事有比。"

小(3次):与"大"相对。《忤合》:"大小进退。"

小人(1次):品质不好的人。《抵巇》:"则小人谗贼。"

协(1次):和协,融洽。《忤合》:"乃协四海,包诸侯。"

泄(1次):泄露。《权》:"闭塞而不泄也。"

心(8次):古人认为"心"是主管思想的器官。《捭阖》:"心者,神之主也。"

心意(1次):内心。《飞钳》:"心意之虑怀。"

薪(1次):供燃烧的柴草。《摩》:"抱薪趋火,燥者先燃。"

信(6次):信用,诚信。《摩》:"有以信。"

刑戮(1次):受刑甚至被杀戮。《捭阖》:"故言死亡、忧患、贫贱、苦辱、弃损、亡利、失意、有害、刑戮、诛罚，为阴。"

行（8次）：[1]运行。《捭阖》："阳动而行，阴止而藏。"
[2]实行，运用。《忤合》："而后行之以飞钳之术。"

形（8次）：形态，形状。担任，担负。《摩》："此三者，唯圣人然后能任之。"《捭阖》："以阴静者，形相成也。"

形容（1次）：表情，外在表现。《反应》："策而无形容，莫见其门。"

形势（1次）：情状，趋势。《忤合》："化转环属，各有形势。"

凶（1次）：凶险。《揣》："孰吉、孰凶？"

雄雌（1次）：雄性和雌性，比喻强弱的差别。《反应》："别雄雌。"

虚（2次）：与"实"相对，空虚。《捭阖》："审定有无，以其虚实。"

宣散（1次）：散漫，分散。《权》："喜者，宣散而无要也。"

蜎飞：昆虫飞翔的样子。《揣》："故观蜎飞蠕动，无不有利害。"

选（1次）：选择。《权》："策选进谋者，权也。"

学（1次）：学习。《谋》："人之有好也，学而顺之。"

循（1次）：遵循。《抵巇》："能因能循，为天地守神。"

Y

牙蘖（1次）：即"芽蘖"，"芽"是植物的嫩芽，"蘖"是植物被砍伐后再生的芽。《抵巇》："其施外，兆萌牙蘖之谋。"

焉(7次)：[1]语气词。《捭阖》："见变化之朕焉。"[2]难道。《摩》："乃摩之以其欲,焉有不听者？"

言(59次)：[1]语言,话语。《权》："饰言者,假之也。"[2]说。《权》："故与智者言,依于博。"

验(4次)：验证,检验。《决》："于是度之往事,验之来事。"

扬声(1次)：弘扬声誉。《忤合》："是以圣人居天地之间,立身、御世、施教、扬声、明名也。"

阳(19次)：跟"阴"相对的哲学概念,指雄性的、显露的、刚强的、积极的事物。《捭阖》："故言长生、安乐、富贵、尊荣、显名、爱好、财利、得意、喜欲,为阳。"

遥(2次)：遥远。《内揵》："遥闻声而相思。"

要(4次)：[1]要领,关键。《权》："观要得理。"[2]要结,结交。《谋》："因其说以要之。"

也(165次)：语末助词。《抵巇》："此谓抵巇之理也。"

一(8次)：[1]数词之始。《谋》："故百事一道,而百度一数也。"[2]专一。《捭阖》："是故圣人一守司其门户。"[3]相同,一致。《忤合》："大小进退,其用一也。"

伊尹(1次)：商朝的开国大臣。《忤合》："故伊尹五就汤。"

依(11次)：依靠,凭借。《权》："与贵者言,依于势;与富者言,依于高。"

仪(3次)：法式,标准。《谋》："乃立三仪。"《内揵》："莫知所为,退为大仪。"

宜(2次)：适宜,适应。《飞钳》："以钳和之,以意宜之。"

疑(7次)：[1]怀疑。《决》："为人凡决物,必托于疑者。"

［2］迟疑。《权》："纵舍不疑者,决也。"

已(2次):停止,停下来。《决》："用力犯勤苦,然而不得已而为之者,可则决之。"

以(124次):［1］介词。表示工具、凭借等。《内揵》："或结以道德,或结以党友。"［2］连词。《捭阖》："观阴阳之开阖以命物。"

矣(4次):表示完结语气,相当"了"。《谋》："然而无为而贵智矣。"

义(5次):合宜的行为。《捭阖》："夫贤不肖'智愚''勇怯''仁义'有差。"

议(3次):议论。《谋》："计生议,议生说。"

亦(2次):副词,相当"也"、"也是"。《谋》："夫度材量能、揣情者,亦事之司南也。"

异(6次):差异,不符合,引申为"识辨"。《捭阖》："阖而闭之者,异其诚也。"

易(8次):容易,平易。《飞钳》："制地形之广狭,岨崄之难易。"

羿(1次):上古的射箭英雄。《反应》："若羿之引矢。"

益(4次):增加。《权》："假之也,益损也。"

意(7次):［1］心意,意愿。《反应》："若探人而居其内,量其能,射其意。"［2］含义,方法。《内揵》："用其意,欲入则入,欲出则出。"

因(22次):［1］名词,所依靠的东西。《谋》："为人凡谋有道,必得其所因。"［2］因袭。《抵巇》："能因能循。"［3］依靠,根据。

《反应》："因其言，听其辞。"[4]趁着。《内揵》："因危与之。"

阴(20次)：跟"阳"相对的哲学概念，指雌性的、柔弱的、隐蔽的、消极的事物。《捭阖》："故言死亡、忧患、贫贱、苦辱、弃损、亡利、失意、有害、刑戮、诛罚，为阴。"

阴阳(7次)：古代重要哲学概念，指对立统一的客观世界与事物。《捭阖》："益损、去就、倍反，皆以阴阳御其事。"

殷(1次)：殷商，朝代名。《忤合》："吕尚三就文王，三入殷。"

引(8次)：[1]张弓发箭。《反应》："若羿之引矢。"[2]引导、牵引。《飞钳》："可引而南，可引而北。"

隐(8次)：[1]隐秘。《摩》："其道必隐微。"[2]隐藏。《揣》："其有欲也，不能隐其情。"

隐括(1次)：矫正弯曲的竹木的工具，引申为矫正、标准。《飞钳》："其有隐括，乃可征，乃可求，乃可用。"

隐匿(2次)：隐藏，隐蔽。《揣》："揣情不审，不知隐匿变化之动静。"

应(10次)：反应，应和。《反应》："其应必出。"

应对(1次)：回答，应和。《权》："应对者，利辞也。"

迎(2次)：迎接，迎合。《内揵》："已迎而御之。"

影(1次)：影子。《反应》："若光之与影也。"

拥(2次)：拥蔽。《谋》："奇不知其所拥。"

勇(4次)：勇敢。《权》："与勇者言，依于敢。"

用(48次)：使用，任用。《内揵》："就之不用。"

忧(2次)：忧愁。《权》："忧者，闭塞而不泄也。"

忧患(1次)：忧愁与祸患。《捭阖》："故言死亡、忧患、贫贱、苦辱、弃损、亡利、失意、有害、刑戮、诛罚，为阴。"

由(8次)：经过。《捭阖》："纵横反出、反覆反忤，必由此矣。"

有(72次)：[1]具有。《内揵》："故远而亲者，有阴德也。"
[2]相当"或"，有的。《摩》："有以平，有以正。"

有害(2次)：发生祸害。《捭阖》："故言死亡、忧患、贫贱、苦辱、弃损、亡利、失意、有害、刑戮、诛罚，为阴。"

有声(1次)：指语言。《反应》："以无形求有声。"

又(1次)：副词，表示同时存在。《谋》："貌者不美又不恶。"

右(2次)：右方，上等(古代崇尚"右")。《抵巇》："当此之时，能抵为右。"

诱(4次)：引诱。《谋》："夫仁人轻货，不可诱以利。"

于(70次)：[1]介词。引出处所、时间、对象，表示比较、被动等。《抵巇》："挥之于太山之本。"《忤合》："忤于此，反于彼。"《飞钳》："用之于人。"《摩》："故谋莫难于周密。"《谋》："不贵制于人也。"[2]动词。具有"表现"、"显示"之类的含义。《权》："佞言者，谄而于忠；谀言者，博而于智。"

余(2次)：多余。《揣》："有余不足几何？"

鱼(2次)：鱼类。《反应》："若比目之鱼。"

谀(1次)：阿谀。《权》："谀言者，博而于智。"

愚(6次)：愚蠢。《谋》："故愚者易蔽也。"

与(41次)：[1]给予。《反应》："欲取反与。"[2]结交，参与。《忤合》："用之天下，必量天下而与之。"[3]介词。《忤合》："以此先知之，与之转化。"[4]连词。《揣》："君之亲疏，孰贤，孰不肖？与宾客之知睿，孰少，孰多？"

语(5次):谈话。《揣》:"乃且错其人勿与语而更问所亲。"

玉(1次):玉石。《谋》:"故郑人之取玉也,载司南之车。"

欲(32次):[1]欲望。《揣》:"其有欲也,不能隐其情。"[2]想要。《内揵》:"欲入则入,欲出则出。"

御(4次):[1]使用。《内揵》:"日进前而不御者,施不合也。"[2]驾驭。《捭阖》:"皆以阴阳御其事。"

御世(2次):驾驭世界。奥妙,奥妙的道理。《忤合》:"非至圣达奥,不能御世。"

豫(1次):预先。《捭阖》:"必豫审其变化。"

渊(1次):深潭。《摩》:"如操钓而临深渊。"

原(2次):推求。《忤合》:"不劳心苦思,不能原事。"

圆(4次):与"方"相对,圆形,引申为"圆转"、"灵活"。《反应》:"如圆与方,如方与圆。未见形,圆以道之;既见形,方以事之。"

远(7次):与"近"相对。《内揵》:"有远而亲,近而疏。"

怨(2次):怨恨。《权》:"怨者,肠绝而无主也。"

曰(30次):[1]说。《内揵》:"故曰:不见其类而为之者见逆。"[2]叫作。《内揵》:"治名入产业,曰揵而内合。"

悦(1次):高兴。《摩》:"喜者,悦也。"

粤若(1次):发语助词,无实义。《捭阖》:"粤若稽古。"

Z

载(1次):装载。《谋》:"故郑人之取玉也,载司南之车。"

在(6次):动词,存在于某处。《捭阖》:"圣人之在天地间也。"

燥(1次):干燥。《摩》:"抱薪趋火,燥者先燃。"

则(34次):连词,就。《内揵》:"欲就则就,欲去则去。"

择(3次):选择。《摩》:"必择其所与通者说也。"

贼(2次):伤害。《决》:"有以阴贼之者。"

憎(2次):憎恨。《揣》:"孰好、孰憎?"

乍(2次):忽然变化。区别。《飞钳》:"乍同乍异。"

诈(1次):欺诈,不真实。《反应》:"得其情诈也。"

诈伪(1次):奸巧虚伪。《抵巇》:"贪利诈伪者作。"

战(1次):战争,战斗。《摩》:"主兵日胜者,常战于不争不费。"

张(4次):张开。《反应》:"若犹张罝网而取兽也。"

兆萌(1次):刚出现的征兆。《抵巇》:"兆萌牙蘖之谋。"

者(192次):[1]结构助词,与前面的词语结合在一起,表示人、事、物、原因等。《抵巇》:"贪利诈伪者作。""近而不可见者,不察其词也。"[2]语气助词,表示停顿。《权》:"饰言者,假之也。"

真(2次):与"假"相对。真实,真知灼见。《忤合》:"忠实无真,不能知人。"

针(1次):缝衣服的工具。《反应》:"若磁石之取针。"

眹(3次):征兆,迹象。《内揵》:"出无间,入无眹。"

争(1次):争斗。《摩》:"常战于不争不费。"

征(3次):征召。《飞钳》:"乃可征,乃可求。"

正(7次):[1]正当,正直。《摩》:"有以平,有以正。"

［2］正确。《反应》:"己不先定,牧人不正。"［3］正规的,正常的。《谋》:"正不如奇。"［4］端正,决定。《决》:"以正治乱,决成败。"

郑(1次):春秋时代诸侯国。《谋》:"郑人之取玉也,载司南之车。"

政(1次):政事。《抵巇》:"五帝之政,抵而塞之。"

之(297次):［1］至,到达。《捭阖》:"自古之今,其道一也。"［2］结构助词。用在定语与中心语之间,《捭阖》:"知存亡之门户。"用在主语与谓语之间,《捭阖》:"故圣人之在天下也。"用在并列语之间,《反应》:"见形也,若光之与影也。"［3］代词。《谋》:"摩而恐之,高而动之。"

知(42次):了解。《反应》:"故知之始己,自知而后知人也。"

知睿(2次):智慧谋略。《揣》:"与宾客之智睿,孰少孰多?"

直(2次):正直。《摩》:"正者,直也。"

止(3次):停止,阻止。《内揵》:"独往独来,莫之能止。"

指(2次):［1］指向。《反应》:"如螣蛇之所指。"［2］主张。《捭阖》:"以求其实,贵得其指。"

至(5次):［1］到达。《揣》:"先事而至。"［2］到了极点。《忤合》:"非至圣达奥,不能御世。"

志(2次):思想,志向。《捭阖》:"离合有守,先从其志。"

志意(2次):意愿。《捭阖》:"志意、喜欲、思虑、智谋,此皆由门户出入。"

制(13次):［1］制定。《谋》:"圣人之制道,在隐与匿。"［2］制约。《捭阖》:"制之以出入。"［3］掌握,了解。《飞钳》:"制地形之广狭。"

治(6次):[1]治理,指政治清明。《内揵》:"上暗不治,下乱不瘤。"

致(1次):招致。《决》:"致疏远。"

窒(1次):堵塞,改正。《权》:"先分不足而窒非者,反也。"

智(16次):聪明。《权》:"故与智者言,依于博。"

智谋(1次):智慧谋略。《捭阖》:"志意、喜欲、思虑、智谋,此皆由门户出入。"

智能(1次):智慧才能。《飞钳》:"用之于人,则量智能、权材力、料气势,为之枢机,以迎之随之。"

中(3次):[1]中间。《谋》:"曰上、曰中、曰下。"[2]符合。《捭阖》:"其不中权衡度数,圣人因而自为之虑。"

中正(1次):正当,不偏斜。《谋》:"中正而已矣。"

忠(4次):忠诚。《忤合》:"计谋不两忠。"

忠实(1次):老实。《忤合》:"忠实无真,不能知人。"

终(4次):结束,终结。《捭阖》:"诸言法阴之类者,皆曰终。"

终日(2次):一整天。《权》:"故终日言,不失其类。"

终始(4次):结束与开始的全过程。《捭阖》:"阴阳其和,终始其义。"

众(1次):众多。《揣》:"度于大小,谋于众寡。"

众口烁金(1次):众多口舌的议论,可以使得金属熔化。《权》:"'众口铄金',言有曲故也。"

众人(3次):普通人。《谋》:"智用于众人之所不能知,而能用于众人之所不能见。"

众生(1次):人们、人类。《捭阖》:"圣人之在天地间也,为众生之先。"

重(5次):[1]与"轻"相对,沉重,重要。《揣》:"不知强弱轻重之称。"[2]看重,重视。《飞钳》:"乃就说其所重。"[3]读chóng,重复。《反应》:"重之、袭之。"

重累(4次):使担负沉重的责任;或认为是反复的意思。《飞钳》:"或先征之,而后重累。"

周(1次):周详。《捭阖》:"即欲捭之,贵周。"

周密(3次):周详而隐秘。《捭阖》:"周密之贵微,而与道相追。"

诛罚(1次):受到惩罚。《捭阖》:"故言死亡、忧患、贫贱、苦辱、弃损、亡利、失意、有害、刑戮、诛罚为阴。"

珠玉(1次):珍珠玉石。玉璧与丝绸。《飞钳》:"或称财货、琦玮、珠玉、白璧、采色以事之。"

诸(2次):各种。《捭阖》:"诸言法阳之类者,皆曰始。"

诸侯(5次):各诸侯国及其君主。《抵巇》:"诸侯相抵,不可胜数。"

主(10次):[1]主持,主管。《摩》:"主兵日胜者,常战于不争不费。"[2]主旨。《摩》:"内符者,揣之主也。"

属(1次):连接。《忤合》:"化转环属,各有形势。"

注(1次):灌注,倾倒。《摩》:"平地注水,湿者先濡。"

转(4次):转变。《忤合》:"化转环属,各有形势。"

追(1次):追随,结合。《捭阖》:"周密之贵微,而与道相追。"

缀(2次):连缀,牵制。《飞钳》:"此飞钳之缀也。"

拙(2次):笨拙。《权》:"不用其所拙,而用愚人之所工,故不困也。"

资(1次):依靠,凭借。《权》:"说之者,资之也。"

子(2次):[1]儿子。《抵巇》:"父子离散。"[2]动物的后代。《内揵》:"若蚨母之从其子也。"

自(10次):[1]自己。《捭阖》:"圣人因而自为之虑。"[2]自自然然。《反应》:"彼自出之。"[3]介词,从。《捭阖》:"自古之今,其道一也。"

自然(1次):天然存在的发展趋势。《抵巇》:"物有自然,事有合离。"

纵(3次):[1]放纵,放开。《权》:"纵舍不疑者,决也。"[2]放纵,纵容。《谋》:"故去之者,纵之。"

纵横(1次):交错,变化。道藏本注释认为是"废起"(废止与开始)的意思。《捭阖》:"纵横反出、反覆反忤,必由此也。"

足(3次):充足。《揣》:"有余不足几何?"

岨崄(1次):阻险。《飞钳》:"岨险之难易。"

最(2次):表示程度。《揣》:"故曰揣情最难守司。"

尊荣(1次):尊贵与荣耀。《捭阖》:"故言长生、安乐、富贵、尊荣、显名、爱好、财利、得意、喜欲,为阳。"

左(1次):与"右"相对。《反应》:"进退左右,以是司之。"

佐助(1次):辅助,助手。《权》:"耳目者,心之佐助也。"

作(2次):兴起。《抵巇》:"贪利诈伪者作。"

第三部分

《鬼谷子》资料与传说

《鬼谷子》资料

一、史记 司马迁[1]

1《史记·苏秦列传》:"苏秦[2]者,东周洛阳人也。东事师于齐,而习之于鬼谷先生。""苏秦兄弟三人,皆游说诸侯以显名,其术长于权变。而苏秦被反间以死,天下共笑之,讳学其术。然世言苏秦多异,异时事有类之者皆附之苏秦。夫苏秦起闾阎,连六国从亲,此其智有过人者。吾故列其行事,次其时序,毋令独蒙恶声焉。"

裴骃[3]《史记集解》:"徐广[4]曰:颍川阳城有鬼谷,盖是其人所居,因为号。"骃案:"《风俗通义》[5]曰:鬼谷先生,六国时从横家。""《鬼谷子》有揣摩篇也。"

司马贞[6]《史记索隐》:"苏秦,字季子。盖苏忿生之后,己姓也。谯周[7]云:'秦兄弟五人,秦最少。兄代、代弟厉及辟、鹄,并为游说之士。'此下云:'秦弟代,代弟厉也。'""鬼谷,地名也。扶风池阳、颍川阳城并有鬼谷墟,盖是其人所居,因为号。又乐壹注《鬼谷子》书云:'苏秦欲神秘其道,故假名鬼谷。'""王劭云:'《揣情》《摩意》是《鬼谷》之二章名。'非为一篇也。"

张守节[8]《史记正义》:"《战国策》云:'苏秦,洛阳乘轩里人也。'《艺文志》[9]云:《苏子》三十一篇。在纵横流。"

2.《史记·张仪列传》:"张仪[10]者,魏人也。始尝与苏秦俱事鬼谷先生,学术。苏秦自以不及张仪。"

张守节《史记正义》:"《艺文志》云:《张子》十篇。在纵横流。"

3.《史记·樗里子甘茂传》:"甘茂,非常士也。其居于秦,累世重矣。自殽塞及至鬼谷,其地形险易皆明知之。"

司马贞《史记索隐》:"徐广云:'在阳城。'刘氏云:'此鬼谷,在关内云阳。'是矣。"

张守节《史记正义》:"刘伯庄云:'此鬼谷,关内云阳,非阳城者也。'案:阳城鬼谷时属韩,秦不得言置之。"

4.《史记·太史公自序》:"故曰:'圣人不朽,时变是守。虚者道之常也,因者君之纲也。'群臣并至,使各自明也。"

司马贞《史记索隐》:"故曰'圣人不朽'至'因者君之纲',此出《鬼谷子》,迁引之,以成其章,故称'故曰'也。"

张守节《史记正义》:"言圣人教迹不朽灭者,顺时变化。"

注释

1 司马迁:西汉夏阳(今陕西韩城南)人。著名历史学家。其代表作《史记》是我国第一部纪传体通史,是历代正史的典范,也是一部优秀的文学著作。

2 苏秦:鬼谷子的学生,战国纵横家的代表人物。他说服山东六国合纵抗秦,曾经佩带六国的相印。《汉书·艺文志》著录《苏子》三十一篇,已经亡佚。《战国策》记载其言论的篇章比较多。长沙马王堆汉墓所发现的帛书《战国纵横家书》共27章,其中有15章是记载苏秦的言论。

3 裴骃:南朝(刘宋王朝)的著名史学家。他为《史记》作了《集解》。

4 徐广:东晋学者,《南史》有传,著作有《晋纪》《车服仪注》等。

5 《风俗通义》:应劭作。应劭是东汉末年学者,著述颇多。

6 司马贞:唐玄宗开元年间学者,为《史记》作《索隐》,并补《三皇本纪》。

7 谯周:三国蜀汉史学家,著作有《古史考》等。

8 张守节:唐朝开元年间史学家,为《史记》作《正义》。

9 《艺文志》:班固《汉书·艺文志》,著录先秦以及汉朝作家作品,是研究我国上古文献的最重要的目录学著作。

10 张仪:鬼谷子学生,跟苏秦同学。他向秦王进献连横计谋,破坏六国的合纵,是纵横家中连横派的代表人物。《汉书·艺文志》著录《张子》十篇,已经亡佚。

二、说苑·善说 刘向[1]

孙卿[2]曰:"夫谈说之术,齐庄以立之,端诚以处之,坚强以持之,譬称以谕之,分别以明之,欢欣愤满以送之,宝之珍之,贵之神之,如是则说常无不行矣。……"鬼谷子曰:"人之不善而能矫之者,难矣!说之不行、言之不从者,其辩之不明也;既明而不行者,持之不固也;既固而不行者,未中其心之所善也。辩之明之,持之固之,又中其人之所善,其言神而珍,白而分,能入于人之心,如此而说不行者,天下未尝闻也。此之谓善说。"子贡[3]曰:"出言陈辞,身之得失,国之安危也。"《诗》云:"辞之绎矣,民之莫矣。"[4]夫辞者人之所以自通也。主父偃[5]曰:"人而无辞,安所用之?"昔子产修其辞而赵武致其敬[6];王孙满明其言,而楚庄以惭[7];苏秦行其说,而六国以安;蒯通[8]陈说,而身得以全。夫辞者,乃所以尊君、重身、安国、全性者也。故辞不可不修,而说不可不善。

附:《九叹·思古》:凌惊雷以轶骇电兮,缀鬼谷于北辰。

[注释]

1 刘向:西汉著名学者、文学家、目录学家。有《说苑》《新序》《列女传》《洪范五行传》等著作传世。他在皇家图书馆点校各类书籍近二十年,最后撰写出我国最早的目录学著作《别录》,为其子刘歆《七略》与班固《汉书·艺文志》所本。

2 孙卿:即战国大思想家荀子。

3 子贡:孔子学生,姓端木,名赐。善于外交辞令。

4 《诗》:《诗经》。这两句诗出自《诗经·大雅·板》。

5 主父偃:汉武帝时代政治家,他建议采用"推恩法"削弱诸侯的势力。他早年学习纵横游说之术。

6 子产:春秋时代郑国政治家。他很重视外交辞令。《左传》多次记载他在外交场合,跟晋国、楚国等强国周旋,以辞令折服对方。赵武:晋国当权的大夫赵武子。

7 王孙满:东周王朝的大夫。楚庄:楚庄王,春秋五霸之一。楚庄王经过洛阳时,向王孙满询问象征王朝权威的九鼎的轻重,表现出政治野心。

8 蒯通:楚汉相争时期的纵横游说家。他曾经劝韩信背叛刘邦,后来被刘邦捉住,要烹煮他,他依靠巧妙的辩说,使自己免除了酷刑。

三、法言·渊骞 扬雄[1]

或问:"仪、秦学乎鬼谷术,而习乎纵横言,安中国者各十余年。是夫?"曰:"诈人也,圣人恶诸。"

曰:"孔子读,而仪、秦行,何如也?"曰:"甚矣!凤鸣而鸷翰也。"

"然则子贡不为欤?"曰:"乱而不解,子贡耻诸;说而不富贵,仪、秦耻诸。"

或曰:"仪、秦其才矣乎?迹不蹈已。"曰:"昔在任人,帝曰难之,亦才矣。才乎才,非吾徒之才也。"

注释

1 扬雄:西汉末年文学家、哲学家。写有《法言》《太玄》《方言》等著作。

四、论衡 王充[1]

问曰:"佞人直以高才洪知考上世人乎?将有师学检也?"

曰:人自有知以诈人,及其说人主,须术以动上,犹上人自有勇威人,及其战斗,须兵法以进众。术则从横,师则鬼谷也。《传》曰:"苏秦、张仪从横习之,鬼谷先生,掘地为坑,曰:'下,说令我泣出,则耐[2]分人君之地。'苏秦下,说鬼谷先生泣下沾襟。张仪不若。"苏秦相赵,并相六国。张仪贫贱,往归苏秦。座之堂下,食以仆妾之食,数让³激怒,欲令相秦。仪忿恨,遂西入秦。苏秦使人厚送。其后觉知,曰:"此在其术中,吾不知也,此吾所不及苏君者。"(《答佞》)

雍门子悲哭,孟尝君为之流涕;苏秦、张仪悲说坑中,鬼谷先生泣下沾襟。或者傥可为雍门之声,出苏、张之说,以感天乎?(《明雩》)

〔注释〕

1 王充:东汉时代大思想家,代表作是《论衡》。

2 耐:能够。

3 让:责备。

五、文心雕龙 刘勰¹

孟轲膺儒以磬折²,庄周述道以翱翔³;墨翟执俭确之教⁴,尹文⁵课名实之符;野老⁶治国于地利,驺子⁷养政于天文;申、商刀锯以制理⁸,鬼谷唇吻以策勋。鬼谷渺渺,每环奥义。(《诸子》)

暨战国争雄,辨士云踊;从横参谋,长短角势。《转丸》骋其巧辞,《飞钳》伏其精术。一人之辨,重于九鼎之宝;三寸之舌,强于百万之师。六印磊落以佩,五都隐赈而封。(《论说》)

注释

1 刘勰:字彦和,萧梁时代东莞莒(今山东莒县)人,著名文艺理论家。其《文心雕龙》共50篇,体大思精,是我国古代最系统的文艺理论著作。

2 孟轲:儒家代表人物,有《孟子》传世。磬折:形容弯腰讲究礼仪的样子。

3 庄周:道家代表人物,有《庄子》传世。翱翔:逍遥的样子。

4 墨翟:墨家创始人,有《墨子》传世。俭确:节俭。

5 尹文:即尹文子,名家代表人物,有《尹文子》存世。

6 野老:战国时代农家的代表人物。

7 邹子:邹衍,阴阳家代表人物。

8 申:申不害,法家代表人物。商:商鞅,法家代表人物,有《商君书》传世。

六、隋书·经籍志 魏徵[1]等

《鬼谷子》三卷,皇甫谧[2]注。鬼谷子,周世隐于鬼谷。《鬼谷子》三卷,乐壹注。

注释

1 魏徵:唐朝初年著名政治家、历史学家。唐太宗时担任门下省侍中,受诏总管编撰周、隋史书。

2 皇甫谧:西晋初年学者。有《帝王世纪》《高士传》《甲乙经》等著作。

七、鬼谷子序 长孙无忌[1]

《隋书·经籍志》:《鬼谷子》三卷,皇甫谧注。鬼谷子,楚人也,周世隐于鬼谷。梁有陶弘景[2]注三卷,又有乐壹注三卷。

纵横者,所以明辩说、善辞令,以通上下之志者也。《汉志》以为本出行人之官,受命出疆,临事而制。故曰:"诵《诗》三百,使于四方,不能专对,虽多亦奚以为?"《周官·掌交》"以节与币巡邦国之诸侯,及万姓之聚,导王之德意志虑,使辟行之,而和诸侯之好,达万民之说,谕以九税之利、九仪之亲、九牧之维、九禁之难、九戎之威"是也。佞人为之,则便辞利口,倾危变诈,至于贼害忠信,覆邦乱国。监修国史赵国公长孙无忌等撰上。

注释

1 长孙无忌:唐初大臣。他随唐高祖李渊起兵反隋,从太宗李世民平定天下,建立唐朝。以功封齐国公,徙赵国公。他是太宗的文德皇后的哥哥。太宗逝世,他受诏辅佐高宗,并监修国史。武则天当权,很忌恨他,指使人诬告他谋反,他在流放黔州途中自杀。

2 陶弘景:字通明,谥贞白先生。丹阳秣陵人。南朝齐梁时代的著名道士、医药学家。他著作甚多,《隋书》《唐书》都有著录。

八、文选注 李善[1]

注郭璞《游仙诗》，引庾仲雍《荆州记》曰："临沮县有清溪山，山东有泉，泉侧有道士精舍。"又引《鬼谷子序》曰："周时有豪士，隐于鬼谷者，自号鬼谷子，言其自远也。然鬼谷之名，隐者通号也。"

注应德琏《侍五官中郎将建章台集诗》："《鬼谷子》曰：以识细微。"

注卢子谅《赠刘琨一首并书》："《鬼谷子》曰：'物有自然。' 乐氏[2]曰：'自然，继本名也。'"

注陆士衡《汉高祖功臣颂》："《鬼谷子》曰：测深揣情。"

注刘孝标《辨命论》："《鬼谷子》曰：即欲阖之，贵密；密之，贵微。"

注陆士衡《演连珠五十首》："《鬼谷子》曰：藏形，其有欲也，不能隐其情。"

又，五臣注左思《吴都赋》："《鬼谷子》曰：郑人取玉，必载司南之车，为其不惑也。"

注释

1 李善：唐高宗时代学者，他为《昭明文选》作的注非常著名。

2 乐氏：即梁代为《鬼谷子》作注的乐壹。

九、感遇（十一） 陈子昂[1]

吾爱鬼谷子，青溪无垢氛。囊括经世道，遗身在白云。七雄方龙斗，天下久无君。浮荣不足贵，遵养晦时文。舒可弥宇宙，卷之不盈分。岂徒山木寿，空与麋鹿群。

注释

1 陈子昂：唐朝著名诗人。早年爱好纵横之术，晚年归向道家。

十、鬼谷子序 尹知章[1]

苏秦、张仪往事之，受《捭阖》之术十有二章，复受《转丸》《肢乱》二章。然秦、仪用之，裁得温言、酒食、货财之赐。秦也、仪也，知道未足行，复往见，具言："所受于师，行之，少有口吻之验耳；未有倾河填海移山之力。岂可更至要，使弟子深见其阃奥乎？"先生曰："为子陈言至道。"斋戒择日而往见。先生乃正席而坐，严颜而言，告二子以全身之道。

注释

1 尹知章：唐朝经学家，他爱好注释古书，注释过《孝经》《老子》《庄子》《管子》《韩非子》以及《鬼谷子》。今正统《道藏》本中所保存的注释，一般人都认为是陶弘景注，其实就是尹知章为《鬼谷子》作的注释。

他为《鬼谷子》写的序已经遗失。残存的这一段,保存在王应麟《困学纪闻》卷十中。

十一、辨鬼谷子 柳宗元[1]

元冀好读古书,然甚贤《鬼谷子》,为其《指要》几千言。《鬼谷子》要为无取。汉时刘向、班固录书,无《鬼谷子》。《鬼谷子》后出,而险盭峭薄[2],恐其妄言乱世,难信,学者宜其不道。而世之言纵横者,时葆[3]其书。尤者,晚乃益出《七术》[4],怪谬异甚,不可考校。其言益奇,而道益狭。使人狙狂失守,而易于陷坠。幸矣,人之葆之者少。今元子又文之以《指要》,呜呼,其为好术也过矣!

注释

1 柳宗元:唐朝著名散文家、思想家。
2 险盭(lì):乖戾。峭薄:刻薄,不厚道。
3 葆:珍视。
4《七术》:指《鬼谷子》中的《本经阴符七术》。

十二、太平御览 李昉[1]

《人事部·游说下》:《鬼谷子》曰:"《抵巇》篇云'巇者,始有朕。可抵而塞,可抵而却。圣人知之,独保其用,因作说事'。"

《礼仪部·斋戒·傩》:《鬼谷子》曰:"周有豪士,居鬼谷,号为鬼谷先生。苏秦、张仪往见之。先生曰:'吾将为二子陈言至道,子其斋戒,择日而学。'后,秦、仪斋戒而往。"

注释

1 李昉:五代、北宋学者,曾主持编写《太平御览》《太平广记》《文苑英华》等书。

十三、旧唐书·经籍志 赵莹、刘昫[1]等

子部纵横家类录书仅四部:"《鬼谷子》二卷,苏秦撰。""又三卷,乐壹注。""又三卷,尹知章注。""《补阙子》十卷,梁元帝撰。"

注释

1 赵莹、刘昫:五代后晋的大臣,先后负责监修《旧唐书》。

十四、新唐书·艺文志 欧阳修、宋祁[1]

子部纵横家类录书仅四部:"《鬼谷子》二卷,苏秦。""乐壹注《鬼谷子》三卷。""梁元帝《补阙子》十卷。""尹知章注《鬼谷子》三卷。"

1 欧阳修:北宋诗文革新运动的领袖。他不满意《旧唐书》《旧五代史》而重修《新唐书》与《新五代史》。宋祁:北宋词人、史学家。

十五、通志·艺文略 郑樵[1]

《鬼谷子》三卷,皇甫谧注。鬼谷先生,楚人也。生于周世,隐居鬼谷;又三卷,乐壹注。又三卷,唐尹知章注。又三卷,梁陶弘景注。[2]

1 郑樵:南宋著名史学家。其代表作《通志》,是一部上自三皇五帝、下迄唐朝的纪传体通史。

2《通志》在四家注中,把本应该列在尹知章注之前的陶弘景注列在尹注之后,可见作者对陶注有怀疑,甚至可能没有看到陶注。

十六、郡斋读书志 晁公武[1]

《郡斋读书志》卷十一:《鬼谷子》三卷,右鬼谷先生撰。按《史记》,战国时隐居颍川阳城之鬼谷,因以自号。长于养性治身,苏秦、张仪师之,受纵横之事。叙谓此书即授秦仪者,捭阖之术十三章。《本经》《持枢》《中经》三篇,梁陶弘景注。《隋志》以为苏秦书,《唐志》以为尹知章注,未知孰是。陆龟蒙诗谓鬼谷先生名诩,不详所从出。柳子厚尝曰:"刘向、班固录书无《鬼谷子》。《鬼谷子》后出而险螫峭薄,恐其妄言乱世,难信。尤者,晚乃益出《七术》,怪谬异甚,言益隘,使人猖狂失守。"来鹄亦曰:《鬼谷子》,昔教人诡绐激讦、揣测险滑之术,悉备于章旨。六国时得之者,惟仪、秦而已。如《捭阖》《飞钳》,实今之常态。是知渐漓之后,不读鬼谷子书者,其行事皆得自然符契也。昔仓颉作文字,鬼为之哭。不知鬼谷作是书,鬼何为邪? 世人欲知鬼谷子者,观二子之言略尽矣。故掇其大要,著之篇首。

注释

1 晁公武:南宋学者。他著述颇多,其《郡斋读书志》开创有解题的目录学先河。

十七、鬼谷子略 高似孙[1]

战国之事危矣! 士有挟隽异豪伟之气,求聘乎用,其应对酬酢,变诈激昂,以自放于文章,见于顿挫险怪、离合揣摩者,其辞又极矣。

《鬼谷子》书,其智谋、其数术、其变谲、其辞谈,盖出于战国诸人之表。夫一辟一阖,《易》之神也;一翕一张,老氏之幾也。鬼谷之术,往往有得于阖辟翕张之外,神而明之,益至于自放溃裂而不可御。予尝观诸《阴符》矣,穷天之用,贼人之私,而阴谋诡秘,有

《金匮》《韬略》之所不可该者[2]，而《鬼谷》尽得而泄之，其亦一代之雄乎！

按：刘向、班固录书无《鬼谷子》，《隋志》始有之，列于纵横家。《唐志》以为苏秦之书。然苏秦所记，以为周时有豪士隐者，居鬼谷，自号鬼谷先生，无乡里、族姓、名字。今考其言，有曰："世无常贵，事无常师。"又曰："人动我静，人言我听。""知性则寡累，知命则不忧。"凡此之类，其为辞亦卓然矣。至若《盛神》《养志》诸篇，所谓"中稽道德之祖，散入神明之颐者"，不亦几乎！郭璞《登楼赋》有曰："揖首阳之二老，招鬼谷之隐士。"《游仙诗》曰："青溪千余仞，中有一道士。借问此谁何？云是鬼谷子。"可谓慨想其人矣！徐广曰："颍川阳城有鬼谷。"注其书者，乐壹、皇甫谧、陶弘景、尹知章。

注释

1 高似孙：南宋学者。著作有《史略》《子略》《骚略》《纬略》等。

2 《阴符》：指《鬼谷子》中的《本经阴符七术》。《金匮》《韬略》：泛指秘密珍藏的研究军事谋略的书籍。该：包括。

十八、直斋书录解题 陈振孙[1]

战国时，苏秦、张仪所师事者，号鬼谷先生。其地在颍川阳城。名氏不传于世。此书《汉志》亦无有，隋唐《志》始见之。《唐志》则直以为苏秦撰，不可考也。《隋志》有皇甫谧、乐壹二家注。今本称陶宏（弘）景注。

注释

1 陈振孙：南宋著名目录学家。其著作《直斋书录解题》，每部书都有
解题。

十九、《玉海》卷五十三 王应麟[1]

《唐志》纵横家，《鬼谷子》二卷；又，乐壹注，三卷；尹知章注，
三卷。《史记正义》：鬼谷，谷名，在洛州阳城县北五里。《七录》[2]
有苏秦书。乐壹注云："秦欲神秘其道，故假名鬼谷也。"《鬼谷子》
三卷，乐壹注。字正，鲁郡人。有《阴符》七术，有《揣》及《摩》二
篇。《战国策》云："得太公《阴符》之谋，伏而诵之，简练以为揣摩，
朞年《揣》《摩》成。"按，《鬼谷子》乃苏秦书明矣。《中兴
书目》[3]：三卷。周时高士，无乡里、族姓、名字，以其所隐，自号鬼
谷先生。苏秦、张仪事之，授以《捭阖》，下至《符言》等十有二篇，
及《转圆》《本经》《持枢》《中经》等篇，亦以告仪、秦者也。一本，
始末皆东晋陶弘景注；一本，《捭阖》《反应》《内揵》《抵巇》四篇，
不详何人训释，中、下二卷与弘景所注同。

注释

1 王应麟：南宋末年学者，著述丰富。
2《七录》：南朝梁代阮孝绪所撰书目，现在已经失传。
3《中兴书目》：即《中兴馆阁书目》，南宋官修书目。

二十、文献通考 马端临[1]

《文献通考》所记纵横家类,文字跟《郡斋读书志》大体相同。

[注释]

1 马端临:宋、元之际的学者。其《文献通考》叙述自上古至宋朝的典
章制度,与《通典》《通志》并称"三通"。

二十一、宋史·艺文志 脱脱[1] 等

子部纵横家类录书仅三部:"《鬼谷子》三卷。""高诱注《战国
策》三卷。""鲍彪注《战国策》三卷。"

[注释]

1 脱脱:元顺帝时的丞相,主管修《宋史》。

二十二、鬼谷子辨 宋濂[1]

《鬼谷子》三卷,鬼谷子撰,一名玄微子。鬼谷子无姓名、里居,
战国时隐颍川阳城之鬼谷,故以为号。或云王诩(诩一作"诩")者,
妄也。长于养性治身,苏秦、张仪师之,受捭阖之术十三章,又受《转

圆》《肱箧》及《本经》《持枢》《中经》三篇。《转圆》《肱箧》今亡。梁陶弘景注。刘向、班固录书,无《鬼谷子》,《隋志》始有之,列于纵横家。《唐志》以为苏秦之书。

大抵其书皆捭阖、钩钳、揣摩之术。其曰:"与人言之道,或拨动之令有言,以示其同;或闭藏之使自言,以示其异,捭阖也。既内感之而得其情,即外持之使不得移,钩钳也。量天下之权,度诸侯之情,而以其所欲动之,揣摩也。"是皆小夫蛇鼠之智,家用之则家亡,国用之则国偾,天下用之则失天下。学士大夫宜唾去不道。高氏[2]独谓其得于《易》之阖辟翕张之外,不亦过许矣哉!其中虽有"知性寡累,知命不忧",及"中稽道德之祖,散入神明之赜"等言,亦恒语尔,初非有甚高论也。呜呼!曷不观之仪、秦乎?仪、秦用其术而最售者,其后竟何如也?高爱之慕之,则吾有以识高矣。

注释

1 宋濂:明朝初年文学家,被誉为"开国文臣之首"。本篇是其《诸子辨》的一部分。他站在正统立场,对《鬼谷子》持完全否定的态度。
2 高氏:指南宋时代的高似孙。

二十三、升庵集 杨慎[1]

《汉书·艺文志》:"《鬼容区》三篇。"注:"即《鬼臾区》[2]也。"《郊祀志》"黄帝得宝鼎,冕侯问于鬼臾区"云云,注:"即鬼容区。'容''臾'声相近。"今案:鬼谷即鬼容者,又字相似而误也。高似孙《子略》便谓《艺文志》无《鬼谷子》,何其轻于立论乎?

注释

1 杨慎:字升庵,明朝著名文学家、学者。

2 《鬼臾区》:《汉书·艺文志》的"兵书略"的"兵阴阳"部分,著录《鬼臾区》三篇,明确注明鬼臾区是"黄帝臣"。

二十四、四部正讹 胡应麟[1]

《鬼谷子》,《汉志》绝无其书,文体亦不类战国。晋皇甫谧序传之。案:《隋志》纵横家有《苏秦》三十一篇,《张仪》十篇;《隋经籍志》已亡。盖东汉人本二书之言,会萃附益为此;或即谧手所成而托名鬼谷,若子虚、亡是云耳。《隋志》占气家又有《鬼谷》一卷,今不传。(又,关尹傅亦称鬼谷,见《隋志》。)

注释

1 胡应麟:明朝著名学者,藏书家。著作有《少室山房笔丛》等。《少室山房笔丛》有多部,其中的《四部正讹》专门考证伪书。

二十五、古今伪书考 姚际恒[1]

《鬼谷子》,《汉志》无,《隋志》始有,列于纵横家。《唐志》以为苏秦之书。按《史记·苏秦传》云:"东事师于齐,而习之于鬼谷先生。"《索隐》曰:"乐壹注《鬼谷子书》云,秦欲神秘其道,故假名鬼谷。"然则其人本无考,况其书乎! 是六朝所托无疑。

注释

1 姚际恒:清朝初年学者。

二十六、鬼谷子提要 纪昀等[1]

案《鬼谷子》,《汉志》不著录;《隋志》纵横家有《鬼谷子》三卷,注曰:"周世隐于鬼谷。"《玉海》引《中兴书目》曰:"周时高士,无乡里、族姓、名字,以其所隐,自号鬼谷先生。苏秦、张仪事之,授以《捭阖》至《符言》等十有二篇,及《转丸》《本经》《持枢》《中经》等篇。"因《隋志》之说也。《唐志》卷数相同,而注曰苏秦。张守节《史记正义》曰:"鬼谷在洛州阳城县北五里。"《七录》[2]有《苏秦书》,乐壹注云:"秦欲神秘其道,故假名鬼谷。"此又《唐志》之所本也。胡应麟《笔丛》则谓《隋志》有苏秦三十一篇、张仪十篇,必东汉人本二书之言,荟萃为此,而托于鬼谷,若子虚、亡是之属。其言颇为近理,然亦终无确证。《隋志》称皇甫谧注,则为魏晋以来书,固无疑耳。

《说苑》引《鬼谷子》,有"人之不善而能矫之者,难矣"一语,今本不载。又惠洪[3]《冷斋夜话》引《鬼谷子》曰:"崖蜜,樱桃也。"今本亦不载,疑非其旧。然今本已佚其《转丸》《胠箧》二篇,惟存

《捭阖》至《符言》十二篇。刘向所引或在佚篇之内。至惠洪所引，据王直方[4]《诗话》，乃《金楼子》之文，惠洪误以为《鬼谷子》耳。均不足以致疑也。

高似孙《子略》，称其"一阖一辟，为《易》之神，一张一翕，为老氏之术，出于战国诸人之表"，诚为过当。宋濂《潜溪集》诋为"蛇鼠之智"，又谓其文浅近，不类战国时人，又抑之太甚。柳宗元《辨鬼谷子》，以为"言益奇而道益隘"，差得其真。盖其术虽不足道，其文之奇变诡伟，要非后世所能为也。

注释

1 纪昀：清朝著名学者。乾隆年间主持《四库全书》编撰。《四库全书》收录在子部杂家类的《鬼谷子》，是两江总督的采进本，不是有注解的《道藏》本。

2 《七录》：南朝萧梁时代阮孝绪所撰写的一部图书分类目录专著。全书内篇有《经典录》《记传录》《子兵录》《文集录》《技术录》，外篇有《佛录》《道录》，共七录。原书已经失传，有关资料见《广弘明集》的"阮孝绪"条。

3 惠洪：宋朝僧人，工诗，著有《冷斋夜话》十卷，论诗并杂记见闻。

4 王直方：江西派诗人，著有《王直方诗话》六卷。

二十七、鬼谷子跋 卢文弨[1]

是书，余年家子江都秦太史敦夫[2]，曾依《道藏》本绣梓，为校一过。今年甲寅，始见钱遵王[3]手钞本，乃知《道藏》本之讹脱不可胜计。《内揵》篇内至脱去正文、注文四百十有二字。余亟借以补正之。噫！若使无此本，不即以《藏》本为善本哉！校既竟，因为书其后。

注释

1 卢文弨：乾隆时代学者，精于校订古籍，他校勘的许多古籍都是善本。著有《群书拾补》《抱经堂集》。

2 秦太史：指秦恩复。秦恩复，字敦夫。太史：指翰林院编修。

3 钱遵王：指著名藏书家钱曾，遵王是钱曾的字。著有《读书敏求记》《述古堂书目》等。

二十八、鬼谷子序（乾隆刊本）秦恩复[1]

《鬼谷子》，陶弘景注，三卷，阳湖孙渊如同年读《道藏》于华阴岳庙时所录本也[2]。乾隆丁未，恩复与渊如校书于文源阁，暇日出以相示，计欲付梓，旋以乞假归里，不果。戊申冬来京师，因取而校之。

按：鬼谷子，不知何人。《道藏目录》云："姓王名诩，晋平公时人。"《史记》云："苏秦师事鬼谷先生。"《拾遗记》则以"鬼谷"为"归谷"，盖"归""鬼"声转。《尔雅》曰："鬼之言归也。"其谓苏秦托名鬼谷者，以《史记·苏秦列传》有"简练以为揣摩，期年揣摩成"之语，而《鬼谷子》适有《揣》《摩》二篇，遂附会其说，实无所据。或云，周时有豪士隐于鬼谷者，近是。

　　书凡三卷,自《捭阖》至《符言》,凡十二篇;《转丸》《胠箧》二篇旧亡。又有《本经阴符术》,及《持枢》《中经》共二十一篇。考《说苑》《史记注》《文选注》《太平御览》《意林》诸书所引,颇有数条,为今书所不载,或文与今本差异,则知书之脱佚,不仅《转丸》《胠箧》二篇也。是书不见《汉志》,至隋唐始著录。《隋书》作三卷,《旧唐书》《新唐书》皆作二卷,又作三卷。直题曰:苏秦撰。《史记索隐》引乐壹注云:"苏秦欲神秘其道,故假名鬼谷。"然《汉书》纵横家有《苏子》三十二篇,使假名鬼谷,何以班固略而不注也?柳子厚尝讥其险鸷峭薄,妄言乱世。今观其书,词峭义奥,反复变幻,苏秦得其绪余,即掉舌为从约长,真纵横家之祖也!

　　注《鬼谷》者,旧有乐壹、皇甫谧、陶弘景、尹知章四家。陶注,至《中兴书目》始见。乐注,《文选注》中一引之。《太平御览·游说部》所引注,皆与陶注不同,意亦乐氏注也。今《藏》本不著注者名氏,渊如据注中有"元亮曰"云云。元亮为陶潜字,弘景引其言,故去姓称字,断为陶注。恩复按:《中兴书目》、晁公武《读书志》、陈振孙《书录解题》、钱遵王《读书敏求记》,皆称陶弘景注。则知陶注自宋迄今犹存。《鬼谷子》,世多有其书,而陶注不传,向非《道藏》所存,则亦终湮失矣。恩复因剌取唐宋书注所引,校正文字一二,旧注亦掇而存之,附于本文之下。其或他书所引本文,今本不载,及称鬼谷事迹足相考证者,并附录于后,以备览观焉。

注释

1　秦恩复:字敦夫。乾隆、嘉庆年间学者。曾经担任翰林院编修等职务。
2　孙渊如:即孙星衍(字渊如)。同年:科举时代,同榜考试录取的人。

秦恩复与孙星衍都是乾隆五十二年进士。《道藏》：道教典籍的汇刻。华阴岳庙：陕西华阴的西岳庙。

二十九、鬼谷子跋 阮元[1]

陶弘景注《鬼谷子》，为《道藏》旧本。吾乡秦编修敦夫，博览嗜古，精于校雠。因刺取诸书，考订讹谬，梓行之。其略见自序中。

元读《鬼谷子》，中多韵语[2]。又其《抵巇》篇曰："巇者，罅也。[3]"读巇如呼，合古声训字之义，非后人所能依托。其篇名有《飞钳》，按《周礼·春官·典同》"微声韽"，后郑读为"飞钻涅韽之韽"，"钳""钻"同字，贾疏即引《鬼谷子》证之。又《揣》《摩》二篇，似放《苏秦传》"简练以为揣摩"之语为之。然《史记·虞卿传》称《虞氏春秋》亦有《揣摩》篇，则亦游说者之通语也。窃谓书苟为隋、唐《志》所著录而今仅存者，无不当精校传世。况是编为纵横家独存之子书，陶氏注又世所久佚，诚网罗古籍者所乐睹也。

注释

1 阮元：清朝著名学者、政治家。嘉庆、道光年间历任户部、兵部、工部侍郎，浙江、福建、江西巡抚，两广、云贵总督。历官所至，悉力提倡学术。他主持编辑出版的《十三经校勘记》《经籍纂诂》《皇清经解》等，皆是经学与训诂学名著。

2 中元：阴历七月十五日。韵语：指行文中往往押韵。这是先秦古籍的一个特点，通过押韵以便于人们记忆。

3 巇者，罅也：这是用同音字解释词义的形式，古代叫作“音训”。“巇”今读 xī，“罅”今读 xià，读音不同。但是，在上古时代（先秦时代）读音相同。“巇”字，在上古时代是晓母歌韵；“罅”字，在上古时代是晓母鱼韵，《广韵》注音为“呼讶切”。《鬼谷子》把“罅”叫作“巇”的同音字，可以说明《鬼谷子》是上古时代的著作。

三十、读书脞录 孙志祖[1]

《读书脞录》“鬼谷子”条云：《鬼谷子》注，向有乐壹、皇甫谧、陶弘景、尹知章四家。今所传者，不著撰人名氏。近，秦太史恩复刻本题为“梁陶弘景注”。以注中有引“元亮曰”之文，元亮为陶潜字，弘景引其言去姓称字，故断为陶注。

志祖案：注中又有称“陶弘景曰”者，则其人在弘景后，而非弘景注明矣。（近刻去此四字，但注云“别本引称陶弘景曰”。）去姓称字，古人注书亦无此体例。疑所称元亮者，或其人姓元，未定是五柳先生也。今本盖唐尹知章注。尹知章《鬼谷子叙》，《困学纪闻》尝引之。（弘景丹阳秣陵人，与陶潜本非一族。）

注释

1 孙志祖：乾隆年间进士，精于考订。

三十一、鬼谷子跋 周广业[1]

绿饮鲍君购得《鬼谷子》钞本,属余是正。注甚明白简当,自非五季[2]、宋人可及。乃其卷首题曰"东晋贞白先生丹阳陶弘景注",则非也。陶系梁人,大同初,赐谥贞白。东晋之误,无待深辨。

案:《鬼谷》录自《隋志》,有皇甫谧、乐壹注各三卷。新旧《唐志》,无皇甫谧,而增尹知章注三卷,不闻陶也。陶注始见于晁氏《读书志》,潜溪《诸子辨》继之,卷如乐、尹,而亡《转丸》《胠箧》二篇,是本篇卷,适与相符,当即宋氏所见者。其书不类古本,如以《捭阖》《反应》《内揵》《抵巇》列上卷;《飞钳》《忤合》《揣》《摩》《权》《谋》《决事》《符言》,并亡篇列中;《本经阴符七术》,及《持枢》《中经》列下,与近刻无异。凡文之轶,见于《史记》《意林》《太平御览》诸书者,此皆无之。其篇名,旧有作《反覆》《抵巇》《飞钳》《涅暗》《午合》《揣情》《摩意》《量权》《谋虑》者,今亦不然。至《盛神》《养志》诸篇,正柳子厚所讥"晚乃益出七术,怪谬不可考校"之言。梁世宁遽有此?纵有之,隐居抗志华阳,安用险诡之谈?《梁史》及邵陵王碑铭,亦绝不言其注《鬼谷》,而伪托焉可乎?

《困学纪闻》载,尹知章序《鬼谷子》有云:"苏秦、张仪事之,受《捭阖》之术十三章,复受《转丸》《胠箧》三章。"晁氏则但言序谓此书即授秦、仪者。虽详略不同,可证其皆为尹序。序出于尹,安见注不出于尹?观其注文,往往避唐讳,如:以"民"为"人","世"为"代","治"为"理""缧绁"作"缧绁"之类。而笔法又绝似《管子注》。是为尹注无疑。尹生中宗、睿宗之世,卒于开元六年,故于

"隆基"字不复避也。

其注亡篇云:"或有取庄周《胠箧》充次第者,以非此书之意,不取。"注《持枢》云:"恨太简促,或简篇脱烂,本不能全故也。"盖自底柱漂没之后,五部残缺,不能复睹文德旧本,故注家以为憾事。若果系陶注,则同时刘勰作《文心雕龙》,明言"《转丸》骋其巧辞,《飞钳》伏其精术"矣,此岂不见原文者?可遽云《转丸》已亡乎?庾仲容亦梁人,其所钞子今在《意林》"人动我静"及"以德养民"二条,显有完书可据。何是本独以脱烂为恨?此亦是尹非陶之明征矣。

乃其讹尹为陶,莫解其由。以意揣之:尹注在旧史,虽云颇行于时;而新志却自注云"尹知章不著录"。意其本在宋初,原无标识。而《持枢》篇注中尝一称"元亮曰",元亮系东晋陶渊明字,或错认陶渊明为陶通明,遂妄立主名,而读者不察,致成久假耳。抑或谄道之徒,即诡鬼谷子为王诩,强名为元微子;复以贞白寓情仙术,矫托以注,未可知也。

然是注,世已罕传,大可宝贵。似宜改题曰"唐国子博士尹知章注"。与赵蕤《长短经》合梓以行,其裨益人神智,正不少也。

注释

1 周广业:清朝学者,字勤圃,号耕崖。乾隆年间举人。有著作《蓬庐诗文集》《孟子四考》等。

2 五季:五代。

三十二、鬼谷子序（嘉庆刊本）秦恩复

《鬼谷子》，不见于《汉志》，至隋唐始著录。新、旧《唐书》皆以为苏秦撰。然《汉书》"纵横家"别有《苏子》三十二篇，其文与《鬼谷》不类。使秦托名鬼谷，班固何以略而不注？陆龟蒙以鬼谷为王诩。王嘉《拾遗记》以鬼谷为归谷，盖归、鬼声转。《尔雅》曰："鬼之为归也。"其谓苏秦假托者，以仪、秦师事鬼谷，而《史记·苏秦传》有"简练揣摩"之语，《鬼谷》书适有《揣》《摩》二篇，遂附会其说，实无所据。或云"周时豪士隐于鬼谷者"，近是。

书凡三卷，自《捭阖》至《符言》十二篇，《转丸》《胠箧》二篇旧亡。又有《本经阴符七术》及《持枢》《中经》，共二十一篇。柳子厚尝讥其"险螯峭薄，妄言乱世"。今观其书，抉摘幽隐，反覆变幻，苏秦得其余绪，即掉舌为从约长，真纵横家之祖也。

考《说苑》《史记注》《文选注》《意林》《太平御览》诸书所引，或不见于今书，或文与今本差异。盖自五季散乱之后，传写渐失其真，陶阴帝虎[1]，讹脱相仍，不仅《转丸》《胠箧》也。

注《鬼谷》者，旧有乐壹、皇甫谧、尹知章三家。乐注一见于《文选注》中，《太平御览》数条，亦不著注者名氏。《中兴书目》始列陶弘景注，晁、陈二家继之。贞白生于萧梁，书乃晚出，读者不无然疑。同年海宁周耕崖孝廉[2]，以注中多避唐讳，断为是尹非陶，词颇博辩。然亦凭虚臆言，绝无佐证。惟马贵与《文献通考》于陶注下云："《唐志》以为尹知章注，未知孰是。"则在宋时已两存其说。幸赖华阳真逸之名，得借收于《道藏》，无论为陶为尹，皆可决其非宋以后之书矣。

是书刻于乾隆乙酉,仅据孙渊如观察华阴岳庙所录本雠校刊行。卢抱经先生重加勘定,至再至三,最后邮示述古堂旧钞,始知《道藏》所存,讹脱正复不少。读书固难,校书亦不易也。因重付剞劂,一以钱本为主。其有钱本所无,而《藏》本所有者,审其异同,互相考证。又刺取唐宋书注所引旧注,掇而存之,附于本文之下。其或今本亡佚,别见他书,及称鬼谷事迹足资参考者,附录于后,以备观览焉。

[注释]

1 陶阴帝虎:形容讹误。把"陶"讹为"阴",把"帝"讹为"虎"。
2 周耕崖:即周广业。孝廉:对举人的称呼。

三十三、读书余录 俞樾[1]

夫贤不肖,智愚,勇怯,仁义,有差。——《捭阖》

樾谨案:"仁、义"二字,与"贤、不肖,智、愚,勇、怯"不一律,盖衍文也。陶宏景注曰:"言贤不肖、智愚、勇怯,材性不同,各有差品。贤者可捭而同之,不肖者可阖而异之。智之与勇,可进而贵之;愚之与怯,可退而贱之。贤愚各当其分,股肱各尽其力。"是其所据,本无"仁、义"二字也。

[注释]

1 俞樾：字荫甫，号曲园。清末著名学者，研究经学、史学，尤其精通小学，对古文中的假借与特殊句法现象颇有精到的见解。其著作甚多，总称《春在堂全书》，包括著名的《群经平议》《诸子平议》《古书疑义举例》等。他在《读书余录》中校订、注释《鬼谷子》及其古注中的疑难问题，写了55条颇有创见的心得。民国十一年，李天根将这55条辑录为《诸子平议补录》第13卷。本条是55条中的首条。

三十四、鬼谷子校记 陈乃乾[1]

明钞《鬼谷子》，苏州文氏旧藏。乾隆甲寅严九能以述古堂抄本校过，又经卢绍弓复校。明年，徐北溟再校。咸丰丁巳，劳平甫又校。今归江安傅氏。缪筱珊尝借校于秦刻本，上佳处甚多。古书流通处既影印秦本，因录其异同为校记付之，俾附印于后。

[注释]

1 陈乃乾：现代学者，精于版本、目录之学。

三十五、鬼谷子新注自序 俞棪[1]

余于民国初元，始读《鬼谷子》。辄苦其古奥，以为非浅学所能解。……然以战国时代，学人辈出，其与鬼谷先生同时并世或先后者不少,其文体义理,较相近接。取彼释此,义自恰当。至于学说从同,或且溯流寻源,而本出于鬼谷者,则举一反三,其理益显。其或义无可索,则取之秦汉诸家学说,虽历时稍远,而旁搜远绍,摭其片词瘠义,亦足资诠诂。以视陶注之以已意诠释者,其取径自殊,庶几或犹不悖鬼谷先生之真意也欤!

至于《鬼谷》原书,历代传本,文多舛错。余维战国初期作品,文多从韵,以便口诵,流习任授,斯为正宗。《鬼谷》文中错简类,多可以古韵校正。

注释

1 俞棪:民国时代学者。原名祖猷,字诚之,广东番禺人。他作《鬼谷子新注》,并写了这篇序言。序言末尾署名为"民国二十二年八月番禺俞棪"。上海商务印书馆印刷。

三十六、鬼谷子真伪考[1] 俞棪

据吾考定,为苏秦述其师学之作。其中有为鬼谷传诵于弟子之言,书中凡古韵之文均是也;有苏秦自撰之篇,如《揣》《摩》及《阴符》《说解》是也;有为苏子纂集吕尚《周书》之言,如《符言》之录自齐太公《阴符》,是也。

注释

1《鬼谷子真伪考》:俞棪《中国政治学史略》第三篇论述《鬼谷子》标

志中国政略思想的成熟,其中第二章为《鬼谷子真伪考》。见上海社会科学出版社《中国政治学史略》2009 年版。俞氏此书高度评价《鬼谷子》,认为中国先秦著作中只有《鬼谷子》与《孙子》是纯理哲学的巨著。

《鬼谷子》传说

一、游仙诗 郭璞[1]

青溪[2]千余仞,中有一道士。云生梁栋间,风出窗户里。借问此何谁?云是鬼谷子。

注释

1 郭璞:东晋诗人,擅长写《游仙诗》。他爱好卜筮神仙之术。他注释的《尔雅》非常有名。

2 青溪:指鬼谷子所住地方的溪流。后世许多托名是鬼谷子居住的地方,都有青溪,大概都来源于郭璞这首诗。

二、拾遗记 王嘉[1]

《拾遗记》"秦始皇"条云:张仪、苏秦二人,同志好学,迭剪发而鬻之以相养,或佣力写书,非圣人之言不读。遇见"坟典"[2],行途无所题记,以墨书掌及股[3]里,夜还而写之,析竹为简。二人每假食于路,剥树皮编以为书帙[4],以盛天下良书。尝息大树之下,假息而寐。有一先生问:"二子何勤苦也?"仪、秦又问之:"子何国人?"答曰:"吾生于归谷,亦云鬼谷。"

注释

1 王嘉:十六国时代前秦陇西安阳人。当时著名神仙方术家。曾经先后隐居东阳谷、终南山,凿岩穴居,追随者达数百人。《拾遗记》全名《王子年拾遗记》,记述神异故事。
2 坟典:古籍。相传三皇五帝时代的书籍,叫作"三坟五典"。
3 股:大腿。
4 帙:书套,书包。一本作"囊"。

三、金楼子 萧绎[1]

《金楼子·箴戒》:秦始皇闻鬼谷先生言,因遣徐福[2]入海,求金菜玉蔬并一寸椹。

《金楼子·志怪》:神洲之上有不死草,似菰苗。人已死,此草覆之即活。秦始皇时,大苑中多枉死者。有鸟如乌状,衔此草坠地,以之覆死人,即坐起。始皇遣问北郭鬼谷先生,云东海亶洲上不死之草,生琼田中。秦始皇闻鬼谷先生言,因遣徐福入海,求金菜玉蔬,并一寸椹。

注释

1 萧绎:即梁元帝。他喜欢藏书,喜欢著述,自号"金楼子"。《金楼子》
  是他的代表作。

2 徐福:秦始皇时代的方士。相传秦始皇派他入海寻找长生不死药,他
  一去不返。

四、命书[1]序 李虚中[2]

昔司马季主居壶山之阳[3]。一夕雨余,风清月朗。有叟踵门,
自谓鬼谷子。季主因与谈天地之始,论河洛之书[4],箕子[5]九畴,文
王[6]八卦,探赜幽微造化。至晓,出遗文九篇,包括三才[7],指陈
万物。季主得而明之,每言人之祸福时数吉凶,应如神察,为当
时所贵。

注释

1 《命书》:唐宋时代出现的算命书。题署为:"鬼谷子撰,李虚中注。"此
  书及其序言都可能是宋朝人的伪托。

2 李虚中:中唐时代人,进士及第,官至殿中侍御史。他爱好五行算命
  之术。

3 司马季主:西汉初年的著名占卜家。壶山:在今河南省鲁山县。阳:
  山的南面。

4 河洛之书:《周易·系辞上》说"河出图,洛出书,圣人则之",认为《周
  易》的八卦是受到龙马从黄河中背出的图形的启示而创作的。《尚书》
  的《洪范》则是受到神龟从洛水中背出的图形的启示而创作的。

5 箕子:他向周武王陈述《洪范》,包括九项治国大法,称为"九畴"。

6 文王:周文王。相传他推演八卦为六十四卦。

7 三才:天、地、人。

五、录异记 杜光庭[1]

《录异记·仙》:鬼谷先生者,古之真仙也。云姓王氏,自轩辕之代,历于商、周,随老君西化流沙,洎周末,复还中国。居汉滨鬼谷山,受道弟子百余人,惟张仪、苏秦不慕神仙,好纵横之术。时王纲颓弛,诸侯相征,陵弱暴寡,干戈云扰。二子得志,肆唇吻于战国之中,或遇或否,或屯或泰[2],以辩谲相高,争名贪禄,无复云林之志。

先生遗仪、秦书曰:"二君足下,功名赫赫,但春到秋,不得久茂。日既将尽,时既将老。君不见河边之树乎?仆驭折其枝,波浪激其根,此木非与天下人有仇怨,所居者然也。子不见嵩岱松柏,华霍之树[3],上叶凌青云,下根通三泉;上有玄狐黑猿,下有豹隐龙潜;千秋万岁,不逢斤斧之患。此木非与天下人有骨血,盖所居者然也。今二子好云路之荣,慕长久之功,轻乔松之永延,贵一夕之浮爵。痛焉悲夫,二君!痛焉悲夫,二君!"

仪、秦答书曰:"先生秉德含弘,饥必啖芝英,渴必饮玉浆。德与神灵齐,明与三光同。不忘赐书,戒以贪味。仪以不敏,名闻不昭,入秦匡霸,欲翼时君。刺以河边,喻以深山,虽素空暗,诚衔斯旨。"仪等曰:伟哉先生!玄览遐鉴,兴亡皎然。"二子不能抑志退身,甘蓼虫[4]之乐,栖竹苇之巢[5],自掇泯灭,悲夫,痛哉!

1 杜光庭:唐末五代著名道士,能诗善文。有著作多种。
2 遇:遇合,得志。否:不通达。屯:不顺利。泰:通泰,康泰。
3 嵩:中岳嵩山。岱:东岳泰山。华:西岳华山。霍:霍山,亦称南岳。
4 蓼虫:生活在辣蓼草中的昆虫。比喻不怕辛苦的人。
5 竹苇之巢:筑在竹子或芦苇上的巢,比喻不牢固的地位。

六、太平广记·神仙 李昉[1]

鬼谷先生,晋平公时人,隐居鬼谷,因为其号。先生姓王,名栩,亦居清溪山中。苏秦、张仪从之学纵横之术,二子欲驰骛诸侯之国,以智诈相倾夺,不可化以至道。夫至道玄微,非下才得造次而传。先生痛其道废绝,数对苏、张涕泣,然终不能寤。苏、张学成别去,先生与一只履,化为犬,北引二子即日到秦矣。

先生凝神守一,朴而不露。在人间数百岁,后不知所之。

秦皇时,大宛中多枉死者横道。有鸟衔草以覆死人面,遂活。有司上闻,始皇遣使赍草以问先生。先生曰:"巨海之中有十洲,曰祖洲、瀛洲、玄洲、炎洲、长洲、元洲、流洲、光生洲、凤麟洲、聚窟洲。此草是祖洲不死草也,生在琼田中。亦名养神芝。其叶似菰,不丛生,一株可活千人耳。"

1 李昉:北宋学者,曾主持编写《太平御览》《太平广记》《文苑英华》等书。

七、东周列国志(第87回)

却说周之阳城,有一处地面,名曰鬼谷。以其山深树密,幽不可测,似非人之所居,故云鬼谷。内中有一隐者,但自号曰鬼谷子。相传姓王名栩,晋平公时人,在云梦山与宋人墨翟一同采药修道。那墨翟不畜妻子,发愿云游天下,专一济人利物,拔其苦厄,救其危难。惟王栩潜居鬼谷,人但称为鬼谷先生。其人通天彻地,有几家学问,人不能及。那几家学问?一曰数学,日星象纬,在其掌中,占往察来,言无不验;二曰兵学,《六韬》《三略》,变化无穷,布阵行兵,鬼神不测;三曰游学,广记多闻,明理审势,出词吐辩,万口莫当;四曰出世学,修真养性,服食导引,却病延年,冲举可俟。那先生既知仙家冲举之术,为何屈身世间?只为要度几个聪明弟子,同归仙境,所以借这个鬼谷栖身。初时偶然入市,为人占卜,所言吉凶休咎,应验如神。渐渐有人慕学其术。先生只看来学者资性,近着那一家学问,便以其术授之。一来成就些人才,为七国之用;二来就访求仙骨,共理出世之事。他住鬼谷,也不计年数,弟子就学者不知多少。先生来者不拒,去者不追。就中单说同时几个有名的弟子:齐人孙宾、魏人庞涓、张仪,洛阳人苏秦。宾与涓结为兄弟,同学兵法;秦与仪结为兄弟,同学游说。各为一家之学。

八、淇县云梦山民间传说

　　河南淇县西三十里的云梦山,又称青岩山,是太行山的东麓,位于黄土高原与华北平原的交界处。这里群峰挺拔,景色秀丽。剑秀峰与龙王峰相交的绝壁上有个天然溶洞,洞内有股泉水涌出,与另一股泉水汇成溪流,在一道五里长的蜿蜒曲折的山谷中流淌。这个洞就是鬼谷洞,这条溪流名叫清溪,这道山谷就是名闻豫、鲁两省的鬼谷。2002 年 11 月下旬,鹤壁市郭福堂、甘桂芬同志及淇县文化局的同志,跟我一道进入云梦山,我不仅饱览了奇山异水,而且听到了关于鬼谷子的许多故事。

　　相传很久很久以前,云梦山所在的地区大旱。农夫庆隆为大家寻找水源,救了一条被困在水池中的小金鱼。这条金鱼现出人形,她原来就是东海龙王的女儿。庆隆恳求龙女解救遭受旱灾的乡亲。于是,龙女偷偷地钻了一个"海眼",把泉水引到了云梦山。龙王发现之后,惩罚龙女,她的身躯化成了山中的"龙泉",庆隆的身躯化成了一道保护泉水的山脊——"青龙背"。许多年以后,龙女的精魂投胎在朝歌南王庄的王员外家,取名瑞霞。有年大旱,王家三顷土地种下的谷子,只结了一株谷穗。瑞霞的丫鬟揉搓这株奇特的谷穗,谷穗忽然变成了一颗珍珠。瑞霞把玩珍珠,珍珠钻入口中,于是怀孕。她被赶出家门,在云梦山的溶洞中生下了一个男孩。因为是吞下奇特的谷穗而生子,所以给小孩取名为"鬼谷子"。又因为小孩出生时知了叫得正欢,故取名"王蝉",又叫"王禅"。那个溶洞就是后来的"鬼谷洞"。据说那奇特的谷穗是庆隆的精魂所化。

鬼谷子长大后,到太室山拜华元真人为师,学习道术。华元真人离开人间时,留给鬼谷子一卷竹简。那是一部"无字天书"。这部书属于阴性,白天看没有一个字,晚上看就金光闪闪,内容变化万千。鬼谷子第一晚读它时,看到的是十三篇纵横游说之术,包括《捭阖》《反应》《内揵》《抵巇》《飞钳》等。第二晚读它时,看到的是十三篇军事用兵之法。这十三篇兵法与《孙子兵法》十三篇,相辅相成。《鬼谷子》是文兵法,侧重于圆;《孙子兵法》是武兵法,侧重于方,两部兵法都主张不战而屈人之兵。第三晚读它时,看到的是货殖致富的方法。第四晚读它时,看到的是养性修真大法,主要是《阴符七术》。第五晚读它时,看到的是推命相面的方术。以后各晚,分别看到了不同的内容。鬼谷子离开人间时,运用功力把这部天书拓印在一处悬崖上,那就是现在的"天书崖"。天书崖呈长方形,宽数十米,面积接近一千平方米,酷似摩崖石刻,远看依稀有字迹,近看没有任何文字。

鬼谷子根据弟子们不同的资质,传授不同的学问。纵横之术,传授给苏秦、张仪、毛遂;军事之术,传授给孙膑、庞涓;货殖致富的方法,传授给计然、范蠡(陶朱公),再传白圭、吕不韦;养性修真大法,传授给茅濛、徐福,茅濛传茅盈,再传陶弘景;推命相面的方术,传授给茅濛,再传司马季主、李虚中。现在云梦山中还有孙膑洞、庞涓洞、毛遂洞等洞穴,据说是这些弟子的居住之处。还有"演兵岭",是鬼谷子带领弟子们练习军事、排兵布阵的地方。他们创造了蟠龙阵、握奇阵、八卦阵等许多阵法。相传鬼谷子有"斩草为马""撒豆成兵"的本领。群峰中有一处地方,叫作"仿生坡",坡北有五龙峪,坡南有灵龟顶,顶东有鹫鸟崖、伏熊谷、猛兽沟。这与《鬼谷子》中的《本经阴符七术》是相印证的。山上还有一块盆地,叫作"南桃园",也称"云梦石屋",共有十四间石屋,屋名与《鬼谷子》的篇名一致,又可分别代表一方诸侯。相传,这些石屋是训练苏秦、张仪等学习游说之术的场所。

主要参考书目

四库全书本《鬼谷子》,上海古籍出版社影印《四库全书》子部一五四杂家类

明正统《道藏》本《鬼谷子》,上海书店影印《四部丛刊初编》子部

秦恩复乾隆五十四年刊本《鬼谷子》,上海中华书局影印《四部备要》子部

秦恩复嘉庆十年刊本《鬼谷子》

俞樾《读书余录》,载《春在堂全书》(光绪二十五年本)

俞樾《诸子平议补录》(李天根辑录),中华书局,1956年

《战国策》,上海古籍出版社影印《四库全书》本

马国翰《纵横家佚书七种》,《玉函山房辑佚书》本

《战国纵横家书》,文物出版社,1976年

司马迁《史记》

魏徵等《隋书》

刘昫等《旧唐书》

欧阳修、宋祁《新唐书》

脱脱等《宋史》

陈国庆《汉书艺文志注释汇编》,中华书局,1983 年

张心澂《伪书通考》,商务印书馆,1939 年

吾枫主编《简明中国古籍辞典》,吉林文史出版社,1987 年

萧登福《鬼谷子研究》,台湾文津出版社,1984 年

冯作民《白话鬼谷子》,台湾世界图书出版公司,1988 年

陈英略《鬼谷子丛书》,香港鬼谷子纵横学术研究院

陈蒲清《白话鬼谷子》,三环出版社,1991 年

张建国《鬼谷子(全本)》,陕西旅游出版社,1991 年

周积明、张林川《智谋奇术鬼谷子》,华中理工大学出版社,1991 年

房立中、徐建军《鬼谷子兵法》,1991 年

秦伟《鬼谷子无字天书》,广西师范大学出版社,1992 年

唐湖山《白话无字天书》,中国社会科学出版社,1992 年

盛瑞裕《鬼谷子春秋》,陕西旅游出版社,1992 年

黄海丹《鬼谷子全书》,中国广播电视出版社,1992 年

房立中《鬼谷子谋略》,中国广播电视出版社,1992 年

张建国《鬼谷子实用智谋大全》,气象出版社,1993 年

徐德欢《白话鬼谷子》,岳麓书社,1995 年

房立中《鬼谷子与云梦山》,中国人事出版社,1994 年

彭永捷《中国纵横家》,宗教文化出版社,1996 年

阎崇东《鬼谷子辞典》,湖北人民出版社,1998 年

熊宪光《纵横家研究》,重庆出版社,1998 年

亚里士多德《修辞学》(罗念生译),生活·读书·新知三联书

店,1991 年

俞诚之《中国政治学史略》(外一种《鬼谷子新注》),上海科学出版社,2009 年

许富宏《鬼谷子集校集注》,中华书局,2010 年

图书在版编目（CIP）数据

鬼谷子/陈蒲清译注. —长沙：岳麓书社,2021.7
（中华谋略经典）
ISBN 978-7-5538-1154-3

Ⅰ.①鬼… Ⅱ.①陈… Ⅲ.①纵横家②《鬼谷子》—注释
③《鬼谷子》—译文 Ⅳ.①B228.02

中国版本图书馆 CIP 数据核字（2019）第 121075 号

GUI GU ZI

鬼谷子

译　　注：陈蒲清
责任编辑：李郑龙
责任校对：舒　舍
封面设计：山和水工作室

岳麓书社出版发行
地址：湖南省长沙市爱民路 47 号
直销电话：0731-88804152　0731-88885616
邮编：410006

版次：2021 年 7 月第 1 版
印次：2021 年 7 月第 1 次印刷
开本：890mm×1240mm　1/32
印张：10.125
字数：280 千字
ISBN 978-7-5538-1154-3
定价：32.00 元

承印：长沙鸿发印务实业有限公司

如有印装质量问题，请与本社印务部联系
电话：0731-88884129